プリント形式のリアル過去問で本番の臨場感！

東京都

東京農業大学第一高等学校中等部

2月1日午後

2025年春受験用　解答集

本書は，実物をなるべくそのままに，プリント形式で年度ごとに収録しています。
問題用紙を教科別に分けて使うことができるので，本番さながらの演習ができます。

■　収録内容

・解答集(この冊子です)

書籍ＩＤ番号，この問題集の使い方，最新年度実物データ，リアル過去問の活用，
解答例と解説，ご使用にあたってのお願い・ご注意，お問い合わせ

・2024(令和６)年度 ～ 2020(令和２)年度　学力検査問題

JN132496

○は収録あり	年度	'24	'23	'22	'21	'20	
■ 問題(2月1日午後)		○	○	○	○	○	
■ 解答用紙		○	○	○	○	○	
■ 配点							

全教科に解説
があります

◎2月2日午後は別冊で販売中
注)国語問題文非掲載:2023年度の二

問題文の非掲載につきまして

著作権上の都合により，本書に収録している過去入試問題の本文の一部を掲載しておりません。ご不便をおかけし，誠に申し訳ございません。

本文の一部を掲載できなかったことによる国語の演習不足を補うため，論説文および小説文の演習問題のダウンロード付録があります。弊社ウェブサイトから書籍ＩＤ番号を入力してご利用ください。

なお，問題の量，形式，難易度などの傾向が，実際の入試問題と一致しない場合があります。

教英出版

■　書籍ＩＤ番号

入試に役立つダウンロード付録や学校情報などを随時更新して掲載しています。
教英出版ウェブサイトの「ご購入者様のページ」画面で，書籍ＩＤ番号を入力してご利用ください。

書籍ＩＤ番号　124413

（有効期限：2025年9月30日まで）

【入試に役立つダウンロード付録】
「要点のまとめ(国語／算数)」
「課題作文演習」ほか

■　この問題集の使い方

年度ごとにプリント形式で収録しています。針を外して教科ごとに分けて使用します。①片側，②中央のどちらかでとじてありますので，下図を参考に，問題用紙と解答用紙に分けて準備をしましょう（解答用紙がない場合もあります）。

針を外すときは，けがをしないように十分注意してください。また，針を外すと紛失しやすくなりますので気を付けましょう。

① 片側でとじてあるもの

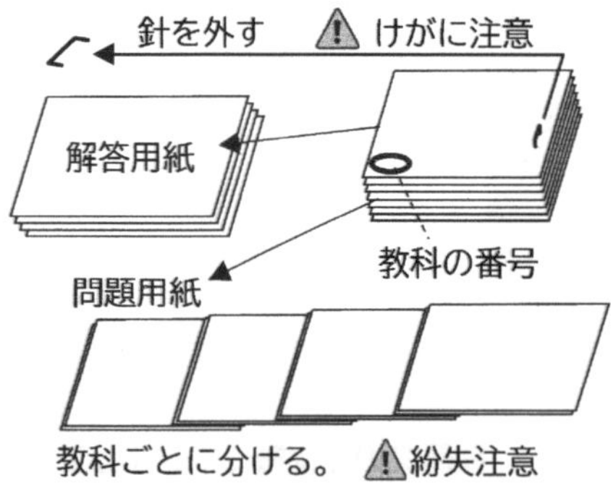

② 中央でとじてあるもの

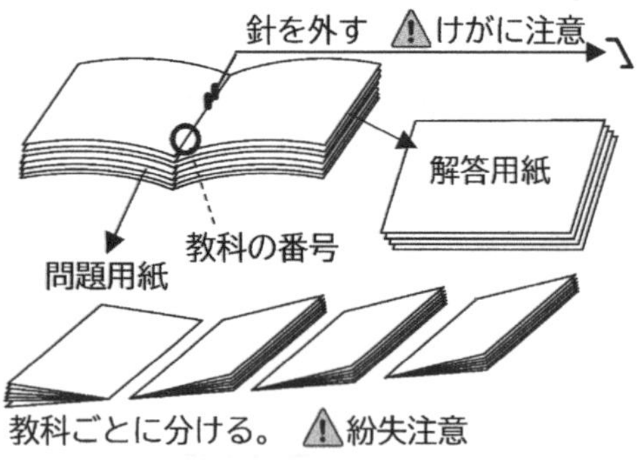

※教科数が上図と異なる場合があります。
　解答用紙がない場合や，問題と一体になっている場合があります。
　教科の番号は，教科ごとに分けるときの参考にしてください。

■　最新年度　実物データ

実物をなるべくそのままに編集していますが，収録の都合上，実際の試験問題とは異なる場合があります。実物のサイズ，様式は右表で確認してください。

問題用紙	Ａ４冊子(二つ折り)
解答用紙	Ｂ４片面プリント

リアル過去問の活用

~リアル過去問なら入試本番で力を発揮することができる~

本番を体験しよう！

問題用紙の形式（縦向き / 横向き），問題の配置や余白など，実物に近い紙面構成なので本番の臨場感が味わえます。まずはパラパラとめくって眺めてみてください。「これが志望校の入試問題なんだ！」と思えば入試に向けて気持ちが高まることでしょう。

入試を知ろう！

同じ教科の過去数年分の問題紙面を並べて，見比べてみましょう。

① 問題の量

毎年同じ大問数か，年によって違うのか，また全体の問題量はどのくらいか知っておきましょう。どのくらいのスピードで解けば時間内に終わるのか，大問ひとつにかけられる時間を計算してみましょう。

② 出題分野

よく出題されている分野とそうでない分野を見つけましょう。同じような問題が過去にも出題されていることに気がつくはずです。

③ 出題順序

得意な分野が毎年同じ大問番号で出題されていると分かれば，本番で取りこぼさないように先回りして解答することができるでしょう。

④ 解答方法

記述式か選択式か（マークシートか），見ておきましょう。記述式なら，単位まで書く必要があるかどうか，文字数はどのくらいかなど，細かいところまでチェックしておきましょう。計算過程を書く必要があるかどうかも重要です。

⑤ 問題の難易度

必ず正解したい基本問題，条件や指示の読み間違いといったケアレスミスに気をつけたい問題，後回しにしたほうがいい問題などをチェックしておきましょう。

問題を解こう！

志望校の入試傾向をつかんだら，問題を何度も解いていきましょう。ほかにも問題文の独特な言いまわしや，その学校独自の答え方を発見できることもあるでしょう。オリンピックや環境問題など，話題になった出来事を毎年出題する学校だと分かれば，日頃のニュースの見かたも変わってきます。

こうして志望校の入試傾向を知り対策を立てることこそが，過去問を解く最大の理由なのです。

実力を知ろう！

過去問を解くにあたって，得点はそれほど重要ではありません。大切なのは，志望校の過去問演習を通して，苦手な教科，苦手な分野を知ることです。苦手な教科，分野が分かったら，教科書や参考書に戻って重点的に学習する時間をつくりましょう。今の自分の実力を知れば，入試本番までの勉強の道すじが見えてきます。

試験に慣れよう！

入試では時間配分も重要です。本番で時間が足りなくなってあわてないように，リアル過去問で実戦演習をして，時間配分や出題パターンに慣れておきましょう。教科ごとに気持ちを切り替える練習もしておきましょう。

心を整えよう！

入試は誰でも緊張するものです。入試前日になったら，演習をやり尽くしたリアル過去問の表紙を眺めてみましょう。問題の内容を見る必要はもうありません。どんな形式だったかな？受験番号や氏名はどこに書くのかな？…ほんの少し見ておくだけでも，志望校の入試に向けて心の準備が整うことでしょう。

そして入試本番では，見慣れた問題紙面が緊張した心を落ち着かせてくれるはずです。

※まれに入試形式を変更する学校もありますが，条件はほかの受験生も同じです。心を整えてあせらずに問題に取りかかりましょう。

東京農業大学第一高等学校中等部【2月1日午後】

《国語》

一 ①ぎきょく　②しょうじん　③あずき　④あんばい　⑤究明　⑥独奏　⑦探査　⑧恩着せ

二 問一．1．イ　2．オ　問二．1番目…エ　3番目…オ　問三．ア　問四．エ　問五．ウ　問六．イ
問七．(1)エ　(2)1．ウ　2．イ　(3)1．ア　2．イ　3．ア　問八．エ

三 問一．A．ウ　B．ア　C．オ　問二．イ　問三．ウ　問四．エ　問五．ア
問六．普遍的な人間のクセ　問七．イ

《算数》

1 (1)56　(2)$\frac{1}{2024}$　(3)10

2 (1)503　(2)2時$43\frac{7}{11}$分　(3)153　(4)①6　②10

3 (1)イ，ウ，オ　(2)エ

4 (1)①73　②17　(2)池の深さ…36　Bの棒の長さ…120
(3)(12と144)(36と48)　(4)午後9時40分　(5)60
(6)20　(7)12

5 (1)右グラフ　(2)すれ違い…3　追い越し…1　(3)$1\frac{1}{11}$

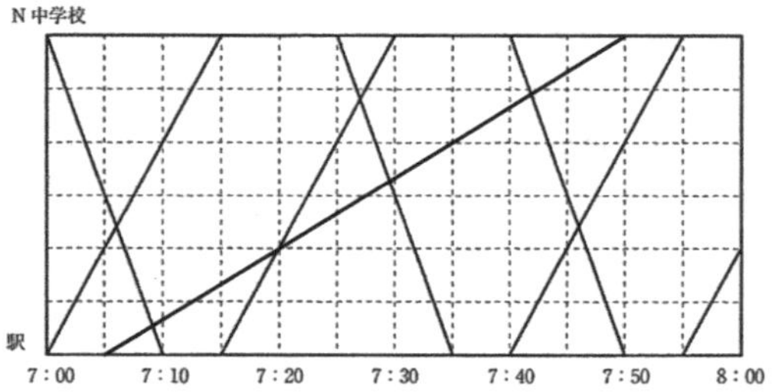

《理科》

1 問1．エ　問2．ア．0.5　イ．3.5　ウ．3
問3．ばねA…3.5　ばねB…3.5　問4．右グラフ
問5．カ　問6．(1)0.53　(2)0.58　問7．(1)240　(2)180

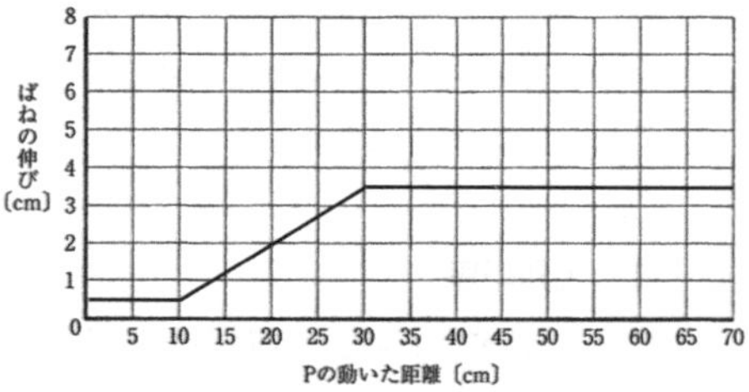

2 問1．不完全変態　問2．オ　問3．ウ　問4．オ
問5．ア，イ　問6．エ　問7．イ　問8．(1)エ
(2)(カブトムシ)の足がすべるから。　問9．アリを20匹入れて重さをはかる。表示される値は0.6g。

3 問1．(1)ア　(2)イ　問2．25　問3．(1)180　(2)7166　問4．キ　問5．57　問6．6051.5
問7．0.95　問8．ア

4 問1．水素　問2．イ，ウ，オ　問3．ウ，エ　問4．イ　問5．128　問6．ウ　問7．エ
問8．0.27　問9．2，2760　問10．ウ

《2024　2月1日午後　国語　解説》

二 **問一**1　1つ目の［1］のある段落に「複数の理論が拮抗《きっこう》する～有利に解釈《かいしゃく》する方法～反論合戦～実験結果は様々に解釈できる」、2つ目の［1］の直前に「整合性を持ち」とあることから、理論の正否を決めるのは、イ「説得」力だと読みとれる。　2　ガリレイは、「物体を環境《かんきょう》から切り離《はな》さず、物体が置かれる環境との相互《そうご》作用として物理現象を分析《ぶんせき》した」。つまり、［2］の直後の引用部分に「物体とそれを取り巻く環境との関係から引き起こされる現象だと考える～環境との関係に依存《いぞん》する概念《がいねん》」とあるとおり、環境とのオ「関係」から考えたということ。

問二　アリストテレス説によると「重い物は～速く落ちるが、軽い物は～落下が遅《おそ》い」ので、エ「重い方が先に地面に着く」ことになるはずである。しかしガリレイはア「物体の落下時間は質量に関係ないと主張」し、オ「自説を証明するために」実験を行った。それがイ「有名なピサの斜塔《しゃとう》の実験」と呼ばれるものであり、その結果、ウ「従来からのアリストテレス説が覆《くつがえ》された」という流れになる。

問三　ガリレイは、「アリストテレス説が正しければ、一〇キロの物と一キロの物を同時に落とすと前者が後者より先に地面に届くはずだ」が、「これら二つの物を縛《しば》って一つの塊《かたまり》にして落下」させる場合、「合成物の速度は一〇キロの物体の速度より小さい」はずなのに、「この合成物は一一キロの重さがある」ため「一〇キロの物よりも速く落下しなければならない」ことになり、「論理矛盾《むじゅん》に陥《おちい》る」として、アリストテレス説を否定した。よって、アが適する。

問四　本文中に「アリストテレスによると、すべての物体は固有の性質を持つ～運動の原因を物体の本質に帰す～物体と環境との相互作用の結果だとアリストテレスは考えず、あくまでも物体固有の性質を攪乱《かくらん》する要因として環境を把握《はあく》した。環境条件は補助仮説」と書かれている。よって、エが適する。

問五　シュレディンガーの波動方程式の「実験結果と理論が合致《がっち》」しなかったのは、「スピン～が当時未知だったゆえに誤差が生じた」からであり、理論が誤っていたからではない。つまり、ディラクが言うように「理論値と実験値のズレは、まだ理解されていない二次的原因から生じているだけで、その後、理論の発展と共に明らかになるかも知れない」以上、実験結果だけでは理論の正しさを証明できないのである。よって、ウが適する。

問七(1)　「演繹《えんえき》が導く結論は必ず真」である理由は、筆者が「わかりやすい」として引用した村上陽一郎氏の説明に「演繹は絶対確実なのです。なぜなら、演繹は、すでに言ったことの一部をあらためて言い立てるだけなのです」と書かれている。よって、エ「根拠《こんきょ》の反復を伴《ともな》うからだと述べている」が誤り。

問七(2)1　「A高校は名門大学への高い合格実績を誇《ほこ》る」からといって「私は名門大学に合格できる」とは限らず、論理が飛躍《ひやく》している。　2　すべての「中学生は長距離走《ちょうきょりそう》が苦手だ」とは限らず、前提に誤りがある。

問七(3)1　赤信号が点灯していたら「止まれ」であるという「一般《いっぱん》法則」から、「今は止まっていなければならない」という「具体的事例における結論」を導いているので、演繹である。　2　ライオンがシマウマやイノシシなどを食べているという個別の事例の共通点から、肉食動物であるという結論を導いているので、帰納である。
3　日本では玄関《げんかん》で靴《くつ》を脱《ぬ》ぐという「一般法則」から、アメリカ人にも日本では靴を脱いでもらうという「具体的事例における結論」を導いているので、演繹である。

問八　本文中に「見えている事実は、ある特定の視点から切り取られた部分的なものでしかない。観察結果が世界の真の姿を映すかどうかを知る術《すべ》は原理的に人間に閉ざされている」とあり、実験結果だけでは理論の正しさを証明できないので(問五の解説参照)、エが適する。ア「真空状態を作るために」、イ「環境における影響《えいきょう》を無視しているという点で類似」、ウ「ガリレイは本質をより良いものに好転させていく存在だとみなしている」、オ「演繹で導き出す必要がある」は適さない。

三 **問一A**　ガチャは「偶然性《ぐうぜんせい》という装置」に「きっとアタリがあるだろう」という期待を加えるものである。よって、ウ「希望」が適する。　**B**　同じ段落で、親に「アタリがあるなんて幻想《げんそう》ですから」と述べている。現実はそうではないのに親にアタリがあると思い続けることを「ずっと～浸《ひた》ったままでいる」と述べているので、ア「幻想」が適する。　**C**　「我先にと正解を求める大人たち」が政策の「効率の悪さにキレ続ける」とあるので、オ「遅延《ちえん》」が適する。

問二　まず、傍線部《ぼうせんぶ》１の直後で「旧来の価値観を押《お》しつけようとする大人に抵抗《ていこう》している」のだと述べ、このことについて、「公平性という言い訳」をもとにした学校における「悪《あ》しき平等主義」が間違《まちが》いであるという話を用いて具体的に説明している。それをふまえて筆者は、「そんな時代に生きているみんな(新しい時代の子どもたち)は、偶然性を『ワンチャン』の一言で～味方に変え～嘘《うそ》を暴いてしまいます～リアリティがあるし希望もある。大人の嘘よりもずっと響《ひび》きがよくて、頼《たの》もしい」と感じている。よって、イが適する。

問三　本来ならば「それぞれ向き不向きがあるし、習得するのにかかる手間も時間も人によって違《ちが》」うので、生徒の評価は難しいはずであるが、先生たちは生徒全員を「同じに見ることで生徒間の公平性を担保できると信じて」いて、「相対的な評価をつける」やり方を正しいとしているのである。よって、ウが適する。

問四　「同じ原理」とは、「ガチャ」も「ワンチャン」も「きっとアタリがあるだろうという幻想」によって成り立っているということである。「機会を平等に持つ」「可能性が平等にある」といった機会の平等性を問題にしているわけではないので、エが誤っている。

問五　「かつて、みんなの親世代が遊んできた場所」は、ウ「テーマパークや遊園地」「ドラクエなどのＲＰＧ」のように「そこで行われることがあらかじめ決まって」いて、「その世界の行動基準」に従って、イ「決まった設定とストーリー」を楽しむことが目的であった。しかし、ア「いまのゲームは明らかに大きく変容」している。そしてエ「プレイヤーがオープンワールドゲームの世界に『自由』を感じる」のは、「その世界の行動基準がキャンセルされているから」である、という流れになる。

問六　「ある時代の人間たちが抱《いだ》く特有の『価値観』」という「変わりやすいもの」とは異なり、「人間は時代が変わっても全体としてみれば大きく変化することはない」ため、「『古典』と言われる本」に「普遍《ふへん》的な人間のクセ」のような「変わらないもの」が発見できる。「普遍的」は、あらゆるものに共通して当てはまるという意味。

問七　本文では、「がんばれば誰《だれ》でも成果は出る」といった考えは、「敗者～は努力が足りないから敗者なのだという偏《かたよ》った見方(いわゆる自己責任論)を招きかねない」と述べている。よって、イが適する。ア「生徒の個性を相対的に評価することは困難なため」、ウ「努力せずとも誰もが成功することができる」、エ「多様な人間のありようを知る」は適さない。

《2024　２月１日午後　算数　解説》

1 (1)　与式$=\{\frac{8}{3}\div(\frac{31}{30}-\frac{24}{30})+4\frac{4}{7}\}\times14\times0.25=(\frac{8}{3}\times\frac{30}{7}+4\frac{4}{7})\times14\times\frac{1}{4}=(\frac{80}{7}+\frac{32}{7})\times\frac{7}{2}=\frac{112}{7}\times\frac{7}{2}=$**56**

(2)　与式$=\frac{1}{2}\times(\frac{1}{44}-\frac{1}{45}+\frac{1}{45}-\frac{1}{46})=\frac{1}{2}\times\frac{2}{44\times46}=$**$\frac{1}{2024}$**

(3)　与式より，$\frac{\square}{5}+\frac{4+\square}{7}=\frac{2+\square}{3}$　$\frac{3\times7\times\square}{3\times5\times7}+\frac{3\times5\times(4+\square)}{3\times5\times7}=\frac{5\times7\times(2+\square)}{3\times5\times7}$

$21\times\square+15\times(4+\square)=35\times(2+\square)$　$21\times\square+60+15\times\square=70+35\times\square$　$36\times\square+60=35\times\square+70$

「＝」の左右から35×□を引くと，□＋60＝70　　□＝70－60＝**10**

2 (1)　**【解き方】1×2×3×……×2024＝Aとする。Aを素数の積で表したときにふくまれる2の個数と5の個数のうち少ない方の個数が求める個数であり，明らかに5の方が少ないから，ふくまれる5の個数を考える。**

1から2024までの整数に5の倍数は，2024÷5＝404余り4より404個あるから，Aはまず5で404回割り切れる。404個のうちもとが5×5＝25の倍数だったものは，404÷5＝80余り4より80個あるから，Aはさらに5で80回割り切れる。80個のうちもとが25×5＝125の倍数だったものは，80÷5＝16(個)あるから，Aはさらに5で16回割り切れる。16個のうちもとが125×5＝625の倍数だったものは，16÷5＝3余り1より3個あるから，Aはさらに5で3回割り切れる。また，これ以上は5で割り切れない。

よって，Aは5で404＋80＋16＋3＝503(回)割り切れるから，求める個数は**503**個である。

(2)　**【解き方】短針は1時間で360°÷12＝30°進むから，1分間で30°÷60＝$\frac{1}{2}$°進む。長針は1分間に360°÷60＝6°進む。したがって，短針と長針が進む角度の差は1分あたり，6°－$\frac{1}{2}$°＝$\frac{11}{2}$°である。**

2時ちょうどのとき，短針が長針よりも30°×2＝60°進んでいる。したがって，長針が短針よりも60°＋180°＝240°多く進んだときを求めればよいから，240°÷$\frac{11}{2}$°＝$\frac{480}{11}$＝43$\frac{7}{11}$より，求める時刻は，**2時43$\frac{7}{11}$分**である。

(3)　**【解き方】5人でじゃんけんをすると，かなりの確率であいこになるはずなので，(全部の手の出し方の数)－(勝負がつく手の出し方の数)で求める。右の「組み合わせの数の求め方」を利用する。**

組み合わせの数の求め方
異なる10個のものから順番をつけずに3個選ぶときの組み合わせの数は，

全体の個数　選ぶ個数

$\frac{⑩\times 9\times 8}{③\times 2\times 1}$＝120(通り)

選ぶ個数　選ぶ個数

つまり，異なるn個からk個選ぶときの組み合わせの数の求め方は，$\frac{(\text{n個からk個選ぶ並べ方の数})}{(\text{k個からk個選ぶ並べ方の数})}$

1人の手の出し方は3通りだから，5人の全部の手の出し方は，3×3×3×3×3＝243(通り)
グーとチョキで勝負がつく場合を考える。
グーが4人，チョキが1人となる出し方は，チョキを出す1人の選び方と等しく，5通りである。
グーが3人，チョキが2人となる出し方は，チョキを出す2人の選び方と等しく，$\frac{5\times4}{2\times1}$＝10(通り)である。
グーが2人，チョキが3人となる出し方は，グーを出す2人の選び方と等しく10通りである。
グーが1人，チョキが4人となる出し方は，グーを出す1人の選び方と等しく5通りである。
したがって，グーとチョキで勝負がつく場合は全部で，(5＋10)×2＝30(通り)ある。
チョキとパーで勝負がつく場合と，パーとグーで勝負がつく場合も同様に30通りずつある。
よって，あいこになる手の出し方は，243－30×3＝**153**(通り)

(4)①　＜3×12＞＝＜36＞＝＜6×6＞＝**6**

②　＜90×A＞＝＜3×3×2×5×A＞＝＜(3×2×5)×(3×A)＞だから，3×Aが3×2×5となるとき，＜(3×2×5)×(3×A)＞＝3×2×5＝30となる。よって，求めるAの値《あたい》は，2×5＝**10**

なお，Aが10×B×B(Bは整数)となるときに＜90×A＞は整数になり，このようなAの値はBの値しだいでいくらでもある。

3 ⑴ **【解き方】図４から紙を広げていったときの図をかいて考えるが，もとの折り方によって，広げ方の場合を分けていく。**

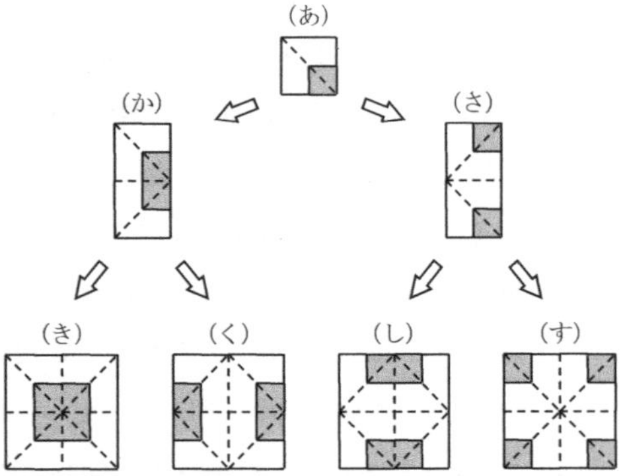

図３が山折りか谷折りか，どちらだったとしても，図４を１回広げると，右の(あ)のようになる。(あ)の部分が図２の上半分にあたる場合，もう１回広げると(か)のようになり，(あ)の部分が図２の下半分にあたる場合，もう１回広げると(さ)のようになる。

(か)の部分が図１の左半分にあたる場合，もう１回広げると(き)のようになり，(か)の部分が図１の右半分にあたる場合，もう１回広げると(く)のようになる。同様に，(さ)を広げると，(し)か(す)になる。よって，広げた図として考えられるものは，**(イ)**，**(ウ)**，**(オ)**である。

⑵ **【解き方】すべての図の斜線部分の面積を求めるのは難しそうなので，面積を求めやすい図を見つけ，それと他の図を比べる。**

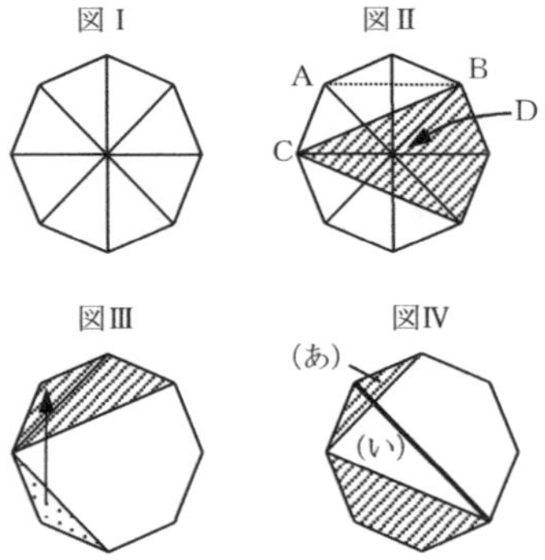

正八角形は右の図Ⅰのように合同な８つの三角形に分けられるので，この三角形１つの面積を１とする。(エ)が面積を求めやすく，図Ⅱのように分けて考える。ＡＢとＣＤが平行だから，三角形ＡＣＤと三角形ＢＣＤは面積が等しい。したがって，(エ)の斜線部分の面積は４である。これは正八角形の面積の半分だから，他の図の斜線部分がそれより大きいか小さいかを考える。

(ア)は図Ⅲのように斜線部分を変形できるので，正八角形の半分より小さい。

(イ)，(オ)の斜線部分は明らかに正八角形の半分より小さい。(ウ)の斜線部分は，図Ⅳで(あ)の面積が(い)の面積より小さいので，正八角形の半分より小さい。よって，斜線部分の面積が最も大きいのは，**(エ)**である。

4 ⑴① ７月の夏休みの日数は，31－21＋１＝11(日)ある。したがって，８月13日までの日数の合計は11＋13＝24(日)だから，夏休みの宿題は全部で，３×24＋１＝**73**(ページ)

② **【解き方】つるかめ算を利用する。**

８月19日までの日数の合計は11＋19＝30(日)で，このうち３ページ進めた日と２ページ進めた日がある。30日全部３ページずつ進めたとすると，ページ数が実際より，３×30－73＝17(ページ)多くなる。よって，２ページずつ進めた日は，17÷(３－２)＝**17**(日間)

⑵ **【解き方】池の深さを１とすると，２割５分＝$\frac{2.5}{10}$＝$\frac{1}{4}$だから，Ａの棒の長さは１÷$\frac{1}{4}$＝４，Ｂの棒の長さは１÷$\frac{3}{10}$＝$\frac{10}{3}$となる。**

ＡとＢの棒の長さの比は，４：$\frac{10}{3}$＝６：５である。したがって，Ａ，Ｂ，Ｃの棒の長さの比は，６：５：(５×$\frac{8}{10}$)＝６：５：４となる。この比の数の６－４＝２が48㎝にあたるから，Ｂの棒の長さは，48×$\frac{5}{2}$＝**120**(㎝)，池の深さは，120×$\frac{3}{10}$＝**36**(㎝)

⑶ **【解き方】２つの数を素数の積で表したとき，共通してふくまれる素数をかけ合わせたものがその２数の最大公約数であり，最大公約数と，共通でふくまれている素数以外の素数をかけ合わせたものがその２数の最小公倍数である。**

素数の積で表すと，12＝２×２×３，144＝２×２×２×２×３×３となる。２つの整数をＡ，Ｂとすると，Ａ，

Ｂどちらにも２×２×３がふくまれる。下線部から２×２×３をのぞくと，２が２個と３が１個残る。ＡとＢの両方に２を追加すると最大公約数が変わってしまうので，２個の２と１個の３をすべてＡにふり分けるか，２個の２をＡに，１個の３をＢにふり分けるかすることができる(ＡとＢを逆にしても同じことである)。
よって，２つの整数の組は，(２×２×３)×(２×２×３)＝**144**と２×２×３＝**12**，または，
(２×２×３)×(２×２)＝**48**と(２×２×３)×３＝**36**である。

(4) 150分＝$\frac{150}{60}$時間＝$\frac{5}{2}$時間走ると，80×$\frac{5}{2}$＝200(km)進むから，150＋20＝170(分)ごとに200km進む。
1040÷200＝５余り40より，170×５＝850(分)で残り40kmとなる。あと40km進むのに$\frac{40}{80}$時間＝30分かかるから，全部で850＋30＝880(分)かかる。880÷60＝14余り40より，午前７時＋14時間40分＝**午後９時40分**に着く。

(5) **【解き方】食塩の重さの合計に注目する。**
５％の食塩水160ｇと，３％の食塩水400ｇを混ぜると，食塩を160×$\frac{5}{100}$＋400×$\frac{3}{100}$＝20(ｇ)ふくむ160＋400＝560(ｇ)の食塩水ができる。食塩を20ｇふくむ４％の食塩水の重さは，20÷$\frac{4}{100}$＝500(ｇ)だから，蒸発させた水の重さは，560－500＝**60**(ｇ)

(6) 三角形ＡＢＣは二等辺三角形だから，２つの内角が80°であり，
三角形ＤＥＣも同様なので，角ＤＥＣ＝80°
三角形ＡＢＣと三角形ＤＥＣが合同だから，三角形ＣＢＥはＣＢ＝ＣＥの二等辺三角形である。したがって，角ＣＢＥ＝角ＣＥＢ＝80°
よって，角x＝180°－80°－80°＝**20°**

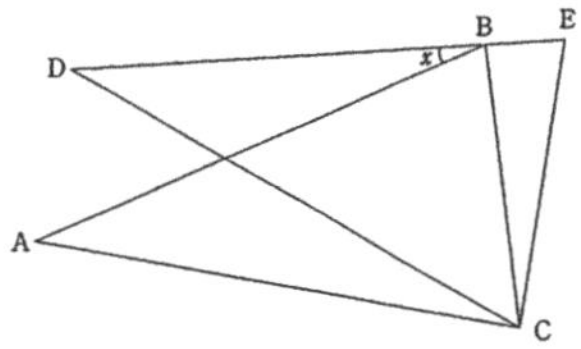

(7) **【解き方】同じ形で対応する辺の比がａ：ｂの図形の面積比は，(ａ×ａ)：(ｂ×ｂ)になることを利用する。**
三角形ＥＢＣと三角形ＥＦＧは同じ形で，対応する辺の比がＢＣ：ＦＧ＝５：７だから，面積比は，(５×５)：(７×７)＝25：49である。
したがって，三角形ＥＢＣと四角形ＢＦＧＣの面積比は，25：(49－25)＝25：24
三角形ＥＢＣの面積は，ＢＣ×ＡＢ÷２＝５×５÷２＝$\frac{25}{2}$(㎠)だから，
四角形ＢＦＧＣの面積は，$\frac{25}{2}$×$\frac{24}{25}$＝**12**(㎠)

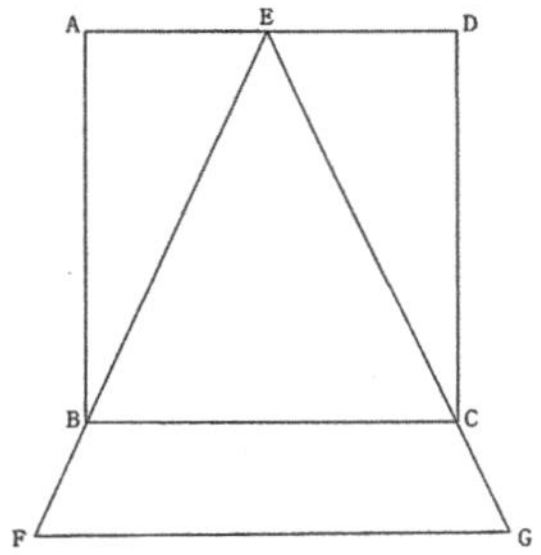

5 (1) Ａ君は駅からＮ中学校まで，$\frac{6}{8}$＝$\frac{3}{4}$(時間)→($\frac{3}{4}$×60)分＝45分かかる。
よって，７時５分＋45分＝**７時50分**にＮ中学校に着く。

(2) Ａ君のグラフとバスのグラフが交わるところが，Ａ君とバスが同じ地点にいることを表す。そのうち，右図で○をつけたのがＡ君とバスがすれ違うことを，△をつけたのがＡ君がバスに追い越されることを表す。よって，すれ違うのは**３**回，追い越されるのは**１**回である。

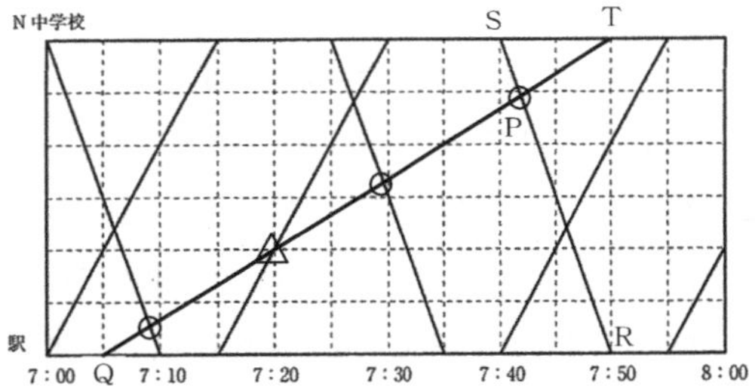

(3) **【解き方】(2)の図のようにグラフに記号をおき，図形問題として解く。**
Ａ君とバスが３回目にすれ違うのを表すのはＰである。三角形ＰＱＲと三角形ＰＴＳは同じ形であり，対応する辺の比は，ＱＲ：ＴＳ＝９：２である。したがって，ＲＰ：ＳＰ＝９：２だから，バスはＮ中学校から駅までの道のりの，$\frac{2}{9+2}$＝$\frac{2}{11}$を進んだときに，Ａ君とすれ違った。よって，求める道のりは，６×$\frac{2}{11}$＝$\frac{12}{11}$＝**$1\frac{1}{11}$**(km)

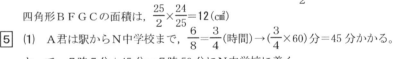

《2024　２月１日午後　理科　解説》

1　**問１**　魚が完全に水中または空気中にあるとき，魚にはたらく浮力《ふりょく》は変化しないから，ばねの伸《の》びは一定になる。ばねの伸びが変化し始める（Ｐの動いた距離《きょり》が 10 cm）とき，図２のようになっていて（Ｐが水面の高さにあり），ばねの伸びの変化が終わる（Ｐの動いた距離が 30 cm）とき，魚の尾《お》びれの先が水面の高さにある。よって，魚の全長は 30－10＝20（cm）である。

問２　ア．図１（Ｐの動いた距離が０cm）のとき，ばねの伸びは１cmだから，ばねが魚を引く重さは 0.5 kgである。　イ．図４（Ｐの動いた距離が 60 cm）のとき，ばねの伸びは７cmだから，ばねが魚を引く重さは $0.5\times\frac{7}{1}=3.5$（kg）である。　ウ．イより，魚の重さは 3.5 kgとわかる。魚が完全に水中にいるとき（ア），ばねが魚を引く重さが 0.5 kgになるのは，魚に 3.5－0.5＝３（kg）の上向きの力（浮力）がはたらいているからである。

問３　２つのばねを図のように並列につないで魚をつるすと，魚の重さは２つのばねに等しく分かれてかかるから，ばねの伸びは７cmの半分の 3.5 cmになる。

問４　問３解説より，どの位置においても，魚がばねを下向きに引く力は図１～４のときの半分になる。

問５　魚を真上に引く力の大きさは 3.5 kgである（このときのばねの伸びは 7.0 cm）。２つのばねで異なる向きに引くとき，これらを合わせた力の大きさは２つのばねをとなり合う２辺とする平行四辺形の対角線の長さで表すことができる（図ｉ）。図ｉの２つの三角形は正三角形だから，ＡやＢが引く力の大きさは真上に引く力の大きさに等しく 3.5 kgである。よって，ＡやＢのばねの伸びは 7.0 cmとわかる。

図 i

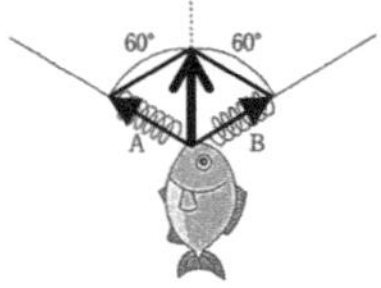

問６　⑴１番下の動滑車《かっしゃ》では，魚の重さ 3.5 kgと動滑車の重さ 100 g→0.1 kgの和の 3.6 kgが左右に分かれてかかるから，下から２番目の動滑車では，3.6÷２＝1.8（kg）と動滑車の重さ 0.1 kgの和の 1.9 kgが左右に分かれてかかり，１番上の動滑車では，1.9÷２＝0.95（kg）と動滑車の重さ 0.1 kgの和の 1.05 kgが左右に分かれてかかる。定滑車は力の向きを変えるだけだから，必要な力Ｆは 1.05÷２＝0.525→0.53 kgである。　⑵輪軸《りんじく》のひもが引く力の大きさの比は，輪軸の輪の半径の逆比に等しくなる。Ｑでは，魚が下向きに引く力（3.5 kg）と大きい輪のひもが下向きに引く力の大きさの比は８：６になるから，大きい輪のひもが下向きに引く力は $3.5\times\frac{6}{8}=\frac{21}{8}$（kg）である。同様に求めると，Ｐでは大きい輪のひもが上向きに引く力は $\frac{21}{8}\times\frac{4}{6}=\frac{21}{12}$（kg），Ｒでは大きい輪のひもが下向きに引く力（Ｆ）は $\frac{21}{12}\times\frac{2}{6}=0.583\cdots$→0.58 kgである。

問７　⑴動滑車１つにつき，２倍の長さのひもを引く必要があるから，30×２×２×２＝240（cm）引く必要がある。　⑵輪軸でひもを引く長さの比は，輪軸の和の半径の比に等しくなるから，Ｑで魚を 30 cm持ち上げるためには，大きい輪のひもを $30\times\frac{8}{6}=40$（cm）引く必要がある。同様に求めると，Ｐの大きい輪のひもを $40\times\frac{6}{4}=60$（cm）引く必要があり，Ｒの大きい輪のひもを $60\times\frac{6}{2}=180$（cm）引く必要がある。

2　**問１**　不完全変態に対し，卵→幼虫→さなぎ→成虫と成長することを完全変態という。

問２　オ×…ナナホシテントウは幼虫も成虫もアブラムシを食べる。

問３　ア×…クモは単眼のみをもち，昆虫《こんちゅう》の多くは単眼と複眼の両方をもつ。　イ×…クモのあしの数は８本（４対）で，昆虫のあしの数は６本（３対）である。　エ×…クモはしょっ角をもたない。

問４　セミは樹液，蚊《か》の成虫は血を吸うため，針のようにとがった口をもつ。

問５　ア○…３番は７番より大きいが，体重は７番の方が重い。また，４番は６番より大きいが，体重は６番の方が重い。　イ○…３番と６番，４番と８番をそれぞれ比べると，オス（３番，４番）の方が大きい。　ウ×…体重と大きさは比例していない。例えば，４番の体重は１番の半分であるが，大きさは半分になっていない。　エ×…最も軽い個体は体重２ｇの５番(オス)である。　オ×…オスの体重の平均は(８＋10＋５＋４＋２)÷５＝5.8(ｇ)，メスの体重の平均は(５＋６＋４＋３＋７)÷５＝５(ｇ)である。

問６　ア×…オスの幼虫の体重の平均は(32＋34＋27＋29＋19)÷５＝28.2(ｇ)，メスの幼虫の体重の平均は(19＋21＋20＋22＋17)÷５＝19.8(ｇ)だから，オスはメスの 28.2÷19.8＝1.4…(倍)の値である。　イ×…オスの成虫の体重の平均は(13＋14＋８＋10＋６)÷５＝10.2(ｇ)，メスの成虫の体重の平均は(６＋８＋７＋９＋５)÷５＝７(ｇ)だから，メスはオスの７÷10.2＝0.6…(倍)の値である。　ウ×…幼虫から成虫になると，体重が$\frac{1}{3}$以下になる場合，幼虫の体重は成虫の体重の３倍以上ということになる。例えば，11 番の成虫の体重の３倍は 39ｇで，実際の幼虫の体重は 32ｇだから，正しくない。　エ○…幼虫から成虫になると，体重が$\frac{1}{4}$以上になる場合，幼虫の体重は成虫の体重の４倍以下ということになる。すべての個体の成虫の体重を４倍しても，実際の幼虫の体重より大きくならないから，正しい。　オ×…13 番は 19 番より幼虫の体重が重いが，成虫の体重は 19 番の方が重い。

問７　幼虫の体重に対する，成虫の体重の割合を求めると，モンシロチョウは$\frac{0.1}{0.8}\times 100＝12.5(\%)$，ヤママユは$\frac{2.7}{12.5}\times 100＝21.6(\%)$，ウスバカゲロウは$\frac{0.06}{0.14}\times 100＝42.8\cdots(\%)$，ハグロハバチは$\frac{0.02}{0.16}\times 100＝12.5(\%)$である。よって，イが正答となる。

問８(1)　ア×…25 番は 21 番より体重が重いが，動かすことができるおもりの重さは 21 番の方が重い。　イ×…体重と動かすことのできるおもりの重さは比例していない。　ウ×，エ○…動かすことができるおもりの重さが体重の何倍かを求めると，21 番は 200÷８＝25(倍)，22 番は 160÷８＝20(倍)，23 番は 220÷10＝22(倍)，24 番は 240÷12＝20(倍)，25 番は 190÷９＝21.1…(倍)である。

問９　アリの体重が 0.005ｇのとき，アリ 20匹《ぴき》の重さの合計は 0.005×20＝0.1(ｇ)だから，アリ 20 匹を 0.5ｇの小さな袋《ふくろ》に入れてはかると，電子天びんに表示される値は 0.1＋0.5＝0.6(ｇ)となる。

3　**問１(1)**　地球の北極側から見たとき，月は地球の周りを反時計回りに公転している。

問２　図３で，平行線の錯角《さっかく》より，アレキサンドリアとシエネの緯度《いど》の差は 7.2 度とわかる。これより，中心角が 7.2 度のおうぎ形の弧《こ》の長さがアレキサンドリアとシエネの間の距離 5000 スタジアとわかるから，地球の円周は $5000\times\frac{360}{7.2}＝250000$(スタジア)である。

問３(1)　250000 スタジアは 45000 kmだから，１スタジアは 45000÷250000＝0.18(km)→180ｍである。　**(2)**　〔円周の長さ＝直径×円周率〕より，地球の半径は 45000÷3.14÷２＝7165.6…→7166 kmである。

問４　キ○…密度は体積あたりの質量を表す値だから，体積と密度がわかれば，質量が求められる。

問５　70－13＝57(度)

問６　$6370\times 2\times 3\times\frac{57}{360}＝6051.5$(km)

問７　直線ＯＡと直線ＢＭの交点をＰとすると，平行線の錯角より，角ＢＰＯ＝13 度とわかる。三角形の１つの外角は，これととなり合わない２つの内角の和に等しいから，三角形ＰＡＭにおいて，角Ｘ＝角ＢＰＯ－角ＰＡＭ＝13－12.05＝0.95(度)である。

問８　直線ＡＭを半径とする円の円周角がＸ(0.95 度)であるときの弧の長さが，ＡＢ間の弧の長さ(6051.5 km)と同じとみなせるから，直線ＡＭを半径とする円の円周の長さは $6051.5\times\frac{360}{0.95}＝2293200$(km)である。よって，直線ＡＭの長さは 2293200÷３÷２＝382200(km)である。

4　**問２**　ア×…酸性の塩酸とアルカリ性の水酸化カルシウム水溶液《すいようえき》をまぜると，たがいの性質を打ち消し合う反応(中和という)が起こる。　イ，ウ○…亜鉛《あえん》は，酸性の水溶液とアルカリ性の水溶液のどちらとも反応し，水素を発生する。　エ×，オ○…鉄(スチールウール)は，酸性の水溶液と反応して水素を発生するが，アルカリ性の水溶液とは反応しない。　カ×…何も反応しない。　キ×…酸素が発生する。

問3　水素は，無色無臭《むしゅう》の気体で，非常に軽く，水に溶《と》けにくい。また，火がつくと爆発《ばくはつ》する。

問4　発生した気体(水素)の体積は，反応したアルミニウム(または塩酸)の重さに比例する。図1より，発生した気体の体積が690㎤になるまでは，加えたアルミニウムがすべて反応している(塩酸は残っている)。加えたアルミニウムの重さと，発生した気体の体積の関係は図ⅱのようになるから，X液50㎤とちょうど反応したアルミニウムの重さは，グラフが折れ曲がる点から0.54gとわかる。

図ⅱ

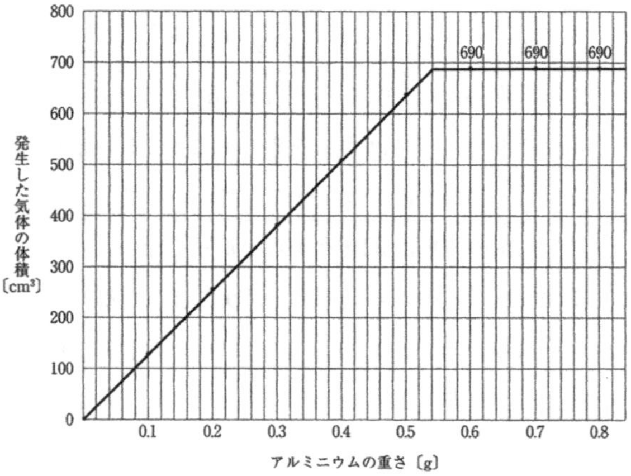

問5　問4より，X液50㎤とアルミニウム0.54gがちょうど反応して，690㎤の気体が発生するとわかるから，アルミニウム0.1gが反応したとき，発生する気体は$690\times\frac{0.1}{0.54}=127.7\cdots\rightarrow128$㎤である。

問6　ウ○…X液50㎤にアルミニウム1.0gを加えると，X液50㎤とアルミニウム0.54gが反応して塩化アルミニウムと水素ができ，アルミニウム0.46gが残る。なお，水素は水溶液に溶けず，空気中に出ていく。

問7　X液に比べて塩酸の濃《こ》さを2倍にしても，加えたアルミニウムがすべて反応して(塩酸が残って)いるとき，加えたアルミニウムに対して発生する気体の体積は同じになるから，グラフのかたむきは変わらない。また，X液に比べて塩酸の濃さを2倍にすると，ちょうど反応するアルミニウムの重さは2倍(1.08g)になり，発生する気体の体積の最大値も2倍(1380㎤)になるから，アルミニウムの重さが0.54gをこえても発生する気体の体積は大きくなっていく。よって，エが正答となる。

問8　X液に比べて塩酸の濃さを半分にすると，ちょうど反応するアルミニウムの重さは半分の$0.54\div2=0.27$(g)になる。なお，このときの加えたアルミニウムの重さと発生した気体の体積の関係を表すグラフは問7のオのようになる。

問9　アルミニウム2.16gとちょうど反応するX液は$50\times\frac{2.16}{0.54}=200$(㎤)である。X液とY液の濃さの比は，同じ重さのアルミニウムとちょうど反応するX液やY液の体積の逆比に等しく100：200＝1：2だから，Y液はX液の濃さの2倍の濃さである。また，反応したアルミニウムが2.16gだから，発生する気体の体積は$690\times\frac{2.16}{0.54}=2760$(㎤)である。

問10　銅は塩酸と反応しないから，発生した気体はY液とアルミニウムが反応したことによるものである。よって，混合物に含《ふく》まれていたアルミニウムは約$0.54\times\frac{510}{690}=0.399\cdots$(g)だから，含まれていた銅は約$0.6-0.399=0.201\rightarrow0.2$gである。

東京農業大学第一高等学校中等部【第1回】

《国　語》

一　①青磁　②促　③丸薬　④過大　⑤しゃふつ　⑥とうじ　⑦じんか　⑧こうきゅう

二　問一．A．ウ　B．カ　C．キ　D．ア　問二．オ　問三．a．準安定状態　b．仮固定　問四．ア
問五．ア　問六．オ→イ→ア→ウ→エ　問七．エ　問八．ウ　問九．ウ　問十．ウ

三　問一．ウ　問二．オ　問三．X．ウ　Y．ア　問四．ア，カ　問五．②
問六．３番目…イ　５番目…オ　問七．エ　問八．イ　問九．イ，エ

《算　数》

1　(1)1570　(2)2　(3)34520　(4)$\frac{1}{8}$

2　(1)1089　(2)①313　②4　③25

3　(1)A，C　(2)イ

4　(1)11.25　(2)1500　(3)15　(4)108　(5)12　(6)45

5　(1)2880　(2)80　(3)43，12　(4)右グラフ

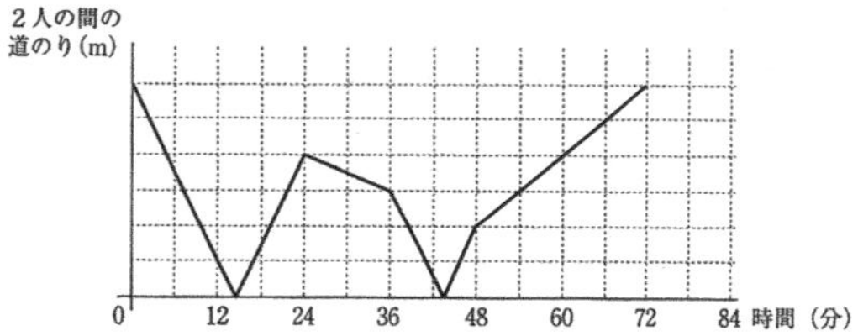

《理　科》

1　問１．猛暑日…6　熱帯夜…13　問２．(1)A．原子力　B．水力　C．地熱　(2)太陽光　(3)イ　問３．エ
問４．植物…イ，ケ　水…ウ，コ　問５．(1)48　(2)154　(3)15　問６．(1)2050　(2)エ　(3)イ

2　問１．ア，オ　問２．ア，イ　問３．けん　問４．ウ　問５．1．血液の逆流を防ぐ　2．弁
問６．ウ　問７．え　問８．A　問９．30　問10．3.1

3　問１．10.05　問２．340　問３．1500　問４．1200　問５．３番目…イ　５番目…オ　問６．ウ
問７．ク　問８．300000　問９．6369　問10．届かなくなる…30　再び届く…60

4　問１．２番目…酸素　３番目…アルゴン　問２．イ，ウ　問３．$\frac{330}{a}$　問４．0.245　問５．オ
問６．60　問７．露点　問８．②　問９．フェーン現象　問10．1000　問11．12　問12．28

《2023　第１回　国語　解説》

二　著作権上の都合により文章を掲載《けいさい》しておりませんので、解説も掲載しておりません。ご不便をおかけし、誠に申し訳ございません。

三　**問一**　傍線部《ぼうせんぶ》１の直前の「このこと」が指す内容を読みとる。それは「他人によって合意されてはじめて『正しさ』になる」ということ。よって、「親の説明を聞き納得をしたので、子どもは～従った」とあるウが適する。

問二　傍線部２の直後で「目先の快楽に惑《まど》わされることなく、長期的な展望を持って、もっとも大きな幸福が得られる行為《こうい》を選択《せんたく》するべきだというのが功利主義の考えです」と述べているので、オが適する。

問三Ｘ　「有用性」「役に立つ」と同じ意味を持つ言葉が入るので、ウの「寄与《きよ》」が適する。　Ｙ　直前に「普《ふ》遍性《へんせい》(すべての場合にあてはめることができる性質)がなく」、スーパーでの買い物の例の後に「完全に個人の好みの問題です」とあるので、アの「主観」が適する。

問四　傍線部３は、直前の「他人をないがしろにして自分だけの利益を図ること」を指す。他の人や社会のことは考えず、自分の利益や快楽だけを追求する身勝手な態度なので、アとカが適する。

問五　抜《ぬ》けている一文は「つまり」で始まる。直前の内容を言いかえているので、「道徳的な正しさについての『真実は一つ』という立場」と同じ内容が書かれている部分の直後に入るとわかる。よって、「唯一《ゆいいつ》の普遍的原理によって道徳を説明しようとします」の直後である②が適する。

問六　「まず」で始まるウが１番目。ウの「簡単に適用できます」の結論であるカが２番目。カについて「とはいえ～わざわざ遠くまで～二〇円節約～どちらがハッピーなのか」という見方を提示しているイが３番目。イについての筆者自身の考えと、それとは異なる考え方を想定しているアが４番目。同じ商品で値段が異なるここまでの話より一段進んで、「千円の牛肉と、二五〇円の豚肉《ぶたにく》」の話に移っているオが５番目。オについての筆者自身の考えと、それとは異なる考え方を想定しているエが６番目。この買い物の例を通して、筆者は「完全に個人の好みの問題です。自分がより幸福になると思う方を選択するしかありません」と述べている。つまり、「『最大多数の最大幸福』という原理は～幸福を測る尺度という点では普遍性がなく主観的だ」ということを言っているのである。

問七　「矛盾《むじゅん》」とは、つじつまが合わないこと。出費のことだけを考えると(自分が満足できるかどうかは関係なく)、出費が多ければ多いほど幸福度は下がる。だから「安価な豚肉を購入《こうにゅう》する方が幸福度は大きくなる」と言える。安価な豚肉で得られる幸福度と、高価な牛肉で得られる幸福度のちがいは、ここでは考えない。だから、安ければ安いほど幸福度が上がると考える。すると、安い方がいいはずなのになぜ高い方を買うのかという矛盾が生じる。ただし、牛肉を買いたいと主張するとき、豚肉を買うよりも牛肉を買う方が夫の幸福が四倍多いならば、矛盾は生じない。だから「いささか」矛盾していると述べている。よって、エが適する。

問八　傍線部５の前後で「妻も納得し、自分も我慢《がまん》できるような解決策を二人で見つけていくしかないでしょう。このように～その行為に関わる人の間で決めていくべきものです」、本文前半で「『正しさ』は他人を巻《ま》き込《こ》むものであるからこそ、個々人が勝手に決めてよいものではなく、他人によって合意されてはじめて『正しさ』になるのです」「私は道徳的な正しさとは他人が関わる行為の正しさのことであり、それはその行為に関わる人たちが合意することで決めていくものだと考えています」と述べていることから、イのようなことが読みとれる。

問九　傍線部３のある段落で「人間がいちばん幸福～家族や友人などが喜んでくれたとき～社会全体に貢献《こうけん》できたと感じるとき～このように考えると、『幸福中心主義』(功利主義)は利己主義ではありえない」と述べていることにイが適する。本文では「『正しさ』は他人を巻き込むものであるからこそ～他人によって合意されてはじめて『正しさ』になるのです」(問八の解説参照)ということを述べているので、エが適する。

《2023　第１回　算数　解説》

1 (1)　与式＝$(31.4\times10)\div0.16\times\frac{1}{3}\times7.2-(31.4\times\frac{1}{2})\div0.16\times32=31.4\div0.16\times24-31.4\div0.16\times16=$
$31.4\div0.16\times(24-16)=31.4\times8\div0.16=31.4\times50=$**1570**

(2)　与式＝$[1.4-\{\frac{5}{3}-(\frac{7}{3}-\frac{3}{4})\}\times12]\div\frac{1}{5}=[1.4-\{\frac{5}{3}\times12-(\frac{7}{3}\times12-\frac{3}{4}\times12)\}]\times5=$
$[1.4-\{20-(28-9)\}]\times5=\{1.4-(20-19)\}\times5=(1.4-1)\times5=0.4\times5=$**2**

(3)　与式より，(0.005×1000×1000) g＋30 kg－480 g＝5000 g＋30000 g－480 g＝**34520** g

(4)　与式より，$(\frac{10}{12}-\frac{9}{12})\div\square=1-\frac{1}{3}$　　$\frac{1}{12}\div\square=\frac{2}{3}$　　$\square=\frac{1}{12}\div\frac{2}{3}=\frac{1}{12}\times\frac{3}{2}=\boldsymbol{\frac{1}{8}}$

2 (1)　もとの数の千の位は１から９までの整数，百，十，一の位は０から９までの整数である。もとの数を９倍した数も４けたの整数だから，もとの数の千の位が２以上のとき，９倍した数が５けたとなり適さないので，もとの数の千の位は１である。よって，９倍した数の千の位は９だから，もとの数の一の位も９である。したがって，もとの数の百の位をａ，十の位をｂとすると，もとの数は1000＋100×ａ＋10×ｂ＋９と表すことができ，９倍した数は9000＋900×ａ＋90×ｂ＋81と表せる。これがもとの数の並びと反対の並びの数だから，
9000＋900×ａ＋90×ｂ＋81＝9000＋100×ｂ＋10×ａ＋１　　890×ａ＝10×ｂ－80
89×ａ＝ｂ－８となる。ａ，ｂは０から９までの整数だから，ｂは８または９であり，ｂが９のとき，
89×ａ＝９－８＝１となるａは存在しないから，ｂ＝８のとき，89×ａ＝０より，ａ＝０となる。
以上より，求める４けたの整数は**1089**である。

(2)①　(12☆２)＋(13☆２)＝12×12＋13×13＝144＋169＝**313**

②　**【解き方】２を連続でかけるごとにできる数の一の位の数は，２，４，８，６，…となり，４つの数をくり返す。**

２☆10の一の位の数は４つの数のくり返しを，10÷４＝２余り２より，２回くり返した後の２つ目の数だから，**４**である。

③　**【解き方】３を連続でかけるごとにできる数の一の位の数は，３，９，７，１，…となり，４つの数をくり返す。**

Ｎを１から100までの数としたとき，100÷４＝25より，25回だけ４つの数の並びをくり返すことになる。よって，求める整数Ｎの個数は**25**個である。

図１

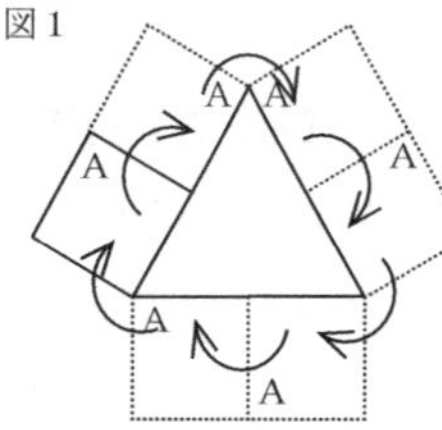

3 (1)　**【解き方】正方形がすべることなく回転したとき，正方形ＡＢＣＤは矢印にそって図１の点線部分に移動していく。１周目のＡの位置は図１の通りになる。**

正方形ＡＢＣＤの頂点が点Ｇと重なるときの位置関係は図２の①または②になり，①と②でＧと接している点は同じである。図１のＡの位置から，１周目にＧと重なる点は，Ａと向かい合うＣであるとわかる。また，正方形ＡＢＣＤが１周して最初の位置に戻《もど》ったとき，最初のＡの位置にＣがくる。したがって，もう１周すれば，最初にＡがあった位置にＣと向かい合うＡがきて，それぞれの頂点が元の位置になる。この２周目のＧと重なる点は，１周目でＣだったから２周目でＡとわかる。よって，求める点は**Ａ，Ｃ**である。

図２

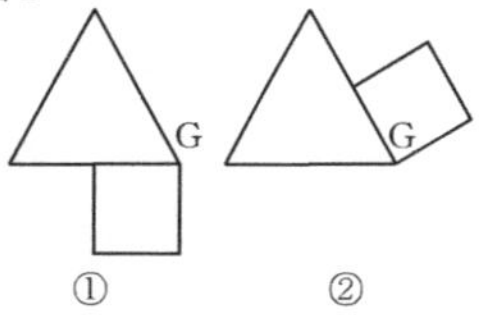

(2)　**【解き方】グラフの傾き方が急になるほど，同じ時間あたりに上がる分の水面の高さが高くなる。グラフを見ると，傾き方は２回変わっており，１回目は傾き方が最初の傾き方よりもゆるやかになり，水を入れている時間も長くなっているので，水を入れている立方体の個数が増えたと考えられる。２回目は傾き方も水を入れる時間も最初と等しくなっている，つまり，水を入れている立方体の個数も最初と同じだと考えられる。**

(ア)は立方体２つ→立方体１つ→立方体３つ→立方体１つの順に水を入れるから，グラフの傾き方が３回変わるので，適さない。

(イ)は立方体２つ→立方体３つ→立方体２つの順に水を入れるから，グラフの傾き方が変わるのは２回であり，最初と２回目に傾き方が変わった後が同じ割合で水面の高さが高くなるので，適する。

(ウ)は立方体２つ→１つ→１つ→３つの順に水を入れるから，グラフの傾き方は２回目に急になる。よって，適さない。

(エ)は立方体２つ→２つ→３つの順に水を入れるから，グラフの傾き方は１回しか変わらないので適さない。

(オ)は立方体１つ→１つ→２つ→３つの順に水を入れるから，グラフの傾き方はだんだんゆるやかになるので適さない。

以上より，適切なものは**(イ)**である。

4　(1)　**【解き方】食塩水の問題は，うでの長さを濃度《のうど》，おもりを食塩水の重さとしたてんびん図で考えて，うでの長さの比とおもりの重さの比がたがいに逆比になることを利用する。**

図１

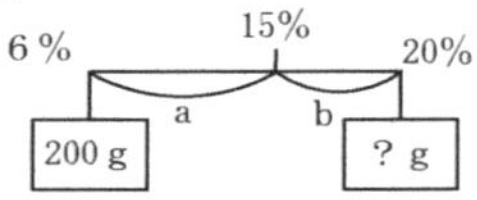

図２

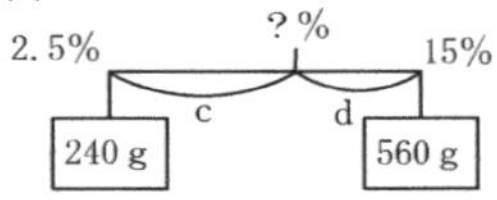

６％の食塩水 200 g と 20％の食塩水を混ぜて濃度が 15％になるとき，てんびん図は図１のようになり，ａ＝15－６＝９，ｂ＝20－15＝５であり，ａ：ｂ＝９：５は食塩水の量の比の逆比になるから，食塩水の量の比は５：９となる。よって，15％の食塩水の量は $200\times\frac{5+9}{5}=560$ (g)である。次に，2.5％の食塩水 240 g と 15％の食塩水 560 g を混ぜたとき，てんびん図は図２のようになり，食塩水の量の比は 240：560＝３：７だから，ｃ：ｄは３：７の逆比の７：３である。よって，$c=(15-2.5)\times\frac{7}{7+3}=8.75$ より，求める食塩水の濃度は 2.5＋8.75＝**11.25**(％)である。

(2)　**【解き方】来月のＡ，Ｂ，Ｃの値段をそれぞれ④円，③円，②円とすると，現在のＡ，Ｂ，Ｃの値段はそれぞれ，(④－100)円，(③－100)円，(②－100)円と表せる。**

ＡとＢの値段の和はＣの値段の３倍より 500 円高いから，④－100＋③－100＝②×３－100×３＋500

⑦－200＝⑥＋200　　⑦－⑥＝200＋200　　①＝400(円)となる。よって，現在のＡの値段は，

④－100＝４×400－100＝**1500**(円)である。

(3)　**【解き方】道路は公園の周りを１周するので，旗の数は間かくの数と等しい。公園の周りの長さを 120 と 180 と 144 の最小公倍数である 720 とする。**

旗を 120 本立てるときにできる間かくの長さは 720÷120＝６，180 本立てるときにできる間かくの長さは 720÷180＝４，144 本立てるときにできる間かくの長さは 720÷144＝５となる。６－４＝２が６ｍにあたる。

よって，５は $6\times\frac{5}{2}=15$ (m)にあたるから，旗を 144 本立てるときの間かくは **15m** である。

(4)　白いボールを 27 個入れて 70 個取り出したとき，白いボールは 14 個含《ふく》まれていたから，赤いボールは 70－14＝56(個)含まれていた。このとき，白いボールと赤いボールの個数の比は等しいと考えられるので，求める個数は $56\times\frac{27}{14}=$ **108**(個)である。

(5)　**【解き方】ＡとＢが同じ班だから，この２人が２人の班か３人の班かで場合を分けて考える。**

ＡとＢが２人の班のとき，ＣとＤは別々の班なので，どちらを１人の班にするかで３人の班のメンバーも決まる。よって，決め方は２通りである。

ＡとＢが３人の班のとき，３人の班の残り１人の決め方は４通りあり，この４通りそれぞれに対して１人の班の決め方は３通りあるから，12 通りある。このうち，２人の班にＣとＤが入る分け方はＥとＦが３人の班か１人の班かで２通りあるので，12－２＝10(通り)ある。

以上より，求める分け方は２＋10＝**12**(通り)ある。

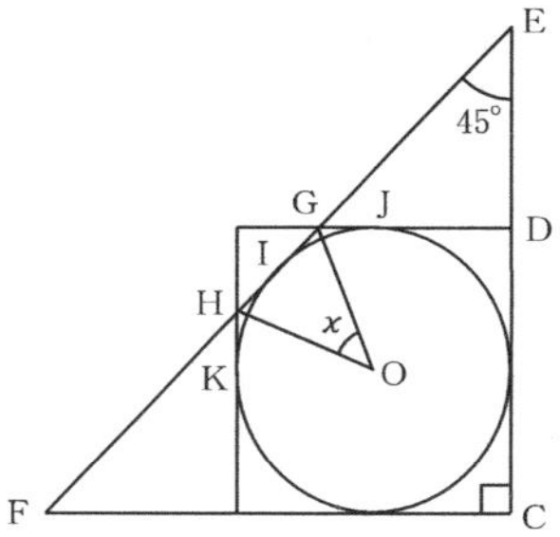

(6)　**【解き方】ある点から円に２本の接線(円と１点で接する直線)を引いたとき，その点から円との接点(円と直線が接している点)までの距離《きょり》は等しいことを利用する。**

ＧＤとＦＣは平行だから，三角形ＥＧＤは直角二等辺三角形である。

三角形の１つの外角は，これととなり合わない２つの内角の和に等しいから角ＨＧＤ＝45°＋90°＝135°であり，右図でＧから引いた円の接線と円が交わる点Ｉ，ＪはＧからの距離が等しいので，角ＩＧＯ＝角ＪＧＯ＝135°÷２＝67.5°である。

同様に考えて，点Ｉ，ＫはＨからの距離が等しく，角ＩＨＯ＝角ＫＨＯ＝67.5°である。

したがって，三角形の内角より，x＝180°－２×67.5°＝**45°**

5　(1)　**【解き方】グラフより，出発して 12 分後から 18 分後の間に２人は出会い，24 分後に太郎君は花子さんの家に着いたとわかる。**

太郎君の速さは分速 120ｍだから，太郎君の家と花子さんの家の間の道のりは 120×24＝**2880**(ｍ)である。

(2)　グラフより，出発して 36 分後に花子さんが太郎君の家に着いたとわかる。よって，花子さんの速さは，2880÷36＝80 より，分速 **80ｍ**である。

(3)　**【解き方】２人が２回目に出会うのは，２人が自分の家に戻る途中《とちゅう》である。**

２人が２回目に出会うのは２人合わせて 2880×３＝8640(ｍ)走ったときである。２人は１分間に合わせて 120＋80＝200(ｍ)進むから，8640÷200＝43.2(分後)，つまり，43 分(60×0.2)秒後＝**43 分 12 秒後**に出会う。

(4)　**【解き方】グラフのたての１めもりは，2880÷６＝480(ｍ)である。**

これまでの解説をふまえる。36 分後に花子さんは太郎君の家に着き，花子さんの家に向かって折り返す。43 分 12 秒後に２人は２回目に出会うので２人の間の道のりは０ｍになる。太郎君は片道 24 分で走るので，往復では 24×２＝48(分)で自分の家に戻ることになる。48 分後は２人の間の道のりが 200×(48－43.2)＝960(ｍ)であり，ここから，花子さんだけで走るのでグラフの傾き方がゆるやかになり，36×２＝72(分後)に花子さんは花子さんの家に着くので，２人の間の道のりが出発時と同じ 2880ｍになる。したがって，43.2 分は０，48 分には下から 960÷480＝２めもり目，72 分は０分のときと同じ，下から６めもり目になる。

《2023 第１回　理科　解説》

1　**問１**　猛暑《もうしょ》日は最高気温が35℃以上の日，熱帯夜は夜間の最低気温が25℃以上の日である。

問２(2)　太陽光発電は，光電池に日光が当たることで，光のエネルギーから直接電気エネルギーを取り出す装置である。　**(3)**　イ×…日本は発電に使用する天然ガスのほとんどを輸入に頼っている。

問３　水が水蒸気に変化するとき，体積は大きくなるが，質量は変化しない。よって，質量をそろえて体積の大きさを比べればよい。水蒸気１m^3→1000000cm^3の質量が0.578kg→578ｇだから，水蒸気１ｇの体積は$\frac{1000000}{578}$$cm^3$である。これは水１ｇの体積(１$cm^3$)の$\frac{1000000}{578}$÷１＝1730.1…(倍)である。

問４　植物に光をあてると，水と二酸化炭素を材料にしてデンプンと酸素をつくり出す光合成が行われる。また，水に水酸化ナトリウム水よう液を加えて電気を流すと，水が水素と酸素に分解される。水酸化ナトリウム水よう液を加えるのは，純粋な水では電気を通しにくいためである。

問５(1)　反応の前後で，反応にかかわる物質の質量の合計は変化しない(これを質量保存の法則という)。よって，16ｇのメタンの燃焼に使われた酸素は44《二酸化炭素》＋36《水》－16《メタン》＝64(ｇ)と求められる。また，反応にかかわる物質の質量比は常に一定だから，12ｇのメタンと反応する酸素は$64\times\frac{12}{16}$＝48(ｇ)である。　(2)　16ｇのメタンの燃焼で44ｇの二酸化炭素が発生するから，56ｇのメタンが反応したときに発生する二酸化炭素は$44\times\frac{56}{16}$＝154(ｇ)である。

(3)　ここで発生した二酸化炭素は5.5ｇであり，これは(1)のときの$\frac{5.5}{44}=\frac{1}{8}$だから，反応したメタンは16÷８＝２(ｇ)，反応した酸素は64÷８＝８(ｇ)，発生した水は36÷８＝4.5(ｇ)である。よって，燃えた後に残ったもの15ｇ中の酸素は15－5.5－4.5＝５(ｇ)だから，はじめに用意したメタンと酸素の合計の重さは２＋８＋５＝15(ｇ)である。

問６(2)　カーボンニュートラルの考えをもとにした発電としてバイオマス発電がある。バイオマス発電は，生物に由来する原料を燃やすことで発電する発電方法である。例えば，植物は光合成によってデンプンなどの有機物をつくり，その有機物を燃やすことで発電する。有機物を燃やすことで二酸化炭素が発生するが，このとき発生した二酸化炭素は，その植物が成長するときに光合成で吸収した二酸化炭素と同じ量であると考えられるため，大気中に放出される二酸化炭素が実質的にゼロになっている。また，二酸化炭素には地表から宇宙空間へ出ていこうとする熱を吸収し，その一部を再び地表にもどす温室効果があるため，二酸化炭素は温室効果ガスとよばれる。

(3)　でい岩を構成する粒《つぶ》は直径0.06㎜以下のどろである。粒が小さいほど，粒と粒のすき間が小さくなり，二酸化炭素を通しにくい地層になる。

2　**問１**　背骨がある動物をセキツイ動物，背骨がない動物を無セキツイ動物という。アは無セキツイ動物の昆虫《こんちゅう》類，オは無セキツイ動物の甲殻《こうかく》類に分類される。なお，イはセキツイ動物の両生類，ウはセキツイ動物のは虫類，エはセキツイ動物のほ乳類に分類される。

問２　親と子で生活する場所や食べ物が異なる動物は，親と子で形が異なることが多い。

問４　ア×…左右の心室と左右の心房がそれぞれ同時に縮み，心室と心房は交互《こうご》に縮む。　イ×…トリプシンやリパーゼを含《ふく》む消化液(すい液)をつくるのはすい臓である。　エ×…にょう素などをこしとってにょうをつくるのはじん臓である。

問５　静脈は，各器官を通った後の血液が心臓にもどってくるときに流れる血管である。心臓からおし出されたときよりも血液の流れの勢いが弱くなっているため，血液の逆流を防ぐための弁がある。

問６　心房は血液がもどってくる部屋，心室は血液を送り出す部屋である。

問７　デンプンが分解されてできたブドウ糖とタンパク質が分解されてできたアミノ酸は，小腸で吸収された後，「え(門脈)」を通ってかん臓に運ばれる。

問８　ももの付け根の関節は球関節だから，回転運動ができる関節を選べばよい。

問９　ｂとｃのａからの距離《きょり》の差は30－３＝27(㎜)→$\frac{27}{1000}$ｍであり，その距離を指令が2.1－1.2＝0.9(ミリ秒)→$\frac{0.9}{1000}$秒で伝わったから，速さは$\frac{27}{1000}\div\frac{0.9}{1000}$＝(秒速)30(ｍ)である。

問10　秒速30ｍは，１ミリ秒で30㎜伝わる速さである。よって，実験１で，ｂからａまでの神経細胞《さいぼう》内を指令が

伝わる時間は３÷30＝0.1(ミリ秒)だから，つなぎ目で指令が伝わる時間は1.2－0.1＝1.1(ミリ秒)だとわかる。ｄからａまでの神経細胞内を指令が伝わる時間は60÷30＝２(ミリ秒)であり，つなぎ目で指令が伝わる時間は1.1ミリ秒で一定だから，２＋1.1＝3.1(ミリ秒)が正答となる。

3 問１　100÷9.95＝10.050…→秒速10.05ｍ

問２　1.7㎞→1700ｍより，1700÷５＝(秒速)340(ｍ)となる。

問３　Ｂが１回目に観測した音が，水面のすぐ下を1.8㎞→1800ｍ伝わってきた音だから，水中での音の速さは1800÷1.2＝(秒速)1500(ｍ)である。

図ｉ

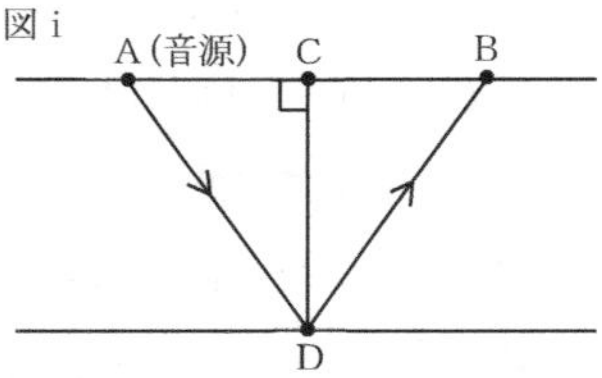

問４　２回目に観測した音は，底で反射してＢに届いた音である。このときの音は，図ｉのように角ＡＤＣ(入射角)と角ＢＤＣ(反射角)が等しくなるように反射する。このため，音が反射する点(Ｄ)は，ＡＢのちょうど真ん中の点(Ｃ)の真下になる。音がＡ→Ｄ→Ｂと伝わるのにかかった時間は２秒だから，音が伝わった距離は1500×２＝3000(ｍ)であり，ＡＤの距離はその半分の1500ｍである。また，ＡＣの距離は1800÷２＝900(ｍ)だから，三角形ＡＣＤは辺の比が３：４：５の直角三角形だとわかる。よって，ＣＤの長さ(水深)は1500×$\frac{4}{5}$＝1200(ｍ)である。

問５　速さが速い順に並べると，カ＞ウ＞イ＞ア＞オ＞エとなる。

問６　歯車が止まった状態では，図３のようにＡとＢの間を通過した光は鏡で反射した後，ＡとＢの間を通過してもどってくる(ア)。ここから，歯車の回転速度を上げていくと，反射した後の光がＢでさえぎられることで見えなくなり，更に歯車の回転速度を上げていくと，反射した後の光がＢとＣの間を通過して見えるようになる(ウ)。

問７　この歯車には歯が250個ついていて，１秒間で200回転しているから，１秒間で歯は250×200＝50000(個分)動くことになる。よって，歯が１個分動くのにかかる時間は１÷50000＝0.00002(秒)である。

問８　歯が１個分動く0.00002秒間に，光は歯車から鏡までの３㎞を往復した，つまり，６㎞伝わったから，光の速さは６÷0.00002＝(秒速)300000(㎞)である。

問９　光は１秒間で地球を７周半するから，地球の円周の7.5倍が300000㎞である。よって，地球の円周は300000÷7.5＝40000(㎞)であり，半径は40000÷3.14÷２＝6369.4…→6369㎞である。

問10　歯車から鏡までの距離が５㎞(往復で10㎞)になると，光が歯車と鏡を往復する時間は10÷300000＝$\frac{1}{30000}$(秒)になる。この時間で，歯が0.5個分動くとき(光が届かなくなったとき)と，歯が１個分動くとき(再び光が届くようになったとき)を考えればよい。歯の数が500個の歯車に取り換《か》えたことに注意すると，$\frac{1}{30000}$秒で歯が0.5個分動くとき，１秒間では0.5÷$\frac{1}{30000}$＝15000(個分)動くから，回転数は15000÷500＝30(回)である。また，$\frac{1}{30000}$秒で歯が１個分動くときの１秒間の回転数は，0.5個分のときの２倍の60回である。

4 問１　大気中に最も多く存在する気体はちっ素である。

問２　気圧は空気が物体を押《お》す力によるものだから，気圧が低く(空気が物体を押す力が小さく)なれば，水が水蒸気となって空気中に出ていきやすくなる。また，高いところの空気よりもお菓子《かし》の袋《ふくろ》の中に閉じこめられている地上の空気の方が押す力が大きいので，お菓子の袋がふくらむ。

問３　地球の直径に対する対流圏《たいりゅうけん》の厚さの割合は$\frac{11}{a}$だから，地球の直径を30㎝としたときの対流圏の厚さは30×$\frac{11}{a}$＝$\frac{330}{a}$(㎝)になる。

問４　14億㎦の水のうち，2.5％が淡水《たんすい》で，さらにその70％が南極・北極等の氷や氷河だから，14億×0.025×0.7＝0.245億(㎦)となる。

問５　海水の量は1365000で一定だから，ウかオのどちらかである。また，海では，蒸発が449，降水が２＋403＝

405で，蒸発量が多くなっているから，オが正答となる。

問６　大気中の水の量は13で一定だから，海と陸での蒸発の合計と降水の合計が等しくなっていると考えられる。［あ］以外の蒸発の合計が449＋1.8＋0.6＝451.4，降水の合計が２＋403＋106.4＝511.4だから，［あ］にあてはまる数字は511.4－451.4＝60である。

問８　10℃での飽和《ほうわ》水蒸気量は約9.4ｇ/㎥だから，湿度80％のときの水蒸気量は9.4×0.8＝7.52(ｇ/㎥)である。また，20℃での飽和水蒸気量は約17ｇ/㎥だから，湿度50％のときの水蒸気量は17×0.5＝8.5(ｇ/㎥)である。

問10　25℃での飽和水蒸気量は約23ｇ/㎥だから，湿度56％のときの水蒸気量は23×0.56＝12.88(ｇ/㎥)である。飽和水蒸気量が12.88ｇ/㎥である温度がこの空気の露点であり，雲ができ始める温度である。飽和水蒸気量が12.88ｇ/㎥である温度は約15℃だから，ふもとより温度が25－15＝10(℃)低くなる標高を求めればよい。飽和していない空気は100ｍ上昇《じょうしょう》するごとに温度が１℃下がるから，10℃下がるのは$100\times\frac{10}{1}$＝1000(ｍ)上昇したときである。

問11　標高1000ｍから山頂の1600ｍまでの600ｍは，空気が飽和して雲がつくられているから，100ｍ上昇するごとに温度が0.5℃下がる。よって，雲ができ始めたときの15℃の空気が山頂まで上昇すると，温度がさらに$0.5\times\frac{600}{100}$＝３(℃)下がって12℃になる。

問12　空気が山頂を越《こ》えて斜面を下るときには空気が飽和していないから，100ｍ下るごとに温度が１℃上がる。よって，山頂の12℃の空気がふもとまで1600ｍ下ると，温度が$1\times\frac{1600}{100}$＝16(℃)上がって28℃になる。

東京農業大学第一高等学校中等部【第1回】

《国　語》

一　①構え　②合点　③景勝地　④会心　⑤よせ　⑥そうてい　⑦じょうせき　⑧たいだ

二　問一．Ⅰ．エ　Ⅱ．カ　Ⅲ．ク　Ⅳ．イ　問二．ア　問三．イ　問四．２番目…ウ　４番目…オ
問五．ウ　問六．イ　問七．ウ　問八．ウ　問九．エ

三　問一．A．オ　B．ア　C．エ　問二．X．ウ　Y．イ　問三．イ，オ　問四．エ　問五．ウ
問六．オ　問七．ウ　問八．エ　問九．イ，エ

《算　数》

1　(1)1　(2)$\frac{10}{39}$　(3)$\frac{1}{6}$　(4)2022

2　(1)10020　(2)175　(3)①4　②15

3　(1)イ　(2)ア，オ

4　(1)10，48　(2)90　(3)1，20　(4)60
(5)183　(6)16　(7)112　(8)11.5

5　(1)1200　(2)右グラフ　(3)480

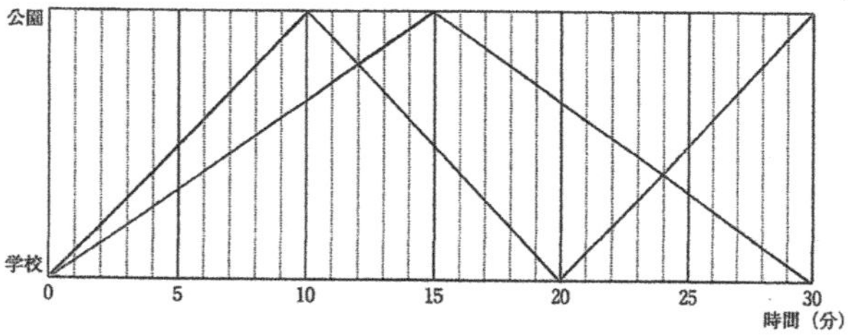

《理　科》

1　問1．5　問2．カ，キ　問3．3　問4．赤血球　問5．ウ　問6．イ　問7．(1)C　(2)①大きく
②Y　(3)イ，ウ　(4)①大動脈　②閉じて

2　問1．ウ　問2．ア，ウ　問3．エ　問4．右図　像の大きさ…1
問5．オ　問6．キ　問7．①0　②15　問8．像の位置…36
像の大きさ…2　問9．18

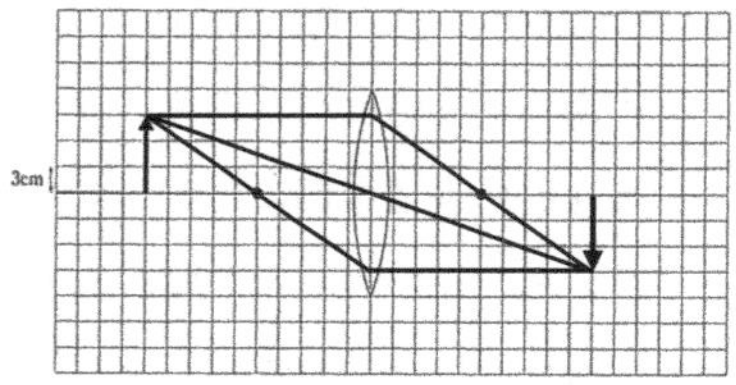

3　問1．水素　問2．捕集方法…ウ　性質…エ，コ　問3．アルミニウム…8.1　X液…900　問4．4.8
問5．0.9　問6．気体A…3　X液…250　問7．①0　③1.8　問8．(1)3：7　(2)0.7

4　問1．オ　問2．(1)C　(2)A．ア，オ　B．イ，ウ　C．エ，カ　問3．(1)イ　(2)記号…イ
名まえ…はん状組織　問4．(1)火さい流…エ　土石流…イ　(2)ウ　問5．崩れた眉山の土砂が海に入ることで発生した津波が，熊本に到達したから。

《2022　第１回　国語　解説》

二　**問一** Ⅰ　少し前にある「間違《まちが》えて死刑《しけい》にされてしまう」というのは、理不尽《りふじん》なことである。　Ⅱ　１～２行前に「死刑制度を認めている議会があり～それを不思議なこととは思わない一般《いっぱん》の人びとが大勢いる」とある。人びとが認めているから、「執行官《しっこうかん》はそういう強制をしている（＝死刑を執行している）」のである。よって、カが適する。　Ⅲ　ここより前に、強制力、執行力の根源は一般意志だと書かれている。また、直後に、一般意志が「強制力、物理力を生み出し～法律の根拠《こんきょ》をあらしめている」ともある。これらから、「一般意志が正義や公正」を具体的な形にしている、つまり「体現している」ことがわかる。よって、クが適する。　Ⅳ　１～２行前に「人間には理性がある～その認識を～立法化したのが法律だ」とある。すると、文脈からいって、「理性がもとで、強制やルールはそこから」生まれるということになる。よって、イが適する。

問二　直前に「民法と刑法《けいほう》は～あまり区別がなかった」とあり、少し後に「紛争《ふんそう》を収めようとします」とある。傍線部《ぼうせんぶ》１は、民法と刑法の区別があまりないころ（時代）に、紛争が起きた場合を指しているので、アが適する。

問三　同じ段落でこのことがくわしく説明されている。「法律は、誰《だれ》でも同じように扱《あつか》うという点で、公平である。つまり『正義』なのです」や、罰《ばつ》を与《あた》えられることについて「みんながそれでいいと思うという点が、『無理やり』という物理力の背景になっている」とある。また、このあとに「一般意志が正義や公正を体現している～それが強制力、物理力を生み出していて、法律の根拠をあらしめている」とある。つまり、「正しさ」の根拠は、法律が誰でも平等に扱うことと、罪を犯せば罰を与えられるということについてみんなが納得しているということにある。よって、イが適する。

問四　エは、前の一文から導かれる内容を説明している。ウはエを受けて見方を変え、後の内容につなげている。アの「そういう無産階級の人びと」は、ウの「何も所有して」いない人びとのことを指している。オとイでは、後にある「法律は、階級闘争《とうそう》を隠蔽《いんぺい》しているのであり～資本家に都合がよいように発した命令である」という考え方を、所有権を例に説明している。イの「その財産」は、オに書かれている、“資本家が持っている財産”を指している。イの「財産を取り返すことができない」を受けて、空欄 A の直後で、「無理やり取り返そうと思うと」と説明を続けている。よって、２番目がウ、４番目がオである。

問五　前の段落に「法律は～資本家とその代表者である国家が、資本家の都合がよいように発した命令である」とある。この考え方に基づけば、政権が変わると、新しい政権が自分たちに都合のよい命令を出し、それが法律になるということになる。傍線部３はこのことを言ったもの。よって、ウが適する。

問六　「マルクス主義系の、あるいは左翼《さよく》系の人びと」が考える法律とは、搾取《さくしゅ》階級である「資本家とその代表者である国家が、資本家の都合がよいように発した命令」である。法律をこのように理解すると、いくらよい法律を求めてもその意見は反映されず、搾取階級である資本家に都合のよい法律しか生まれないので、法律を勉強したり考えたりするなど「バカバカしくてやってられ」ないということになる。よって、イが適する。

問七　問六の解説にあるように、「法の強制説」に立つと、「よい法律をつくろうという動機が」少なくなってしまう。傍線部５の前の段落には、「よりよい法律をつくろうと提案しないのは、現状のままでいいと言っていることと同じ」であり、「法律や制度はこんなものだ、とあきらめてしまえばこの世の中はよくならない」とある。また、最後の段落に「法律が強制ではなく～自主的な秩序《ちつじょ》であるとするならば（＝「法の強制説」に立たず、「法のルール説」に立つならば）、それこそ民主主義の根源です」とある。つまり、「法の強制説」に立っていると、主体的に政治に参加する動機が少なくなるが、政治に参加しないということは、現状のままでいいとあきらめることであり、世の中は何も変わらず、民主主義は成り立たないということ。よって、ウが適する。

問八　問七の解説も参照。直前に「法律が強制ではなく、ふつうの人民、市民が自然に生み出した自主的な秩序であるとするならば、それこそ民主主義の根源です」とある。「法律が強制」であるというのは、オースティンやマルクス、レーニンの学説であり、法律は権力者が民衆に押し付けるものだという考え方である。この立場に立てば、政治への参加意欲は失われ、民主主義は成り立たない。一方、「法のルール説」は、法律は民衆が自然に生み出したものだという考え方である。よって、ウが適する。

問九　問七の解説も参照。傍線部５の前の段落で、「よりよい法律をつくろうと提案しないのは、現状のままでいいと言っていることと同じ」であり、「法律や制度はこんなものだ、とあきらめてしまえばこの世の中はよくならない。制度、法律は、われわれの生活に日々直結することですから～関心を持とうではないか」とある。これと、エの内容が一致《いっち》する。

三　**問三**　この後に「現代においても『伝統木造』に限っては、日本の製材業や林業の振興《しんこう》と、その先にある山村や山林の発展に直結している」「『伝統木造』は～山を守り、木を仕立てる技能の発展、その地域の産業や文化の継《けい》承《しょう》に繋《つな》がる」とある。これらとイ、オの内容が一致する。

問四　直後に「今でも宮大工は、山に入って立木から選ぶか、市場で原木を自分の目で確かめて買う」とあり、伝統木造の住宅を「手がける大工棟梁《とうりょう》は、自分で原木市場へ行く」とある。宮大工や伝統木造を手がける大工棟梁が材料となる木を自分で見に行く理由は、伝統木造に使う木は、「同じ気候風土で育った日本の木が良く、それも一番質の良い材、つまり高い材を求める」からである。つまり、傍線部２は、伝統木造では、同じ気候風土で育った日本の木の中でも本当によいものを用意することが重要なので、自分の目で木を見て買うべきだということ。よって、エが適する。

問五　【中略】の前の段落で、傍線部３の内容をくわしく説明している。「量」の問題とは、どれだけの「国内資源を建築で消費」したかという問題。「質」の問題は、国内資源の使い方の問題で、たとえば「トップクラス技能を持つ人々」が「もっとも良い材」を使えるような状況になっているかどうかということ、つまり職人の技能の高さに応じて、それに見合う木材を用いることができるかという問題である。よって、ウが適する。

問六　オ．製材業や林業などの業界と、伝統木造を作る側の関係については、文章中で「現代においても『伝統木造』に限っては、日本の製材業や林業の振興と、その先にある山村や山林の発展に直結している」「『伝統木造』は～山を守り、木を仕立てる技能の発展、その地域の産業や文化の継承に繋がる」などと説明されている。また、建築業界全体の職能の低下についても、文章中でふれられている。しかし、オにある「伝統木造に従事する職人たちが～協力することが不可能となり」という内容は読み取れない。

問七　同じ段落の「自国や地域社会が固有に受け継いできた文化や伝統を～安易に捨てることでもない」という部分と、ウの前半の内容が一致する。また、傍線部６の前後の内容から、ウにある「世界でも評価されうる」ということも読み取れる。よって、ウが適する。

問八　同じ段落の「山中で質の高い木を育て、その立木から無垢《むく》の木材を挽《ひ》き、伝統木造を設計し、建てる。それぞれに関わる人々の個は強く、自分の仕事に強い自負を持つ」とある。これは、それぞれの仕事に関わる人びとが、どれだけ良いものを生み出せるかにこだわり、自分の仕事に自信や誇《ほこ》り、責任感を持って取り組んでいるということである。そして、「その最たる者」が大工棟梁だと述べている。よって、エが適する。

問九　傍線部１の２～４行後に、「『伝統木造』に限っては、日本の製材業や林業の振興と、その先にある山村や山林の発展に直結している。日本の～地域社会と深く結びついているのだ」とあるので、イは適する。また、傍線部５の７～10 行前に「建築は、建築家と構造家の図面と計算だけで建てることはできない～建築の可否は、現場の職人の見識と技能にかかっている」とあるので、エも適する。

《2022　第１回　算数　解説》

1　(1)　与式 $=\frac{3}{8}\div\frac{1}{8}-(\frac{18}{5}-\frac{46}{15})\times\frac{15}{4}=\frac{3}{8}\times 8-(\frac{54}{15}-\frac{46}{15})\times\frac{15}{4}=3-\frac{8}{15}\times\frac{15}{4}=3-2=1$

(2)　**【解き方】$\frac{k}{n\times(n+k)}=\frac{1}{n}-\frac{1}{n+k}$ に分解できることを利用する。**

与式 $=(\frac{1}{3}-\frac{1}{4})+(\frac{1}{4}-\frac{1}{6})+(\frac{1}{6}-\frac{1}{9})+(\frac{1}{9}-\frac{1}{13})=\frac{1}{3}-\frac{1}{13}=\frac{13}{39}-\frac{3}{39}=\frac{10}{39}$

(3)　与式より，$1\div\{1+1\div(1+□)\}=\frac{20}{13}-1$　　$1\div\{1+1\div(1+□)\}=\frac{7}{13}$

$1+1\div(1+□)=1\div\frac{7}{13}$　　$1+1\div(1+□)=\frac{13}{7}$　　$1\div(1+□)=\frac{13}{7}-1$　　$1\div(1+□)=\frac{6}{7}$

$1+□=1\div\frac{6}{7}$　　$1+□=\frac{7}{6}$　　$□=\frac{7}{6}-1=\frac{1}{6}$

(4)　１日＝24 時間＝(24×60)分＝1440 分，２時間 45 分＝(60×２＋45)分＝165 分，4200 秒＝(4200÷60)分＝70 分より，1440 分－33 分＋(165 分×５－70 分×３)＝1407 分＋(825 分－210 分)＝1407 分＋615 分＝2022 分

2　(1)　**【解き方】0.3＝$\frac{3}{10}$をかけると答えが整数になるのは 10 の倍数，0.3＝$\frac{3}{10}$で割っても答えが整数となるのは３の倍数である。つまり，５桁の整数のうち，最も小さい３と 10 の公倍数を見つければよい。**

３の倍数は各位の数字の和が３で割り切れ，10 の倍数は一の位が０だから，最も小さい５桁の数は 10020 である。

(2)　**【解き方】地図上での半径を求めた後で，実際の土地の半径を求めていく。**

153.86÷3.14＝49　　49＝７×７だから，面積が 153.86 ㎠になる地図上の円の半径は７㎝である。

(実際の長さ)＝(地図上の長さ)×(縮尺の分母)より，実際の土地の半径は，７×2500＝17500(㎝)＝175(m)

(3)①　**【解き方】かけて 18 になる２つの１けたの整数の組は，(２，９)(３，６)がある。**

29，92，36，63 の４個が考えられる。

②　**【解き方】かけて 18 になる３つの１けたの整数の組を考える。**

かけて 18 になる３つの１けたの整数の組は(１，２，９)(２，３，３)(１，３，６)が考えられる。

(１，２，９)と(１，３，６)については，３つの数字が異なるから，それぞれ３×２×１＝６(通り)考えられる。

(２，３，３)については，２の位置を百の位，十の位，一の位のどの位置におくかの３通り考えられる。

よって，全部で，６×２＋３＝15(個)考えられる。

3　(1)　**【解き方】右のように作図すると，ＰがＢにあるときとＣにあるとき，時間は２倍になっているが，長さは２倍になっていないことがわかる。**

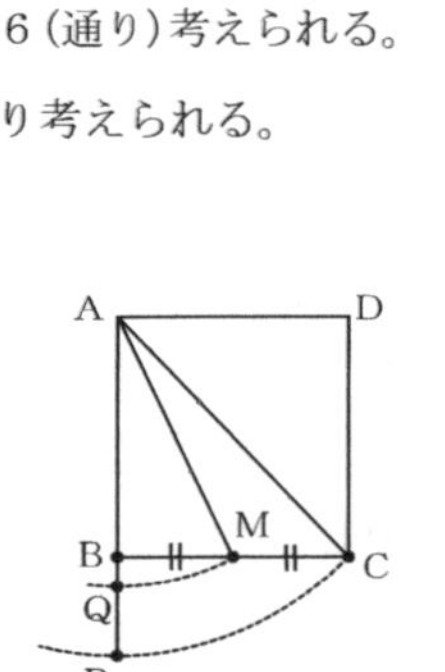

ＰがＡＢ上を動くときは，ＡＰの長さは時間とともに増えていく。直線的に増加するならば，ＢとＣの真ん中の点ＭにＰがあるときの長さは，ＡＢとＡＣの長さの平均になるはずである。しかし，右図を見ると，ＢＱとＱＲは明らかに異なる長さだから，長さは直線的に増えていないと判断できる。よって，(イ)が正しい。

(2)　**【解き方】奇数本の線が集まっている点が２つまたは０のとき，一筆書きができる。**

右図で○をつけた部分が，奇数本の線が集まっている点である。

よって，(ア)と(オ)が一筆書きができる。

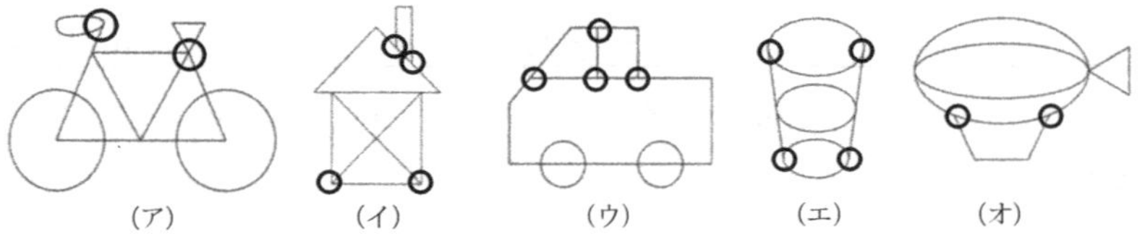

(ア)　(イ)　(ウ)　(エ)　(オ)

4 ⑴　**【解き方】１つのレジの処理能力を数値化する。**

18分間にレジに並んだ人は，108＋６×18＝216(人)だから，１つのレジで18分間に216÷３＝72(人)，１分間に72÷18＝４(人)に対応することができる。４つのレジで対応すると，１分あたり４×４＝16(人)に対応できるから，１分間で行列は16－６＝10(人)ずつ減っていく。よって，行列がなくなるのは，108÷10＝10.8(分後)，つまり，10分(0.8×60)秒＝10分48秒後である。

⑵　**【解き方】Ａを１＋４＋１＝６(本)，Ｂを２＋４＝６(本)，Ｃを３＋２＋１＝６(本)買うと，代金の合計は，690＋660＋810＝2160(円)になる。**

Ａ１本，Ｂ１本，Ｃ１本を買うと，2160÷６＝360(円)になるから，Ｂを４－１＝３(本)買ったときの代金は，810－360＝450(円)になる。よって，Ｂ１本の値段は，450÷３＝150(円)である。Ａを１本，Ｃを１本買ったときの代金は，360－150＝210(円)で，Ａを１本，Ｃを３本買ったときの代金は，690－150×２＝390(円)だから，Ｃを３－１＝２(本)買ったときの代金は，390－210＝180(円)になる。

よって，Ｃの１本の値段は，180÷２＝90(円)

⑶　**【解き方】１クラスを清掃するのにかかる量を12と15と20の最小公倍数の60とすると，太郎君は１分あたり60÷12＝５，次郎君は１分あたり60÷15＝４，裕子さんは１分あたり60÷20＝３を清掃することになる。**

３人で清掃すると１分あたり５＋４＋３＝12を清掃できるから，60×16＝960を清掃するのに，960÷12＝80(分)かかる。これは１時間20分である。

⑷　**【解き方】水を蒸発させる前後の食塩の量は変わらない。**

４％の食塩水180ｇの中には，180×0.04＝7.2(ｇ)の食塩が入っている。食塩が7.2ｇ入った６％の食塩水は，7.2÷0.06＝120(ｇ)だから，蒸発させる水は，180－120＝60(ｇ)

⑸　**【解き方】１部屋の人数を６人から８人に増やしたときの，部屋に入れる人数に着目する。**

１部屋に入る人数を８－６＝２(人)増やすと，入れる人数が３＋８×７＋(８－７)＝60(人)増えたから，部屋数は60÷２＝30，生徒の人数は，６×30＋３＝183(人)

⑹　**【解き方】15と12の最小公倍数は60だから，60ｍの間の旗の本数を調べる。**

60ｍの間に対して，15ｍごとに旗を立てると60÷15＋１＝５(本)，12ｍごとに旗を立てると60÷12＋１＝６(本)になるから，60ｍで１本の差が生じる。４本の差が生じるのは，60×４＝240(ｍ)のときである。

したがって，16ｍごとに旗を立てると，240÷16＋１＝16(本)必要になる。

⑺　**【解き方】直径を両端とし，円周上の１点を結んでできる三角形は直角三角形になる。**

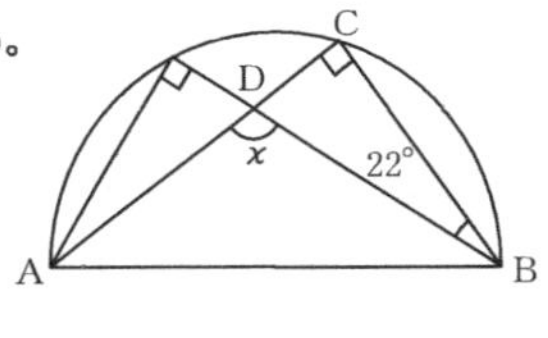

右図において，角ＡＣＢ＝90°である。三角形ＢＣＤで外角の性質から，

角ＡＤＢ＝90°＋22°＝112°

⑻　**【解き方】右のように作図すると，三角形ＡＢＣと三角形ＤＥＦは同じ形の直角三角形になる。**

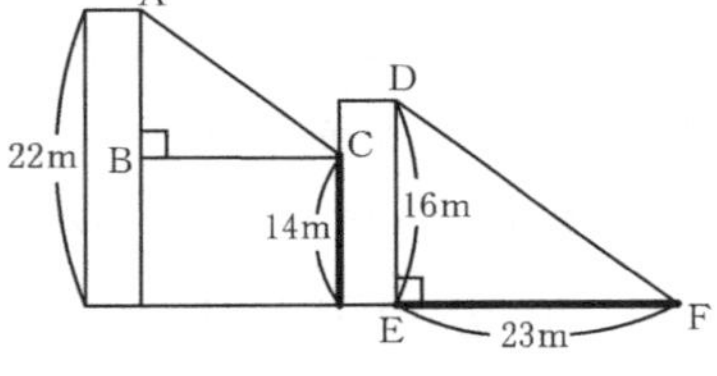

右図で，ＡＢ：ＤＥ＝ＢＣ：ＥＦで，ＡＢ＝22－14＝８(ｍ)だから，

８：16＝ＢＣ：23より，１：２＝ＢＣ：23　　ＢＣ×２＝23

ＢＣ＝23÷２＝11.5(ｍ)

5 ⑴　**【解き方】12分間に２人が走った道のりの和は，学校から公園までの道のりの和の２倍になる。**

２人が 12 分間に走った道のりの和は，(120＋80)×12＝2400(m)だから，

学校から公園までは，2400÷２＝1200(m)

⑵　**【解き方】太郎君は学校から公園までを 1200÷120＝10(分)で走り，次郎君は 1200÷80＝15(分)で走る。**

太郎君は 30 分間で１往復半，次郎君は 30 分間で１往復するから，解答例のようになる。

⑶　**【解き方】右図で，２回目にすれ違った地点をＡとすると，太郎君がＡからＢまで走った時間と，次郎君がＡからＣまで走った時間が等しい。**

太郎君と次郎君が，同じ時間に走る道のりの比は速さの比に等しく，

120：80＝３：２だから，比の数の和の３＋２＝５が 1200mにあたる。

よって，太郎君と次郎君が２回目にすれ違うのは，学校から，

1200×$\frac{2}{5}$＝480(m)のところである。

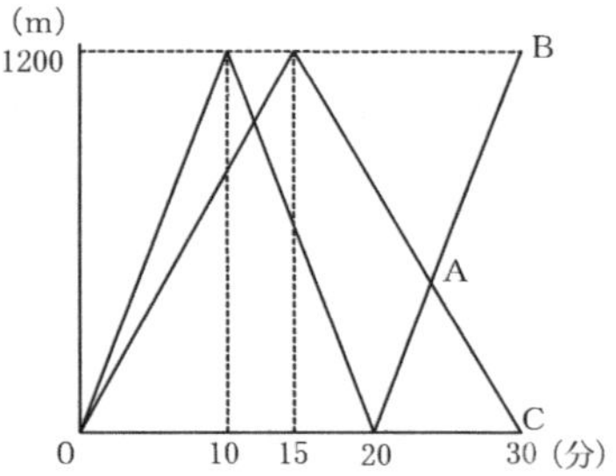

《2022　第１回　理科　解説》

1　**問２**　心臓(心室)から送り出された血液が流れる血管を動脈，心臓(心房《しんぼう》)にもどる血液が流れる血管を静脈という。血液は，全身→ク(大静脈)→ア(右心房)→イ(右心室)→カ(肺動脈)→肺→オ(肺静脈)→エ(左心房)→ウ(左心室)→キ(大動脈)→全身の順に流れる。

問３　フナなどの魚類は１心房１心室，カエルなどの両生類は２心房１心室，ニワトリなどの鳥類とウシやトラなどのほ乳類は２心房２心室である。

問４　赤血球にはヘモグロビンがふくまれている。ヘモグロビンには，酸素が多いところでは酸素と結びつき，酸素が少ないところでは酸素をはなす性質がある。

問５　酸素は肺で血液中にとりこまれる(全身でできた二酸化炭素は肺ではい出される)。よって，肺からもどってきた血液が流れるウの方が，酸素を多く含《ふく》む。なお，酸素を多く含む血液を動脈血，二酸化炭素を多く含む血液を静脈血といい，肺動脈には静脈血が，肺静脈には動脈血が流れている。

問６　左右の心房と左右の心室はそれぞれ同時にふくらんだり縮んだりする。心室がふくらむと，心房から心室に血液が流れこむ。

問７⑴　左心室内の圧力が高くなる(左心室が縮む)直前にⅠ音が生じている。左心室が縮むと，血液は左心室から大動脈に流れるから，Ｄが開く。よって，Ⅰ音は，Ｄが開く直前にＣが閉じた音である。なお，Ⅱ音はＤが閉じた音である。　**⑶**　Ｄが十分に開かないと，Ｄを血液が通るときに雑音が生じる。⑴解説より，Ｄが開いている(Ｄを血液が通っている)のは，Ⅰ音が生じてからⅡ音が生じるまでの間である。

2　**問２**　イ×…青い光が空気中でよく散乱しているため，青く見える。　エ×…鏡に像が映るのは，光の反射によるものである。鏡に入ってくる光と鏡の面に垂直な直線がつくる角(入射角)と，反射していく光と鏡の面に垂直な直線がつくる角(反射角)は等しいため，全身を映すのに必要な鏡の大きさは全身の半分になる。

問３　凸レンズを通った光がつくる像は上下左右が逆向きになる。このとき，スクリーンに映った像を実像という。

問４　物体から出た光のうち，図ｉの㋐～㋒の代表的な光の道筋を覚えておこう。㋐…光軸《こうじく》に平行に凸レンズに入った光は，屈折《くっせつ》して反対側の焦点《しょうてん》を通る。　㋑…凸レンズの中心を通った光は，そのまま直進する。　㋒…焦点を通って凸レンズに入った光は，屈折して光軸に平行に進む。また，図３のように，物体を焦点距離《きょり》の２倍の位置に置いたとき，

図ｉ

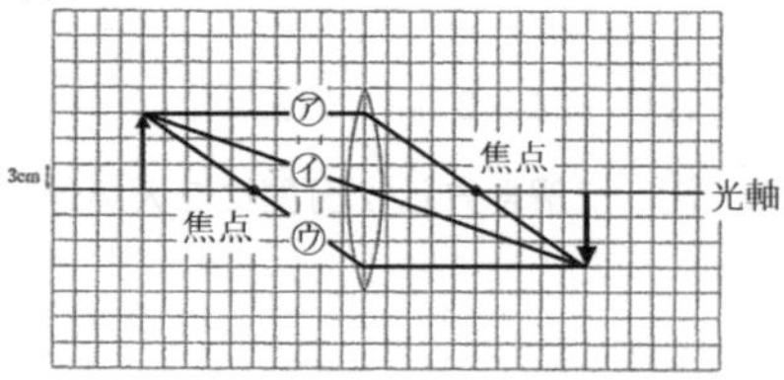

できる像の大きさは物体と同じ大きさになる。

問5　凸レンズの下半分を通る光(図ｉの㋒)がさえぎられるので，集まる光の量が少なくなり像の明るさが暗くなるが，物体の形が変わるわけではないので，像の形は変わらない。

問6，7　図ｉで，焦点距離の２倍の位置に物体を置いたときを基準とすると，物体を凸レンズに近づけたとき，できる像の位置は凸レンズから遠ざかり，像の大きさは大きくなる。ただし，物体を焦点か，焦点よりも凸レンズに近い位置(物体と凸レンズの距離が０cm以上15cm以下)に置くと，スクリーンの位置を動かしても像はできない。なお，物体と凸レンズの距離が０cm以上15cm未満のとき，凸レンズを通して物体を見ると，物体と同じ向きで，物体よりも大きい像が見える。この像を虚像《きょぞう》という。また，物体を凸レンズから遠ざけたときには，できる像の位置は凸レンズに近づき，大きさは小さくなる。

問8　図ⅱ参照。物体はレンズＡの焦点距離の２倍の位置にあるから，レンズＡの反対側の焦点距離の２倍の位置に，物体と同じ大きさで上下左右が逆向きの像Ａができる。さらに，像Ａを物体として，レンズＢについて問４と同様に作図すると，像Ｂができる位置と大きさがわかる。

図ⅱ

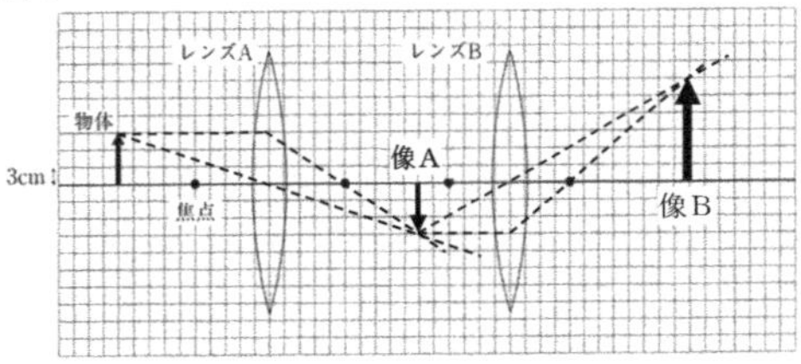

問9　図ⅲ参照。レンズＢによってできる像Ｂの位置が図ⅱのときと同じであれば，レンズＣによってできる像Ｃの位置も図ⅱの像Ａができる位置と同じである(レンズＢの中心から左へ６マス目)。よって，物体から図ｉの㋑の光を作図することで，像Ｃの先ができる位置がわかり，さらに，図ｉの㋐の光を作図すれば，レンズＣの焦点の位置がわかる。

図ⅲ

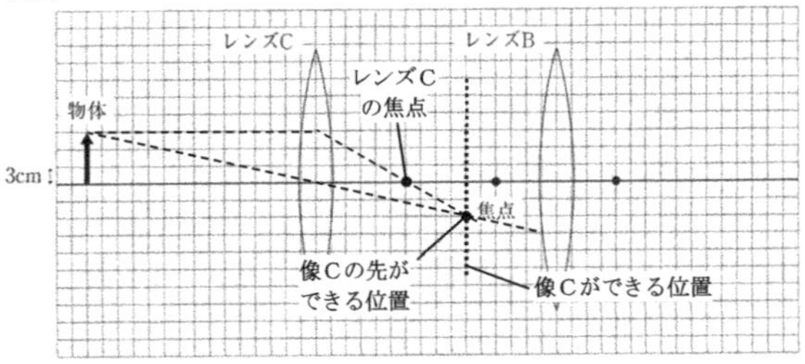

3　**問2**　水素は水に溶《と》けにくい気体なので，ウで集める。なお，水に溶けやすく空気より軽い気体はア，水に溶けやすく空気より重い気体はイで集める。

問3　表１のアルミニウムにおいて，加えたＸ液が300㎤になるまでは，加えたＸ液と発生した気体Ａの体積は比例していて，加えたＸ液が300㎤をこえると発生した気体Ａの体積は増えないことから，Ｘ液300㎤とアルミニウム2.7ｇが過不足なく反応し，3.6Ｌの気体Ａが発生するとわかる。したがって，気体Ａを10.8Ｌ発生させるためには，少なくとも$2.7\times\frac{10.8}{3.6}=8.1$(ｇ)のアルミニウムに，少なくとも$300\times\frac{10.8}{3.6}=900$(㎤)のＸ液を加える必要がある。

問4　問３と同様に考えると，Ｘ液100㎤と鉄2.8ｇが過不足なく反応し，1.2Ｌの気体Ａが発生するとわかる。したがって，Ｘ液900㎤に溶ける鉄は$2.8\times\frac{900}{100}=25.2$(ｇ)だから，溶けずに残る鉄は$30-25.2=4.8$(ｇ)である。

問5　Ｘ液100㎤に溶けるアルミニウムの重さを求めればよい。問３解説より，$2.7\times\frac{100}{300}=0.9$(ｇ)である。

問6　$10-3=7$(ｇ)の鉄が反応したときについて考えればよい。問４解説より，発生した気体Ａは$1.2\times\frac{7}{2.8}=3$(Ｌ)，用意したＸ液は$100\times\frac{7}{2.8}=250$(㎤)である。

問7　酸性のＸ液(塩酸)とアルカリ性のＹ液(水酸化ナトリウム水溶液《すいようえき》)を混ぜると，たがいの性質を打ち消し合う中和という反応が起きる。鉄はＸ液にしか溶けないから，表３で発生した気体Ａが0.3Ｌのときに着目すると，残ったＸ液が$100\times\frac{0.3}{1.2}=25$(㎤)であり，ちょうど中和するときの体積比が，Ｘ液：Ｙ液＝(50－25)：50＝１：２であることがわかる。また，表４では，残ったＸ液またはＹ液にアルミニウムが溶けて気体Ａが発生する。①では，Ｘ液50㎤とＹ液100㎤がちょうど中和し，どちらも残っていないから，気体Ａは発生しない。③では，Ｘ液50㎤と

Ｙ液100㎤が反応し，Ｙ液が200－100＝100(㎤)残っているから，表２より，1.8Ｌの気体Ａが発生するとわかる。

問８(1)　Ｙ液に溶けた３－2.1＝0.9(ｇ)はすべてアルミニウムであり，Ｙ液100㎤にアルミニウムは2.7×$\frac{100}{200}$＝1.35(ｇ)まで溶けるから，残った固体2.1ｇはすべて鉄とわかる。よって，混合物中のアルミニウムと鉄の重さの比は，0.9：2.1＝３：７である。　**(2)**　アルミニウム0.9ｇを溶かすのに必要なＸ液は300×$\frac{0.9}{2.7}$＝100(㎤)，鉄2.1ｇを溶かすのに必要なＸ液は100×$\frac{2.1}{2.8}$＝75(㎤)だから，反応していないＸ液が200－100－75＝25(㎤)残っている。よって，Ｘ液25㎤が溶かすことのできる鉄は最大で2.8×$\frac{25}{100}$＝0.7(ｇ)である。

4　**問１**　オ○…静岡県熱海市伊豆山地区で土石流が発生した。

問３(2)　安山岩は，マグマが地表付近で急速に冷やされてできるはん状組織(イ)をもつ火山岩である。なお，アはマグマが地下深くでゆっくり冷え固まってできる深成岩に見られるつくりで，等粒《とうりゅう》状組織という。

問４(1)　アは溶岩流，ウはふん火による山体崩壊《ほうかい》である。

2021 解答例
令和3年度

東京農業大学第一高等学校中等部【第1回】

《国　語》

一 ①群生　②拾得　③束ねる　④貴重　⑤ようさん　⑥あきな　⑦きじょう　⑧ごんげ

二 問一．a．エ　b．イ　問二．オ　問三．※学校当局により問題削除　問四．エ　問五．イ　問六．イ
問七．オ　問八．オ　問九．ア，イ，オ

三 問一．エ　問二．a．イ　b．オ　問三．ウ　問四．イ，ウ，オ　問五．イ　問六．オ　問七．エ
問八．ア　問九．X．カ　Y．ア　問十．エ，オ

《算　数》

1 (1)$\frac{20}{21}$　(2)$\frac{1}{84}$　(3)$\frac{1}{16}$　(4)335

2 (1)2002　(2)83　(3)3

3 (1)ア，エ，カ　(2)エ　(3)ア，イ

4 (1)3　(2)840　(3)11：7　(4)①4　②2，5，10　(5)804　(6)750

5 (1)A．10　B．20　(2)3.5

《理　科》

1 問1．オ，カ　問2．ウ　問3．外えん　問4．右図　問5．カ　問6．酸素
問7．(1)水素　(2)0.768　(3)空気中の酸素とマグネシウムが結びついたため減少する
問8．二酸化炭素　問9．ウ　問10．コップにふたをする

2 問1．200　問2．80　問3．位置…87　力…125　問4．28.8　問5．17
問6．1：3　問7．15　問8．縦…61.25　横…38.75　問9．204

3 Ⅰ．問1．ア　問2．イ
Ⅱ．ア．黄　イ．緑　ウ．12　エ．4　オ．9　カ．3　キ．3　ク．1

4 問1．152000000　問2．衛星　問3．Y　問4．D　問5．ウ→オ→ア→エ→イ
問6．(1)キ　(2)イ　問7．a，b　問8．(1)上げんの月　(2)右図
問9．現象…月食　月の位置…B　問10．ア，カ

1問4の図

4問8(2)の図

《2021　第１回　国語　解説》

二　**問二**　パスカルは「人間はひとくきの葦《あし》にすぎない。自然のなかで最も弱いものである」と記している。オの前半はこの部分と一致《いっち》する。また「それは考える葦である」を受けて、「パスカルはずいぶんとヒューマニスティックな思想家のように思われるかもしれない。人間の力を信じる～優しい人物と思われるのではないだろうか」と述べていて、オの後半はこの部分と一致する。よって、オが適する。

問四　直前に「ここからが」とあるので、傍線部《ぼうせんぶ》３の内容は、これより後に書かれている。ウサギ狩《が》りや賭《か》け事といった具体例を用いた説明が続いた後、本文の最後の段落で、「しかもその人は、先に見た取り違《ちが》えのことを知ったうえで、自分はそこには陥《おちい》っていないと思い込《こ》んでいるのだから、こういう人はもっともおろかだとパスカルは言うのである」とまとめられている。この部分とエの内容が一致する。

問五　狩りに熱中し、獲物《えもの》を躍起《やっき》になって追いかける以上、捕《と》れれば喜び、捕れなければがっかりすると考えられる。よって、ちょっとした状況《じょうきょう》の変化で喜んだり悲しんだりするという意味の、イの「一喜一憂」が適する。

問六　２行後に「人は獲物が欲しいのではない」とあり、続いて「狩りをする人が欲しているのは、『不幸な状態から自分たちの思いをそらし、気を紛らせてくれる騒《さわ》ぎ』に他ならない」とある。つまり、ウサギ狩りに行こうとする人は、「ウサギ」という「獲物」が欲しいのではなく、「狩り」という「騒ぎ」が欲しいのである。そのため、ウサギを手渡《てわた》されると、欲しくもないものを渡されたと感じ、「イヤな顔をする」のである。よって、イが適する。

問七　退屈《たいくつ》を避《さ》けるために、気晴らしに「熱中し、自分の目指しているものを手に入れさえすれば自分は幸福になれると思い込」むことが必要なのであり、これが「自分をだます」ということである。オはこうした内容と合わないので、これが正解。

問八　最後の２段落に、「『君は、自分がもとめているものを手に入れたとしても幸福にはならないよ』などと訳知《わけし》り顔で人に指摘《してき》して回るのも同じく気晴らしなのだ。しかもその人は、先に見た取り違えのことを知ったうえで、自分はそこには陥っていないと思い込んでいるのだから、こういう人はもっともおろかだとパスカルは言うのである」とある。つまり、他者の気晴らしについて批判して回るという自分の行為《こうい》もまた気晴らしに過ぎないのに、そのことに全く気付かないのだから、こういう人はもっともおろかだということ。よって、オが適する。

問九　ア．本文に「もうけが欲しいから賭け事をしているわけではないのだから」とある。また、ウサギ狩りについて「狩りをする人が欲しているのは、『不幸な状態から自分たちの思いをそらし、気を紛らせてくれる騒ぎ』に他ならない」とある。これは、賭け事についても同じことが言える。よって、適する。　イ．本文に「人間は〈欲望の対象〉と〈欲望の原因〉を取り違える」「人は、自分が〈欲望の対象〉を〈欲望の原因〉と取り違えているという事実に思い至りたくない。そのために熱中できる騒ぎ（＝気晴らし）をもとめる」とある。よって、適する。
ウ．「自分は何も気晴らしを持っていない」が誤り。　エ．「真の幸福とは何かを気づかせる」が誤り。　オ．本文に「人間の不幸などというものは、どれも人間が部屋にじっとしていられないがために起こる」「人間は退屈に耐《た》えられないから気晴らしをもとめる」とある。よって、適する。　カ．全体的に本文に書かれていない内容。

三　**問一**　３～４行後で、疑似科学について、「科学的な手法で証明されたように見えますが、よく検討すると科学的根拠《こんきょ》がないもの、あやしい仮説に科学者がお墨付《すみつ》きを与《あた》えてそれらしく見せているものなどがあり」と説明している。よって、エが適する。

問三　この後、ニュートンの「万有引力の発見」を例に説明し、最後に「観察から仮説を導き、その仮説を第三者によって検証し、正しさを確かめる。仮説通りにならなければ再考を重ねてより確かなものへと鍛《きた》えていく、それが科学です」とまとめている。よって、ウが適する。

問四　直後の段落の内容に着目する。「論文の形で実験手法が紹介《しょうかい》されていないため、第三者が同じ実験をして再現することも不可能です」とあるので、イは適する。また「『水が言葉を理解する』という、常識を超《こ》えた仮説に基づいていることに注意が必要です。突飛《とっぴ》な仮説であればあるほど慎重な検証が必要ですが、この写真集では、仮説通りになった事例だけが紹介され、『どのように言葉を理解するのか』という、最も知りたいメカニズムについてまったく言及していないことに疑問を感じます」とある。よって、ウとオも適する。

問五　傍線部4は、同じ文の「『観察する→仮説を立てる～第三者によって追試され、議論される(検証)』という作業のくり返しによって」を受けている。これと、イの「ある仮説が～検証されていくことで」の部分が一致する。よって、イが適する。

問六　直後の「『たくさんの仮定が必要な理屈《りくつ》は、屁《へ》理屈とみなせる』ということでしょうか～くり返し検証され確からしさを増した科学の法則は、往々にして単純明快です」より、多くの仮定を置くのはよくないということがわかる。このことをもとに傍線部5の意味を考えると、ある事柄について仮説を立て、考える際には、必要以上に仮定を置かない、つまり極力余計なものを削るべきだということになる。よって、オが適する。

問七　「『水からの伝言』を批判《ひはん》する記事を書い」ている筆者は、「典型的な疑似科学」であるこの本は、人々に誤《ご》解《かい》を与える恐《おそ》れがあり、広まってほしくないと考えていると推測できる。しかし、筆者の思いに反して、「水からの伝言」は、「外国語に翻訳《ほんやく》されて人気を呼」んだ上に、「学校の道徳の授業でこの仮説が紹介された」。このことを「皮肉なこと」だと感じている。よって、エが適する。

問八　直前の「そもそも」は、“科学か疑似科学かという問題以前に”ということを強調するために使われている。「友達に悪いことばを投げつけるな」というのは、本来「科学」とは関係のない問題であり、「科学」抜きで教えればよい。よって、このことを説明したアが適する。

問九Ｘ　直後に「カガク力」とある。筆者は「カガク力」が身についているので、「水からの伝言」が疑似科学であることを見抜いた。筆者は、科学と疑似科学を見分けるポイントを説明していて、これをもとに「水からの伝言」に書かれている仮説を疑い、それに反論している。つまり、「カガク力」には、科学とはどういうものかという知識に基づいて、疑い、反論する力がふくまれると考えられる。よって、カが適する。　**Ｙ**　２行後に「批判するならニセモノであることを証明しろ」という反論が出てくる。 Y をふくむ反論は、これと同様の内容なので、ここには「ニセモノであること」、つまりアの「水が言葉を理解しないこと」が入る。

問十　エ．ニュートンの仮説を紹介した後の部分に、「このように観察から仮説を導き、その仮説を第三者によって検証し、正しさを確かめる。仮説通りにならなければ再考を重ねてより確かなものへと鍛《きた》えていく、それが科学です」とある。よって、適する。　オ．傍線部３の直後の３段落の内容に着目する。論文の形で実験手法が公開されていなければ、「第三者が同じ実験をして再現すること」は不可能であり、「『誰がやっても、同じ条件ならば同じ結果がでる』という原則が守られていない以上、科学的な議論ができないのです」と説明されている。よって、適する。

《2021　第１回　算数　解説》

1 (1)　与式$=2\frac{1}{4}\times\frac{20}{9}\div\frac{21}{8}\times(\frac{1}{8}+\frac{3}{8})=\frac{9}{4}\times\frac{20}{9}\times\frac{8}{21}\times\frac{1}{2}=\frac{20}{21}$

(2)　与式$=\frac{3}{10}\times\frac{5}{9}-\frac{1}{12}-\frac{1}{14}=\frac{1}{6}-\frac{1}{12}-\frac{1}{14}=\frac{14}{84}-\frac{7}{84}-\frac{6}{84}=\frac{1}{84}$

(3)　与式より，$(\frac{1}{8}\div\square+14)\div\frac{1}{16}=256$　　$\frac{1}{8}\div\square+14=256\times\frac{1}{16}$　　$\frac{1}{8}\div\square=16-14$　　$\square=\frac{1}{8}\div 2=\frac{1}{16}$

(4)　１a＝10m×10m＝100 m^2，１cm^2＝0.01m×0.01m＝0.0001 m^{2}だから，

与式＝(4.567×100) m^2－123 m^2＋(13000×0.0001) m^2＝456.7 m^2－123 m^2＋1.3 m^2＝335 m^2

2 (1)　**【解き方】求める数は，$\frac{7}{13}$をかけても$\frac{13}{7}$をかけても整数になる。このような数のうち整数は，13と７の最小公倍数である91の倍数である。**

91の倍数のうち2021に最も近い整数を求めればよい。2021÷91＝22余り19より，求める数は，2021－19＝2002

(2)　**【解き方】９倍した時点で一の位は１＋６＝７だったのだから，もとの数の一の位は３とわかる。**

36引くことで百の位が７になる数の百の位は，８か７である。一の位が３の２けたの数のうち，９をかけて百の位が７か８になるのは，83か93である。83×９－36＝747－36＝711，93×９－36＝837－36＝801だから，求める数は83である。

(3)　右図①のように記号をおく。３$\boxed{C}$×$\boxed{B}$は２けたの数($\boxed{I}$５)になるから，$\boxed{B}$は１か２か３である。$\boxed{I}$５の一の位が５だから，３$\boxed{C}$×$\boxed{B}$は35×１か35×３のどちらかだが，$\boxed{I}$５が２けたの数なので，35×１に決まる。

したがって，図②のようになる。

よって，割られる数が，35×21＋３＝738だから，$\boxed{A}$＝３

図①

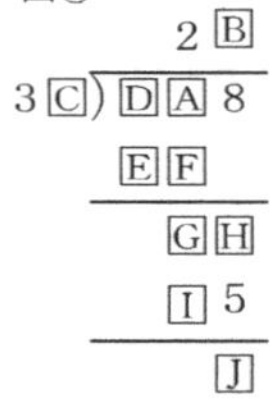

図②

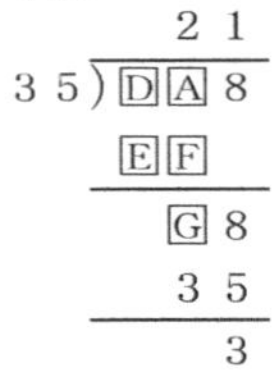

3 (1)　**【解き方】水の形を，水面を底面とする円すいと考える。右図のように立体をx倍に拡大すると，底面積は$x\times x$(倍)になり，体積は$x\times x\times x$(倍)になることから考える。**

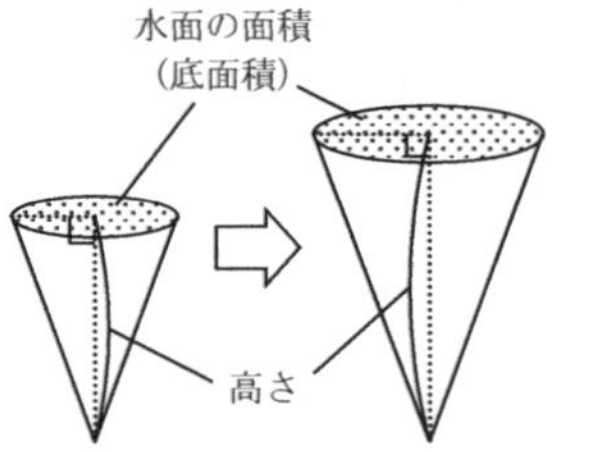

(ア)水を入れる時間が少ないうちは高さがすぐに増えていくが，時間がたつにつれて高さが上がる割合は減っていくので，(ア)は正しい。

(イ)水を入れた時間と水の体積は比例の関係にあるので，グラフは直線になるはずだから，正しくない。

(ウ)(エ)高さを２倍にすると体積は２×２×２＝８(倍)に，高さを３倍にすると体積は３×３×３＝27(倍)に，高さを４倍にすると体積は４×４×４＝64(倍)になる。このように高さを大きくすればするほど，体積が増える割合は大きくなっていく。したがって，(b)が高さ，(a)が体積ならばグラフに合うので，(エ)が正しい。

(オ)(カ)高さを大きくすればするほど，水面の面積が増える割合は大きくなっていくから，(b)が高さ，(a)が水面の面積ならばグラフに合うので，(カ)が正しい。

(2)　右図のように５つのおうぎ形の曲線部分がえがかれるので，(エ)が適する。

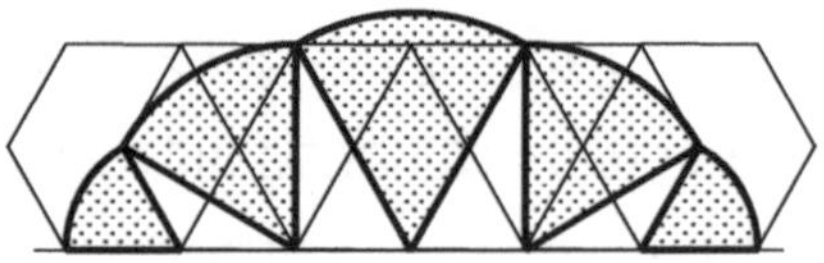

(3)　(ウ)と(オ)は組み立てたときに右図の太線の辺どうしが重なるはずだが，長さが異なるので組み立てられない。また，この立体の展開図は，底面の２つのおうぎ形と側面の３つの長方形からできているが，(エ)にはおうぎ形が２つと長方形が２つと，曲線と直線でできた図形が１つあるので，(エ)は正しくない。

(ア)と(イ)は正しい展開図である。

(ウ)

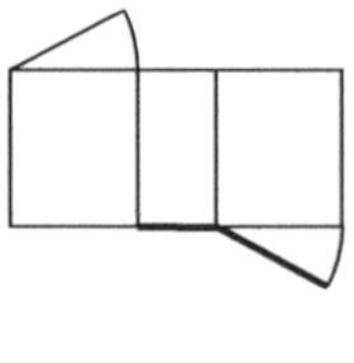

(オ)

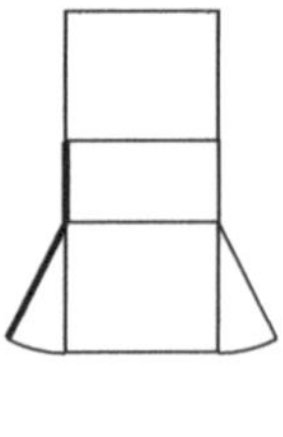

４ ⑴　**【解き方】大１杯，大２杯，大３杯，…の水の量を，大１，大２，大３，…のように表して，数量関係を式にして整理する。**

大１＋中６＝中４＋小８だから，「＝」の左右から中４を除いて，大１＋中２＝小８…①

大３＋中２＋小４＝中４＋小８だから，「＝」の左右から中２と小４を除いて，大３＝中２＋小４…②

①と②を足すと，大４＋中２＝中２＋小12となるから，大４＝小12

よって，大きいバケツの水の量は小さいバケツの水の量の，12÷４＝３(倍)

⑵　**【解き方】つるかめ算を利用する。**

分速70mで15分歩くと，70×15＝1050(m)進み，1400mより1400－1050＝350(m)少ない。15分のうち１分を分速70mから分速120mにおきかえると，進む道のりは120－70＝50(m)増える。

よって，分速120mで走る時間は，350÷50＝７(分)だから，分速120mで走る道のりは，120×７＝840(m)

⑶　**【解き方】円はすべて同じ形の図形であり，同じ形で対応する辺の比がａ：ｂの図形の面積比は，(ａ×ａ)：(ｂ×ｂ)になることを利用する。**

半径が１cm，２cm，３cm，６cmの円の面積比は，(１×１)：(２×２)：(３×３)：(６×６)＝１：４：９：36

よって，斜線部分の面積と斜線を引いていない部分の面積の比は，(36－１－４－９)：(１＋４＋９)＝11：７

⑷①　**【解き方】144を素数の積で表すと，144＝２×２×２×２×３×３となる。**

144の素因数に３が２つふくまれるから，144▽３＝２　　よって，144▽(144▽３)＝144▽２＝４

②　**【解き方】(1000▽㋐)＝０だと０▽３＝１とはならないので，㋐は1000の約数である。1000＝２×２×２×５×５×５であることから考える。**

1000▽㋐が３の倍数にならないと(1000▽㋐)▽３＝１とはならない。1000を３回割り切れる数は，２と５と２×５＝10である。1000を６回以上割り切れる数はない。よって，㋐にあてはまる数は，２，５，10

⑸　**【解き方】１個目の立方体を作るのに12本の棒を使い，そのあと立方体を１個増やすごとに８本棒を使っている。**

12＋８×(100－１)＝12＋792＝804(本)

⑹　**【解き方】２人の所持金の合計は変わっていないので，５：11の比の数の和の16と，５：７の比の数の和の12をそろえる。**

16と12の最小公倍数は48だから，５：11の比の数を48÷16＝３(倍)して，(５×３)：(11×３)＝15：33…①

５：７の比の数を48÷12＝４(倍)して，(５×４)：(７×４)＝20：28…②

①と②の比の数の１は同じ金額を表している。この比の数の20－15＝５が250円にあたるから，花子さんのもとの所持金は，$250\times\frac{15}{5}$＝750(円)

５ ⑴　30秒後から80秒後の50秒間はＡのみから入れていて，水そうの中の食塩水が1800－1300＝500(ｇ)増えているから，Ａから出る食塩水の量は，毎秒$\frac{500}{50}$ｇ＝毎秒10ｇ

80秒後から90秒後の10秒間はＢのみから入れていて，水そうの中の食塩水が2000－1800＝200(ｇ)増えているから，Ｂから出る食塩水の量は，毎秒$\frac{200}{10}$ｇ＝毎秒20ｇ

⑵　**【解き方】90秒後にできた2000ｇの食塩水のうち，Ａから入れた食塩水とＢから入れた食塩水の割合をもとに考える。**

2000ｇの食塩水のうち，400ｇは最初から入っていた水で，Ａから入れた食塩水は10×80＝800(ｇ)，Ｂから入れた食塩水は20×(30＋10)＝800(g)である。AとBから入れた食塩水の量が等しく，AとBの濃度の比が２：１なのだから，Aから入れた食塩とBから入れた食塩の量の比も２：１である。

2000gのうち食塩は2000×$\frac{2.1}{100}$＝42(g)だから，Aから入れた食塩は42×$\frac{2}{2+1}$＝28(g)である。

よって，Aから入れた食塩水の濃度は，$\frac{28}{800}$×100＝3.5(%)

《2021　第１回　理科　解説》

1 **問１**　オ，カ○…ろうそくが燃えて出た気体が上から出て，かわりに外からの酸素をふくむ空気が入ってくると，長く燃え続ける。

問２　ウ○…ロウソクは，ろうの固体があたためられて液体となってしんをのぼり，しんの先で気体になったものが燃えている。

問３　ろうそくのほのおは，外側から順に外えん，内えん，えん心の３つの部分からできている。まわりの空気(酸素)とふれやすい外えんの温度が最も高く，内えん，えん心の順に温度が低くなる。

問４　無重力状態では，燃えて出た気体が上にあがっていかないので，空気中で燃えるロウソクのほのおのようにたてに長い形にはならず，丸い形になる。

問５　カ○…ろうそくの方がアルコールよりも，炭素を含む割合が多く，ほのおが明るい。ろうそくのほのおの内えんの部分では，すす(炭素)が熱せられて明るく光っている。

問６　マグネシウムのような金属が燃えるとき，激しく酸素と結びつくことで，まぶしい光や熱が出て，酸化マグネシウムのような別のものに変化する。このように物質が酸素と結びつくことを酸化という。

問７(1)　マグネシウムと塩酸を反応させると，水素が発生する。　**(2)**　発生する気体の体積は，塩酸と反応したマグネシウムの重さに比例するので，塩酸と反応したマグネシウムは1.2×$\frac{0.36}{1}$＝0.432(g)である。したがって，燃えて酸素と結びついたマグネシウムは 1.2－0.432＝0.768(g)となる。　**(3)**　マグネシウムを１年間空気中に置くと，その一部が酸素と結びついて，塩酸と反応しなくなる。

問８　炭素がふくまれているので，燃えると二酸化炭素が発生する。

問９　ウ○…炭酸飲料に含まれている気体は二酸化炭素である。二酸化炭素は塩酸に石灰石を加えると発生する。アは酸素，イ，エは水素が発生する。

問10　コップにふたをすることで，ほのおが空気(酸素)にふれられなくなるので，火が消える。

2 **問１**　てこをかたむけるはたらき〔おもりの重さ(g)×支点からの距離(cm)〕が左右で等しくなるときにつり合う。てこを右にかたむけるはたらきは100×60＝6000だから，左にかたむけるはたらきも6000になるように，支点から左に30cmの位置に6000÷30＝200(g)のおもりをつるす。

問２　図１より，棒の重さ200gは棒の中央にかかることがわかり，この位置が棒の重心である。棒とおもりの合計の重さ200＋100＝300(g)は，それぞれの重さがかかる位置の間の距離(60cm)を，それぞれの重さの比(棒：おもり＝２：１)の逆比に分ける位置にかかる。したがって，棒の重心から右に60×$\frac{1}{2+1}$＝20(cm)，つまりAから60＋20＝80(cm)のところに移動する。

問３　棒の重さ200gが糸とひもに分かれてかかると考える。糸に75gの力がかかっているので，ひもには200－75＝125(g)の力がかかっている。また，糸とひもの棒の重心からの距離の比は，糸とひもにかかる力の比(糸：ひも＝75：125＝３：５)の逆比になるので，棒の重心から糸までの距離が60－15＝45(cm)であることから，棒の重心からひもまでの距離は45×$\frac{3}{5}$＝27(cm)，つまりAからひもまでの距離は60＋27＝87(cm)となる。

問4　問3解説より，全体の重心は，2本のひもの間の距離を，それぞれにかかる重さの逆比に分ける位置にあることがわかる。重さの比は，ばねはかり1：ばねはかり2＝900：600＝3：2，ばねはかり1と2の間の距離は80－(16＋32)＝32(cm)だから，ばねはかり1から大根の重心までの距離は$32\times\frac{2}{3+2}=12.8$(cm)，つまりAから大根の重心までの距離は16＋12.8＝28.8(cm)となる。

問5　問4と同様に求める。1辺の長さが20cmの正方形の面積は20×20＝400(cm²)で，10cmの正方形の面積は10×10＝100(cm²)だから，大きい正方形の重さ：小さい正方形の重さ＝4：1である。また，正方形の重心はそれぞれの対角線の交点にあるから，大きい正方形の重心はOから右へ20cm，小さい正方形の重心はOから右へ5cmにある。大小それぞれの正方形の重心間の距離は20－5＝15(cm)だから，小さい正方形の重心から図7の重心までの距離は$15\times\frac{4}{1+4}=12$(cm)，つまりOから図7の重心までの距離は5＋12＝17(cm)となる。

問6　Aの半径は元の円の半径の半分だから，Aと元の円の面積比(重さの比)は1：4である。したがって，AとBの重さの比は1：(4－1)＝1：3となる。

問7　AとBを合わせた図形(元の円)の重心は元の円の中心にあるので，元の円の中心からAとBそれぞれの重心までの距離の比は，それぞれの重さの比(A：B＝1：3)の逆比になる。したがって，もとの円の中心からBの重心までの距離は$9\times\frac{1}{3}=3$(cm)，つまりOから横に18－3＝15(cm)のところに糸をつるす。

問8　図Iのように，Xをx～zの3つに分けて考える。x～zの重さの比はそれぞれの面積の比と等しいので，縦の重心について，重さの比は(x＋y)：z＝(40×100)：(60×40)＝5：3だから，zの重心から縦の重心までの距離は$50\times\frac{5}{5+3}=31.25$(cm)，つまりOから上に30＋31.25＝61.25(cm)となる。横の重心について同様に考えると，yとzは同じ面積だから，重さの比は(x＋z)：y＝5：3であり，横の重心はO′から左に61.25cm，つまりOから右に100－61.25＝38.75(cm)となる。

図I

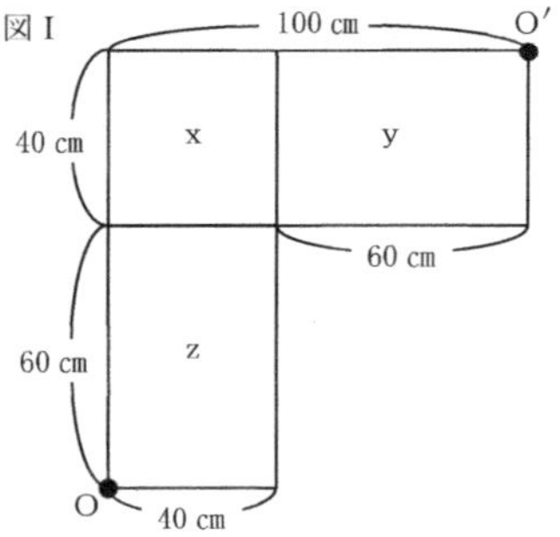

問9　問8で求めた横の重心を利用する。横の重心はOから38.75cmの位置にあるので，Pから38.75－10＝28.75(cm)の位置にある。また，正方形の板は100×100＝10000(cm²)の重さが1000gだから，60×60＝3600(cm²)を切り取った10000－3600＝6400(cm²)の重さは$1000\times\frac{6400}{10000}=640$(g)である。したがって，てこを右にかたむけるはたらきは640×28.75＝18400だから，糸にかかる力は18400÷90＝204.4…→204gとなる。

3　Ⅱ　ア，イ．胚しゅから因子B，花粉から因子BをもらってできたBBの子葉の色は黄色になり，胚しゅから因子b，花粉から因子BをもらってできたbBの子葉の色も黄色になることから，Bbの子葉の色も黄色になり，bbだけが緑色になることがわかる。　ウ．$16\times\frac{3}{3+1}=12$(個)　エ．16－12＝4(個)　オ．丸い種子 12 個の中で，子葉が黄色の種子と緑色の種子の割合は3：1なので，黄色の種子は$12\times\frac{3}{3+1}=9$(個)である。　カ．12－9＝3(個)　キ．$4\times\frac{3}{3+1}=3$(個)　ク．4－3＝1(個)

4　**問1**　月の直径は地球の直径の$\frac{1}{4}$倍で，太陽の直径は地球の直径の 100 倍である。地球から見て月と太陽はほぼ同じ大きさに見えるので，太陽の直径は月の直径の約 $100\div\frac{1}{4}=400$(倍)である。したがって，380000×400＝152000000(km)となる。

問3　Y○…図1は北極のはるか上空から見たものだから，月の公転運動の向きは反時計回りである。

問4　D○…月は太陽の光を反射して光って見えるので，新月となるときの月の位置は，地球から見て月に太陽の光が当たっている部分が見えないDである。

問5　新月→ウ三日月（約３日後）→オ上げんの月（約７日後）→ア満月（約 15 日後）→エ下げんの月（約 22 日後）→イ逆三日月（約 25 日後）の順に満ち欠けする。

問6⑴　キ○…下げんの月は真夜中（午前０時頃）に東の地平線からのぼり，明け方（午前６時頃）に南中する。

⑵　イ○…月の出は１日に約 50 分おそくなるので，同じ時刻に見える月の位置は東へ移動していく。下げんの月の約７日後には新月になり，新月では午前６時頃に太陽と月が東の空にあるので，３日後には南東の空にある。

問7　a，b○…図２のイの形の月は問６⑵の下げんの月の３日後の月である。この月は午前３時頃に東の地平線からのぼり，午前６時頃には南東の空にあるので，夜見える位置はaとbである。

問8⑵　上げんの月は南の空で右側半分が光って見え，西の地平線付近では，ほぼ下側半分が光って見える。その間の位置では，右下半分が光って見える。

問9　B○…太陽，地球，月の順に一直線にならび，地球のかげに月が入る現象を月食という。つまり，月食が起こるのは満月のときである。

問10　ア○，イ×，ウ×，エ×，カ○…月から地球を見たときに光っている部分は，地球から月を見たときに光っていない部分と同じ形だから，月から見る地球の満ち欠けの周期は，地球から見る月の満ち欠けの周期と同じである。満月のときは月から青い地球が見えない。　オ×，キ×…月は常に同じ面を地球に向けているので，地球の出と地球の入りは見られない。

東京農業大学第一高等学校中等部【第1回】

《国　語》

一　①礼節　②量る　③慣習　④善処　⑤かいひん　⑥ほが　⑦えんどう　⑧こうてん

二　問一．Ⅰ．キ　Ⅱ．イ　Ⅲ．エ　問二．A．エ　B．イ　C．ウ　問三．イ　問四．ア
問五．ア，イ，エ　問六．オ　問七．ウ　問八．ア　問九．イ　問十．イ，ウ

三　問一．A．ウ　B．エ　C．ア　問二．①ア　②オ　問三．オ　問四．ア　問五．ウ
問六．ア，ウ，エ　問七．エ　問八．神話　問九．イ　問十．ウ　問十一．ア，イ　問十二．イ

《算　数》

1　(1)99.68　(2)442　(3)3

2　(1)①720　②450　(2)3　(3)56

3　(1)ア，イ，オ，カ　(2)ア，エ，オ　(3)イ，エ

4　(1)40.5　(2)$\frac{2}{3}$　(3)20　(4)140　(5)A．9　B．133　C．8

5　(1)240　(2)70　(3)右グラフ

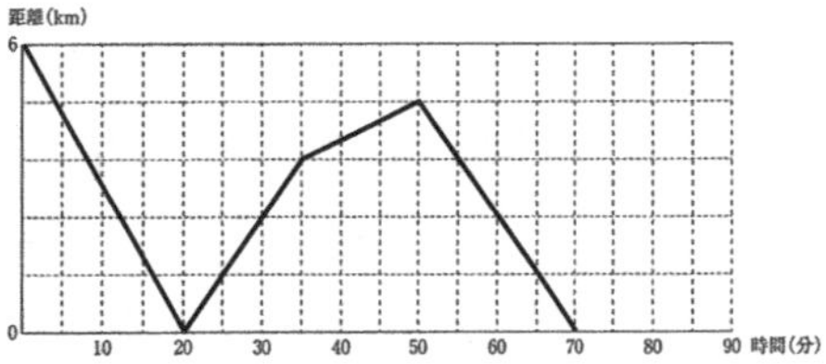

《社会・理科》

1　問1．A．国後島　B．色丹島　問2．ア，ウ　問3．イ　問4．エ　問5．Ⅰ．A　Ⅱ．C
問6．ア，ウ　問7．上皇　問8．X．10　Y．30　問9．ア，ウ，エ　問10．ウ

2　問1．(1)ウ　(2)エ　問2．(1)ア　(2)利根川　問3．(1)エ　(2)坂本龍馬〔別解〕坂本竜馬
問4．(1)イ　(2)防人　問5．(1)武田信玄　(2)エ　問6．(1)ア　(2)ウ　問7．(1)豊臣秀吉　(2)エ

3　問1．イ，キ／エ，ク　問2．エ　問3．水素　問4．オ　問5．2500　問6．291.2，1390
問7．水素…350　酸素…475

4　問1．(1)エ　(2)ク　問2．ウ　問3．エ　問4．ウ　問5．45　問6．ク　問7．ウ

5　問1．ウ　問2．エ　問3．(1)ふっとう　(2)ウ　(3)イ　問4．時差を利用して，両国間で24時間体制で作業ができるから。　問5．A．イ　B．オ　C．カ　D．キ　問6．ア

《2020　第１回　国語　解説》

二 問一 Ⅰ　直前に「理にかなったものであること」とあるため、キが適する。　Ⅱ　直前に「たしかな検証にもとづくものであること」とあるため、イが適する。　Ⅲ　次の行に「個人と社会の関係が少しずつ明らかになり」とあるため、エが適する。

問三　傍線《ぼうせん》部１は、次の段落の「納得した、合意した、という感覚」と同じ意味である。さらに、それは「説得と納得の相互《そうご》関係から成り立っています」「説得とは、内容の整合性、相手への信用・信頼《しんらい》からなります」「納得とは、これで大丈夫《だいじょうぶ》という感覚です」とあることから、イが適する。

問四　「醸成《じょうせい》される」とは、ある状態がゆっくりと作り出されること。「お互《たが》いの安心感」（＝「納得」）がどういう場合にゆっくりと作り出されるかを説明した傍線部２を含《ふく》む段落の内容に合致《がっち》するのは、アである。

問五　ア．５～６行前の「対話のプロセスを通して、お互いが自分を肯定《こうてい》する」と合致する。　イ．２～３行後の「対話とは～共通のコミュニティを形成していく活動でもあります」と合致する。　エ．（中略）の４段落前の「対話の活動のプロセスを通じて育まれる、相互の生きる目的の総体です。その生きる目的とは～自分のテーマの発見とはまず自分の過去・現在・未来を結ぶテーマの発見」と合致する。よってア・イ・エが適する。

問六　「内省」とは、自分の行動や考えなどを振《ふ》り返ってよく考えること。よって、オが適する。アは「自分の内面を見つめ」は正しいが、「帰属意識をあらためること」が正しくない。

問七　５行前から始まる「対話の目的」について述べられた部分。対話の目的は「社会への参加というかたちで実現できる自己の形成」であると説明されたあとに空欄《くうらん》がある。ⅱの多岐《たき》にわたる「対話によって提示されるテーマ」を、ⅳの「それは」で受けて「生涯《しょうがい》ドラマの断面でもある」とし、ⅰで「その固有のテーマ」について述べ、ⅲで「さらに、このテーマは」とまとめている。よってウが適する。

問八　「アイデンティティ」とは、他のものではない固有の性質のこと。「人間のアイデンティティ形成」については、直前に「このことこそ」とあるので、その前の部分に注目すると、空欄 ① ～ ④ の１～２行前の「自らのテーマに気づき～社会への参加というかたちで実現できる自己の形成」が、アに合致する。

問九　「観取」とは、見て知ること。傍線部６の３～４行後の「説得と納得のプロセスを経て、何らかの共通了解が生まれるまで、開かれた言語ゲームが果敢《かかん》に展開されます」と、６～７行後の「本質観取というのは、このようなやりとりを経て、信念対立による共通不了解《りょうかい》を何とか乗り越《こ》え、自由の相互承認によってルール成立をめざしていく活動といえる」が、イと合致する。

問十　ア．「相手を説得するためには～知識や経験さえあれば」が本文の「知識や経験は万能ではありません」と合致しない。　エ．「自己・他者・社会の循環《じゅんかん》が起こりにくい」のは、「個人自身の欲望から出発」しない場合の問題であり、「対話活動も行われにくく」なるとは書かれていない。　オ．「自分の中の思い込《こ》み～権威《けんい》的なものの見方を捨て去ること」は「対話活動の本質」ではなく、それを乗り越《こ》えるための「実践《じっせん》として対話活動」があると、最後から２番目の段落に述べられている。よってイ・ウが適する。

三 問三　「教育上の制約」の内容は、直前に「そうした」とあるため、その前に述べられていることが分かる。制約が必要な理由は、このあとの段落に述べられている。　ア．「言語教育の唯一《ゆいいつ》の目的は、子どもに言葉の持つさまざまな意味を学ばせること」は誤り。　イ．「子どもが言葉を習うときに重要なのは、通常の用例だけを正しく認識すること」「それ以外の用例は～自然と身につけるべき」は誤り。　ウ.「どの用例が一般《いっぱん》的なのかを考えされることが重要」は誤り。　エ.「のちに混乱をきたす」こと以前に、概念《がいねん》の習得や言葉の意味、正しい用例を身につけることが大切。　オ.「ある概念の習得において、何がその概念のもとに落ちるのかを学ぶだけでなく～『ふつう』と『変』という評価軸《じく》を正しく設定することもまた要求される」「言語学習が『常識』の学習を含まざるをえないことを意味している」「その語の意味を学ぶことにおいて、子どもは『ふつうの～』『変な～』との区別もまた学ぶのである」などから、「制約」が必要な理由を述べたものとして適する。

問四　「外延」とは、ある概念《がいねん》（＝一つのものごとに対して共通する特徴《とくちょう》）に当てはまるもののこと。「規定」とは、内容などを定めること。よって、「犬」に対して共通する特徴を並べて、「犬」とはこういうものという理解を築くことだと言えるので、アが適する。

問五　直後に「例えば」とあるので、その後の説明に注目する。ある人物について「市民としては変な人だが、哲学者としてはふつう」というように、「アスペクト依存《いぞん》」つまり、局面（「市民」という局面・「哲学《てつがく》者」という局面）に応じた判断（「ふつう」なのか「変」なのか分ける）をしているということである。よってウが適する。

問六　アは、傍線部４の直後に「素粒子《そりゅうし》」について「プロトタイプを持たぬ概念」「物理学言語などはその（＝「プロトタイプを持たぬ概念」の）典型」「厳格に外延的に規定された用語」と述べられ、「異なる概念把握《はあく》をしている」という場合と対比している。「異なる概念把握」が起こらないことを「概念把握がぶれることはない」と表現していることから適する。　ウは、「日常言語は外延によってではなく、プロトタイプによって規定されている」とあることから適する。　エは、傍線部４の直前に「準分析《ぶんせき》的命題に同意しない人は、われわれと異なるプロトタイプ理解をもっている」とあり、「異なる概念把握をしている」に合致するので適する。

問七　傍線部５の直後から５行後までの内容とエが合致する。

問八　「語部《かたりべ》たる大人もまた、神話の神々として～その世界に住む」とあることから「神話」がふさわしい。

問九　「（言語）使用の創造性が重要なものとなる」ので、「子どもはやがて神話から踏《ふ》み出し、神話を逆手にとることを覚えねばならない」が、「言語教育はそのまま『凡人《ぼんじん》たれ』という人物教育ともなっている」し、「もし言葉を学ぶことがこの凡人教育の段階にとどまるものであるとすれば」やりきれないとあることから、イが適する。

問十　「無自覚に持っているその翼《つばさ》」とは、例えば子どもが脚《あし》のしびれに対して「脚が炭酸になっちゃった」というように、一見「卓抜《たくばつ》な比喩《ひゆ》」のようにも見える「標準的言語使用をきちんと学びとっていない」ための言葉づかいのことである。「もぎとらねばならない」とは、それを「伝統的な凡庸《ぼんよう》さへといったんは押《お》し込《こ》めねばならない」、つまり標準的言語使用を教えなければならないということである。よってウが適する。

問十一　ウ.「神についての伝説」は「神話」の本来の意味で、この文章の中での意味とは異なる。　エ.「外延的に規定された概念」とは、例えば「犬」ならば「犬の集合」であり、それだけでは「犬らしさ」というものの理解を深めることはできないのでまちがい。　オ.「まず例外的な用法を教えていき、その次に一般《いっぱん》的な使い方を教えるべきである」は本文の主張と順番が逆である。　ア・イが本文に述べられている筆者の主張としてふさわしい。

問十二　筆者は、「子どもはやがて神話から踏み出し、神話を逆手にとることを覚えねばならない」と主張している。「常識という神話」とは、子どもが言語を習得していくうえで、初めに習得し、やがてそこから踏み出していくべき標準的な言葉を指している。この文章のキーワードともいえるイが適する。

《2020　第１回　算数　解説》

1　(1)　与式$=20.2\times100\times\frac{5}{101}+20.2\times\frac{4}{1010}-20.2\times\frac{1}{10}\times\frac{2}{10.1}=20.2\times(\frac{500}{101}+\frac{0.4}{101}-\frac{2}{101})=20.2\times\frac{498.4}{101}=0.2\times498.4=$ 99.68

(2)　与式より，$\frac{142}{51}\times\frac{1}{52}\times\square-\frac{231}{18}=5\times\frac{13}{6}$　　$\frac{71}{51\times26}\times\square=\frac{65}{6}+\frac{231}{18}$　　$\frac{71}{51\times26}\times\square=\frac{426}{18}$

$\square=\frac{71}{3}\div\frac{71}{51\times26}=\frac{71}{3}\times\frac{51\times26}{71}=17\times26=442$

(3)　ゴールを決めると直前のトライと合わせて７点入り，ゴールをはずすとトライの５点しか入らないから，７点と５点を組み合わせて合計が123点になる組み合わせの数を求めればよい。

123以下の最大の７の倍数は，123÷７＝17余り４より，７×17＝119であり，123より４小さい。７点の回数を17回から１回減らすごとに123との差は７大きくなるから，123との差が５の倍数になるところを探すと，４，４＋７＝11，11＋７＝18，18＋７＝25より，25が見つかる。つまり，７点を17－３＝14(回)，５点を25÷５＝５(回)組み合わせると，123点となる。このあとは７点を５回減らして５点を７回増やすと合計が123点のままとなるから，７点の回数は，14回，14－５＝９(回)，９－５＝４(回)の３通りが考えられる。

よって，求める組み合わせの数は３通りである。

2　(1)①　与式＝６△(３×２)＝６△６＝６×５×４×３×２×１＝720

②　与式$=\frac{12\times11\times10\times\cdots\times5-10\times9\times8\times\cdots\times3}{8\times7\times6\times\cdots\times1}=\frac{(12\times11-4\times3)\times10\times9\times8\times\cdots\times5}{8\times7\times6\times\cdots\times1}=\frac{(12\times11-12)\times10\times9}{4\times3\times2\times1}=\frac{(11-1)\times12\times10\times9}{4\times3\times2}=10\times5\times9=450$

(2)　７の倍数のうち２の倍数でも３の倍数でもない数をＰとする。２と７の最小公倍数が14，３と７の最小公倍数が21，２と３と７の最小公倍数が42だから，Ｐの個数は，(７の倍数の個数)－(14の倍数の個数)－(21の倍数の個数)＋(42の倍数の個数)で求められる。しかし，2020以下の数でＰの個数を求め，次に1948以下の数でＰの個数を求め…，とすると計算が大変なので，42個の数を１つの周期として考える。

１以上42以下の数にふくまれるＰの個数は，42÷７－42÷14－42÷21＋42÷42＝２(個)である。具体的には７と35だから，42の倍数より７大きい数と７小さい数である。

1949以上2020以下の42の倍数を探すと，1949÷42＝46余り17より，42×47＝1974と1974＋42＝2016が見つかる。よって，1949以上2020以下の数にふくまれるＰは，1974－７＝1967と1974＋７＝1981と2016－７＝2009の３個である。

(3)　前後の数の差を調べると，2，$\overset{10}{\frown}$12，$\overset{18}{\frown}$30，$\frown$□，$\frown$90，$\overset{42}{\frown}$132，…，となっている。前後の数の差が，18－10＝８ずつ大きくなっていると仮定すると，18＋８×３＝42となりつじつまが合うから，□＝30＋18＋８＝56

3　(1)　図１で縦横に引かれている６本の破線に，右図のようにａ～ｆの記号をおく。

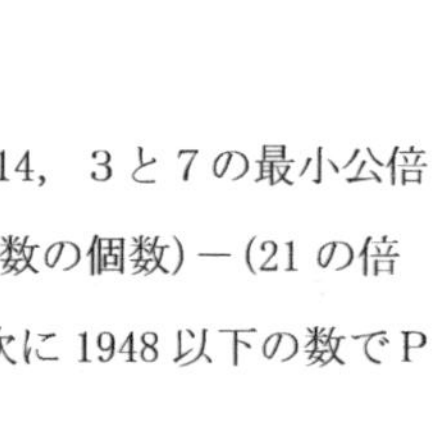

Ａから見て図３のように見えるので，直線ａの上に10㎝の円柱が１本以上あり，直線ｂの上に20㎝の円柱，直線ｃの上に15㎝の円柱があるとわかる。

Ｂから見て図３のように見えるので，直線ｄの上に10㎝の円柱が１本以上あり，直線ｅの上に20㎝の円柱，直線ｆの上に15㎝の円柱があるとわかる。

したがって，20㎝の円柱は⑤に，15㎝の円柱は③にあるとわかる。これより，(ウ)と(エ)は正しくない。

10㎝の円柱の１本が⑦にある場合，もう一本は①，②，④，⑥，⑧，⑨のどこにあってもよいので，(ア)，(イ)，(オ)は正しい。10㎝の円柱が⑦にない場合，①か④に１本あり，⑧か⑨に１本あればよい。①と⑨にある場合に(カ)のように見えるので，(カ)も正しい。

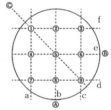

(2) 切ったあとに開いてできる図形は，2本の折り目それぞれについて線対称だから，右図のように(ア)～(カ)に2本の折り目をかいて条件に合う図形を探すと，(イ)以外は条件に合うとわかる。(イ)以外を折りたたむと図のようになり，四すみのうちの1つを切り取ったものは(ア)，(エ)，(オ)とわかる。

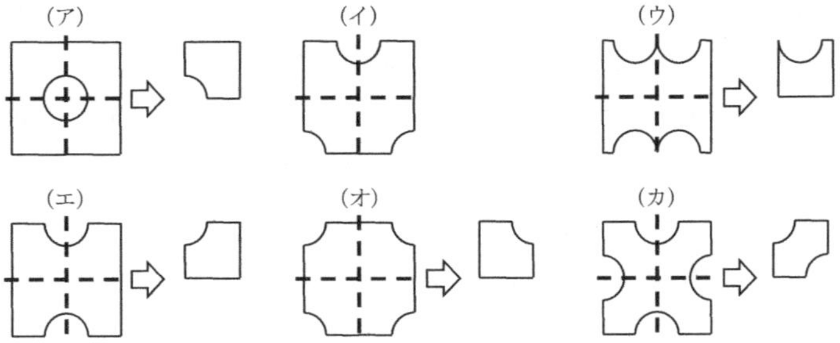

(3) (ア)のタイルで作れる最小の長方形は，右図Ⅰの1辺が4㎝の正方形だけであり，これは縦40㎝，横50㎝の長方形の板にすきまなく敷きつめることができない。

図Ⅰ

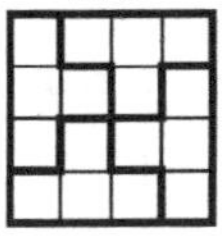

(イ)のタイルで作れる最小の長方形は，図Ⅱの縦4㎝，横2㎝の長方形だけであり，この長方形を縦に40÷4＝10(個)，横に50÷2＝25(個)並べると，板をすきまなく敷きつめることができる。

図Ⅱ

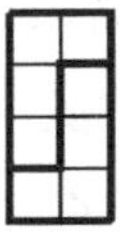

(ウ)のタイルについては，タイルと板を市松《いちまつ》模様《もよう》(図Ⅲのような模様)にぬり分けて考える。
板は1辺が1㎝の正方形が40×50＝2000(個)分の広さがあるから，白と黒が2000÷2＝1000(個)ずつにぬり分けられる。これに図Ⅲのタイルを1枚敷くたびに，白と黒の模様が3個ずつかくれていく。したがって，かくれる白と黒の模様の数は3の倍数であり，1000は3の倍数ではないので，(ウ)のタイルを板に敷きつめることはできない。

図Ⅲ

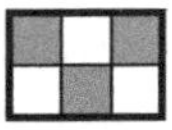

(エ)のタイルで作れる最小の長方形は，図Ⅳの縦2㎝，横5㎝の長方形だけであり，この長方形を縦に40÷2＝20(個)，横に50÷5＝10(個)並べると，板をすきまなく敷きつめることができる。

図Ⅳ

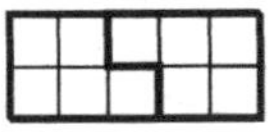

(オ)のタイルで作れる最小の長方形を，(ウ)と同様に市松模様にぬり分けると，図Ⅴのようになり，白と黒が6個ずつである。1000は6の倍数ではないから，(オ)のタイルを板に敷きつめることはできない。

図Ⅴ

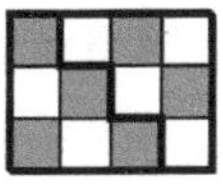

以上より，敷きつめることができるタイルは，(イ)と(エ)である。

4 (1) 右図の直線ＦＣによって，長方形は2つの合同な台形に分けられているから，長方形の面積は2等分されている。同様に，直線ＡＤも長方形の面積を2等分している。長方形の面積を2等分する直線は，長方形の2本の対角線が交わる点を通るから，この点をＯとすると，ＣＦとＡＤはＯで交わる。したがって，斜線部分の面積は，四角形ＡＢＣＯの面積の2倍である。

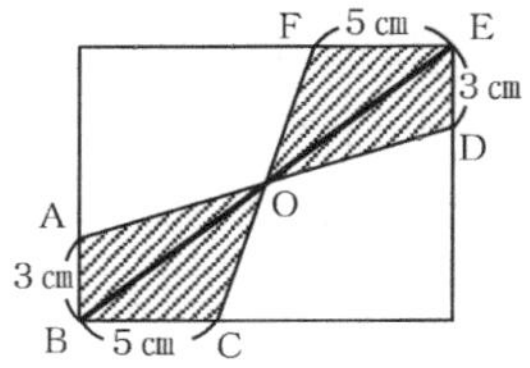

三角形ＢＣＯの底辺をＢＣとしたときの高さは$\frac{9}{2}$㎝だから，三角形ＢＣＯの面積は，$5\times\frac{9}{2}\div2=\frac{45}{4}$(㎠)
同様に，三角形ＡＢＯの面積は，$3\times\frac{12}{2}\div2=9$(㎠)　　よって，斜線部分の面積は，$(\frac{45}{4}+9)\times2=\frac{81}{2}=40.5$(㎠)

(2) 底面に平行で，Ｂ，Ｃそれぞれを通る面でもとの円柱を切断すると，円柱の体積は3等分される。ななめに切ったことで，3等分されてできた3つの円柱のうちの2つの体積が半分になったのだから，切り取った部分の体積はもとの円柱の体積の，$\frac{1}{3}\times\frac{1}{2}=\frac{1}{6}$である。よって，残った立体の体積は，もとの円柱の体積の，$1-\frac{1}{6}\times2=\frac{2}{3}$(倍)

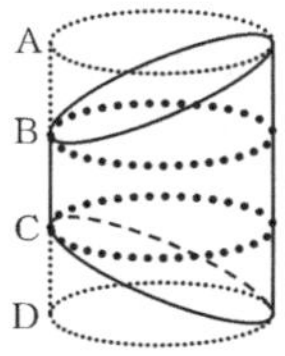

⑶　ある頂点への行き方の数は，その頂点の左側の頂点までの行き方の数と，その頂点の下側の頂点までの行き方の数の和に等しくなる。したがって，それぞれの頂点への行き方の数は右図のようになるから，Ｂへ行く最も短い道順は20通りある。

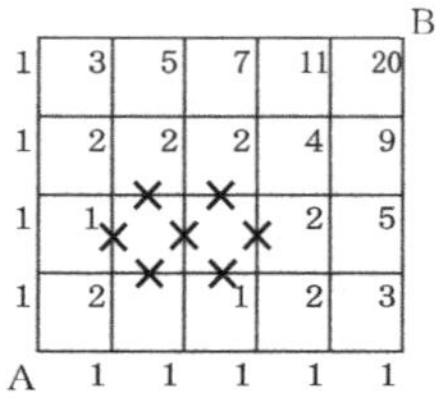

⑷　ふくまれる食塩の量が変わらず，濃度《のうど》を$\frac{13}{6}$倍にしたいのだから，食塩水全体の量を$\frac{6}{13}$倍にすればよい。したがって，蒸発させる水の量は，もとの食塩水の量の$1-\frac{6}{13}=\frac{7}{13}$(倍)だから，$260\times\frac{7}{13}=140$(ｇ)

⑸　右図のように記号をおく。３＋Ａ＝Ｇ，Ａ＋７＝Ｈ，Ｇ＋Ｈ＝28だから，
(３＋Ａ)＋(Ａ＋７)＝28　　Ａ×２＝28－３－７　　Ａ＝18÷２＝９
これより，Ｈ＝９＋７＝16，Ｅ＝16＋18＝34，Ｄ＝28＋34＝62，Ｂ＝62＋71＝133
Ｆ＝71－34＝37，Ｉ＝37－18＝19，Ｃ＝19－11＝８

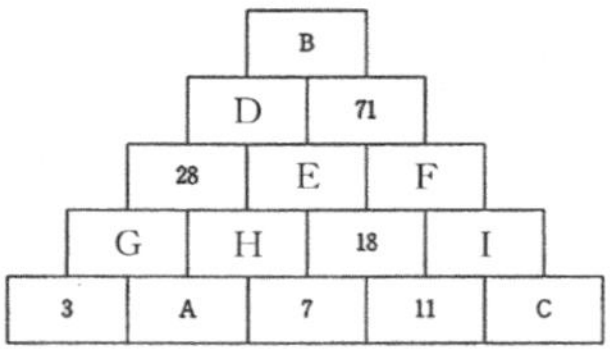

5　⑴　兄と弟が１回目に出会うまでに２人が進む道のりの和は，片道分にあたる６㎞＝6000ｍだから，２人の速さの和は，分速$\frac{6000}{20}$ｍ＝分速300ｍである。１回目に出会うまでの間，兄と弟の速さの比は４：１だから，兄が自転車で進む速さは，分速$(300\times\frac{4}{5})$ｍ＝分速240ｍ

⑵　２人が１回目に出会う地点をＰ，２回目に出会う地点をＱとすると，１回目に出会ってから２回目に出会うまでの様子は右図のように表すことができ，２人が進んだ道のりの和は，往復分にあたる6000×２＝12000(ｍ)とわかる。兄が歩く速さは，分速$\frac{240}{3}$ｍ＝分速80ｍ，弟が自転車で進む速さは，分速(80×２)ｍ＝分速160ｍだから，１回目に出会ってから２回目に出会うまでの時間は，
12000÷(80＋160)＝50(分)である。よって，２回目に出会うのは出発してから，20＋50＝70(分後)

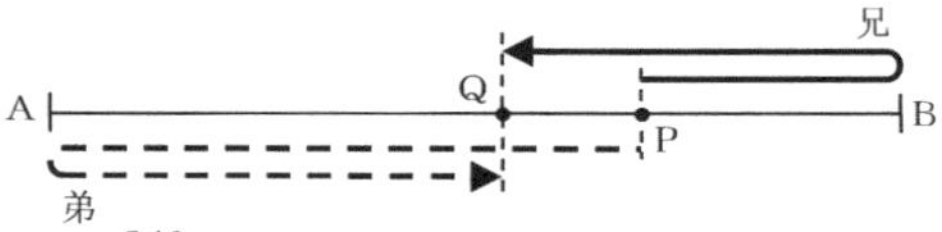

⑶　ここまでの解説をふまえる。解答欄のグラフは，縦の１めもりが６÷５＝1.2(㎞)，横の１めもりが10÷２＝５(分)であることに注意する。１回目に出会ったのは20分後だから，まず，点(０分，６㎞)と点(20分，０㎞)を直線で結ぶ。あとは，兄がＢに着いたとき，弟がＡに着いたとき，２回目に出会ったとき，の点を順番に直線で結べばよい。また，１回目に出会ったあとの兄と弟の速さの比は１：２だから，弟は兄の２倍ずつ進む。
$PB=6\times\frac{1}{5}=1.2$(㎞)だから，兄がＢに着くのは１回目に出会ってから1200÷80＝15(分後)で，そのとき弟はＰから1.2×２＝2.4(㎞)進んでいるので，２人は1.2＋2.4＝3.6(㎞)はなれている。これは出発してから，
20＋15＝35(分後)である。
兄がＢに着いたとき，弟はＡまで６－3.6＝2.4(㎞)の地点にいるから，弟がＡに着くのはさらに2400÷160＝15(分後)で，そのとき兄はＢから2.4÷２＝1.2(㎞)進んでいるので，２人は６－1.2＝4.8(㎞)はなれている。
これは出発してから，35＋15＝50(分後)である。
よって，点(20分，０㎞)，点(35分，3.6㎞)，点(50分，4.8㎞)，点(70分，０㎞)を順番に直線で結べばよい。

《2020　第１回　社会・理科　解説》

1　**問１**　北方領土はわが国固有の領土であるが，ロシア連邦が実効支配している。
また，日ソ共同宣言時には，平和条約締結後に歯舞群島と色丹島２島の返還が提案されたが，日本政府があくまで４島返還にこだわったために，平和条約の締結は実現しなかった。

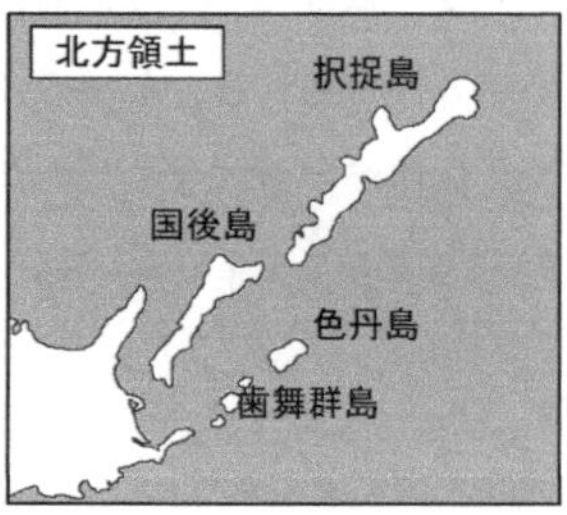

問２　アとウが正しい。イについて，議会の解散請求には，有権者の３分の１以上の署名を集める必要がある。エについて，特定の地方公共団体のみに適用される法律を制定する場合は，その地域の住民投票で過半数の同意を必要とする(日本国憲法第95条)。

問3　イの文在寅(韓国)だけが大統領，メルケル(ドイツ)，ジョンソン(イギリス)，安倍晋三(日本)は首相である。

問4　エが正しい。Ａをキチン循環という。アは25年周期のＣクズネッツ循環，イは10年周期のＢジュグラー循環，ウは50年周期のＤコンドラチェフ循環と呼ばれる。

問5　Ⅰ＝Ａ，Ⅱ＝Ｃである。Ｂの例は，「大根をつくる農家が魚を手に入れたいとき，物々交換では同じ価値の魚がなければ交換できなかったが，大根をお金にかえることで，いつでも魚を手に入れることができる。」といったものになる。

問6　アとウが正しい。イについて，オマーンの「アラビアオリックスの保護区」，ドイツの「ドレスデン・エルベ渓谷」はそれぞれ世界遺産から外されている。エについて，わが国では世界遺産保護のための環境税はまだ導入されていない。

問7　天皇が退位すると上皇(太上天皇)，上皇が出家すると法皇と呼ばれる。

問8　衆議院で内閣不信任案が可決されると，10日以内に衆議院が解散されなければ，内閣は総辞職する。衆議院が解散された場合，40日以内に総選挙が実施され，総選挙から30日以内に特別(国)会が召集され，冒頭で内閣が総辞職し，内閣総理大臣の指名が行われる。

問9　ア，ウ，エが誤り。アについて，女性の前年度に対する人口減少数は，2018年が最も多い。ウについて，日本人の社会増減は2010年，2017年を除いてほぼ毎年減少している。また，外国人の社会増減は2008年から2012年にかけて連続で減少している。エについて，2008年にピークを迎えた人口は，2009年に減少したが2010年に再び微増している。

問10　ウが誤り。重複立候補は衆議院では可能だが，参議院では禁止されている。

2　**問1(1)**　ウが正しい。大宰府は，古代に大陸の玄関として機能していた。　**(2)**　エが正しい。仙台市は，太平洋側に位置するので，夏は降水量が多くなるが，千島海流の影響を受けるために夏の気温が上がらない。アは内陸性気候の松本市，イは日本海側の気候の新潟市，ウは北海道の気候の釧路市の雨温図である。

問2(1)　アが笠懸である。イとウは犬追物，エは弓をひく練習をしている武士を描いている。笠懸・犬追物・流鏑馬を騎射三物とよぶ。　**(2)**　利根川は，日本で最も流域面積が広い河川である。

問3(1)　井伊直弼が暗殺されたのは，坂下門外ではなく桜田門外である。　**(2)**　坂本龍馬は，薩長連合の成立に貢献しただけでなく，亀山社中(のちの海援隊)の結成したことや，船中八策を掲げて大政奉還や五箇条の御誓文に影響を与えたことが知られている。

問4(1)　イが正しい。アは庸(労働の代わりに布を納めることもある)，ウは雑徭，エは租である。　**(2)**　防人をおいたのは，中大兄皇子が朝鮮半島に兵を出し，白村江の戦いに大敗したことで，唐や新羅の攻撃に備える必要があったからである。

問5(1)　武田信玄は，分国法「甲州法度之次第」を制定したことや，信玄堤をつくったことで知られる。

(2)　エが誤り。県道の南側を見ると，勝沼町藤井の東に407m，一宮町千米寺の北側に392.1mの三角点があるので，東から西に向かってゆるやかに下り坂になっている。

問6(1)　アが正しい。4日，14日，24日に市が立つと四日市，5日，15日，25日に市が立つと五日市と呼んだ。このように月に3度定期的に立つ市を三斎市と呼ぶ。　**(2)**　ウが正しい。三重県四日市市は，中京工業地帯に位置する。中京工業地帯には，ＴＯＹＯＴＡの組み立て工場がある豊田市やＨＯＮＤＡの組み立て工場がある鈴鹿市などがあり，機械工業が60%以上を占めるのが特徴である。アは北九州工業地帯，イは阪神工業地帯，エは京浜工業地帯のグラフである。

問7(1)　豊臣秀吉は，明を征服するために朝鮮に援軍を要請したが，断られたために朝鮮に2度出兵した。これを文禄・慶長の役という。2度目の慶長の役の最中に豊臣秀吉が病死したことで，兵は引き挙げた。出兵の際に，朝鮮から連れてきた陶工が始めた焼き物が，唐津焼や有田焼(伊万里焼)である。　**(2)**　エが正しい。グラフＡは佐賀県・福岡県と有明海沿岸の2県が上位にあることがポイントである。グラフＢはほとんどの県が，太平洋側の暖かい地域に集中していることから判断する。陶磁器製置物であれば，岐阜県・佐賀県・愛知県が上位になる。

3 問１　鉄やアルミニウムなどの金属が塩酸と反応すると水素が発生する。また，アルミニウムが水酸化ナトリウム水溶液と反応すると水素が発生する。この問題では同じ物質を２回選ぶことができないので，「鉄と塩酸」，「アルミニウムと水酸化ナトリウム水溶液」という２通りの組み合わせになる。

問３　重さ１ｇあたりの物質を燃やして発生する熱は，水素が$\frac{340}{0.01}$＝34000（カロリー），メタンが$\frac{1060}{0.08}$＝13250（カロリー），プロパンが$\frac{2640}{0.22}$＝12000（カロリー）となり，発生する熱が最も大きいのは水素を燃やすときである。

問４　オ〇…実験４より，メタンの体積：反応する酸素の体積：発生する二酸化炭素の体積＝100：200：100＝１：２：１である。したがって，試験管１ではメタン20㎤と酸素40㎤が反応して二酸化炭素20㎤が発生する。試験管２ではメタン40㎤と酸素80㎤が反応して二酸化炭素40㎤が発生する。試験管３ではメタン30㎤と酸素60㎤が反応して二酸化炭素30㎤が発生する。試験管４ではメタン20㎤と酸素40㎤が反応して二酸化炭素20㎤が発生する。試験管５ではメタン10㎤と酸素20㎤が反応して二酸化炭素10㎤が発生する。

問５　水素1000㎤を完全に燃やすには，酸素500㎤が必要なので，空気が500×$\frac{100}{20}$＝2500（㎤）必要である。

問６　112㎤の20％の水素を燃やすために必要な酸素は112×$\frac{1}{2}$×0.2＝11.2（㎤）で，発生する熱は340×0.2＝68（カロリー），112㎤の50％のメタンを燃やすために必要な酸素は112×２×0.5＝112（㎤）で，発生する熱は1060×0.5＝530（カロリー），112㎤の30％のプロパンを燃やすために必要な酸素は112×５×0.3＝168（㎤）で，発生する熱は2640×0.3＝792（カロリー）である。したがって，必要な酸素の合計は11.2＋112＋168＝291.2（㎤）で，発生する熱の合計は68＋530＋792＝1390（カロリー）である。

問７　水素が燃えても二酸化炭素は発生しないから，二酸化炭素が150㎤できたことから，燃やしたメタンは150㎤であり，燃やした水素は500－150＝350（㎤）である。したがって，反応した酸素は350×$\frac{1}{2}$＋150×２＝475（㎤）である。

4 問３　太陽の昇る方角は東なので，北を向くには，そこから反時計回りに90度回ればよい。

問４　ウ〇…ミツバチがえさの位置を仲間に知らせる際に行う８の字ダンスでは，太陽の位置から方角を特定している。

問５　東からの太陽光が，南からカゴに入るには，光の向きを90度回転させる必要がある。そのためには，鏡を45度かたむければよい。

問６　日の出の時刻に東から光が当たると時計回りに45度の方向である南東を向き，正午に南から光が当たると反時計回りに45度の方向である南東を向く。以上より，太陽の位置と時刻の両方の情報から，必ず南東を向くと考えられるので，日没の西向きの時刻から，反時計回りに135度の方向である南東を向くと考えられる。

問７　同じ時刻に同じ方向の光を受けたときに，正常な鳥（A）と比べて，体内時計を６時間進めた鳥（B）は反時計回りに90度，体内時計を６時間遅らせた鳥（C）は時計回りに90度，それぞれ向きがずれる。

5 問２　蒸気機関は，熱エネルギーを使って水を水蒸気にすることで，運動エネルギーを得る装置である。

問３⑴　加熱によって水の表面からだけでなく内部からも水が水蒸気に変化する状態をふっとうという。

⑶　ピストンが戻るとき，水蒸気（気体）→水（液体）のように変化している。ア×…固体→気体　イ〇…気体→液体　ウ×…固体→液体　エ×…液体→気体　オ×…液体→固体

問４　経度差15度で１時間の時差が生じるから，アメリカとインドには12時間の時差があり，昼夜がちょうど逆転していることがわかる。

問５Ａ　「現在，ＧＤＰで世界１位の経済大国」からアメリカのイを選ぶ。　Ｂ　「国王ルイ16世は(フランス)革命によって処刑されました」からフランスのオを選ぶ。　Ｃ　「鎖国中においても，日本と交易を行っていました」からオランダのカを選ぶ。　Ｄ　「明治政府はこの国の憲法(プロイセン憲法)を模範にしました」からドイツのキを選ぶ。アはロシア，ウはブラジル，エはオーストラリア，クはポーランド。

問６　アが正しい。資料３より，ＥＵ残留を支持する人々の割合は38％（65歳以上）→42％（50～64歳）→52％（25～49歳）→66％（18～24歳）と，若年層になるほど高い。　イ．資料２より，首都ロンドンでは残留支持派が多い。
ウ．資料４より，「中卒相当」は離脱の割合の方が高く，「高卒相当，大卒以上」は残留の割合の方が高い。
エ．資料５より，離脱支持派は英国の独立性・他国との協調を，論点として最も重視した。

■ ご使用にあたってのお願い・ご注意

（１）問題文等の非掲載

著作権上の都合により，問題文や図表などの一部を掲載できない場合があります。

誠に申し訳ございませんが，ご了承くださいますようお願いいたします。

（２）過去問における時事性

過去問題集は，学習指導要領の改訂や社会状況の変化，新たな発見などにより，現在とは異なる表記や解説になっている場合があります。過去問の特性上，出題当時のままで出版していますので，あらかじめご了承ください。

（３）配点

学校等から配点が公表されている場合は，記載しています。公表されていない場合は，記載していません。

独自の予想配点は，出題者の意図と異なる場合があり，お客様が学習するうえで誤った判断をしてしまう恐れがあるため記載していません。

（４）無断複製等の禁止

購入された個人のお客様が，ご家庭でご自身またはご家族の学習のためにコピーをすることは可能ですが，それ以外の目的でコピー，スキャン，転載（ブログ，ＳＮＳなどでの公開を含みます）などをすることは法律により禁止されています。学校や学習塾などで，児童生徒のためにコピーをして使用することも法律により禁止されています。

ご不明な点や，違法な疑いのある行為を確認された場合は，弊社までご連絡ください。

（５）けがに注意

この問題集は針を外して使用します。針を外すときは，けがをしないように注意してください。また，表紙カバーや問題用紙の端で手指を傷つけないように十分注意してください。

（６）正誤

制作には万全を期しておりますが，万が一誤りなどがございましたら，弊社までご連絡ください。

なお，誤りが判明した場合は，弊社ウェブサイトの「ご購入者様のページ」に掲載しておりますので，そちらもご確認ください。

■ お問い合わせ

解答例，解説，印刷，製本など，問題集発行におけるすべての責任は弊社にあります。

ご不明な点がございましたら，弊社ウェブサイトの「お問い合わせ」フォームよりご連絡ください。迅速に対応いたしますが，営業日の都合で回答に数日を要する場合があります。

ご入力いただいたメールアドレス宛に自動返信メールをお送りしています。自動返信メールが届かない場合は，「よくある質問」の「メールの問い合わせに対し返信がありません。」の項目をご確認ください。

また弊社営業日（平日）は，午前９時から午後５時まで，電話でのお問い合わせも受け付けています。

2025 春

株式会社教英出版
〒422-8054　静岡県静岡市駿河区南安倍３丁目 12-28
TEL　054-288-2131　　FAX　054-288-2133
URL　https://kyoei-syuppan.net/
MAIL siteform@kyoei-syuppan.net

神奈川県

①[県立]相模原中等教育学校
　　　 平塚中等教育学校
②[市立]南高等学校附属中学校
③[市立]横浜サイエンスフロンティア高等学校附属中学校
④[市立]川崎高等学校附属中学校
✿⑤聖光学院中学校
✿⑥浅野中学校
⑦洗足学園中学校
⑧法政大学第二中学校
⑨逗子開成中学校(1次)
⑩逗子開成中学校(2·3次)
⑪神奈川大学附属中学校(第1回)
⑫神奈川大学附属中学校(第2·3回)
⑬栄光学園中学校
⑭フェリス女学院中学校

新潟県

①[県立]村上中等教育学校
　　　 柏崎翔洋中等教育学校
　　　 燕中等教育学校
　　　 津南中等教育学校
　　　 直江津中等教育学校
　　　 佐渡中等教育学校
②[市立]高志中等教育学校
③新潟第一中学校
④新潟明訓中学校

石川県

①[県立]金沢錦丘中学校
②星稜中学校

福井県

①[県立]高志中学校

山梨県

①山梨英和中学校
②山梨学院中学校
③駿台甲府中学校

長野県

①[県立]屋代高等学校附属中学校
　　　 諏訪清陵高等学校附属中学校
②[市立]長野中学校

岐阜県

①岐阜東中学校
②鶯谷中学校
③岐阜聖徳学園大学附属中学校

静岡県

①[国立]静岡大学教育学部附属中学校
　　　 (静岡·島田·浜松)
②[県立]清水南高等学校中等部
　[県立]浜松西高等学校中等部
　[市立]沼津高等学校中等部
③不二聖心女子学院中学校
④日本大学三島中学校
⑤加藤学園暁秀中学校
⑥星陵中学校
⑦東海大学付属静岡翔洋高等学校中等部
⑧静岡サレジオ中学校
⑨静岡英和女学院中学校
⑩静岡雙葉中学校
⑪静岡聖光学院中学校
⑫静岡学園中学校
⑬静岡大成中学校
⑭城南静岡中学校
⑮静岡北中学校
⑯常葉大学附属常葉中学校
　常葉大学附属橘中学校
　常葉大学附属菊川中学校
⑰藤枝明誠中学校
⑱浜松開誠館中学校
⑲静岡県西遠女子学園中学校
⑳浜松日体中学校
㉑浜松学芸中学校

愛知県

①[国立]愛知教育大学附属名古屋中学校
②愛知淑徳中学校
③名古屋経済大学市邨中学校
　名古屋経済大学高蔵中学校
④金城学院中学校
⑤椙山女学園中学校
⑥東海中学校
⑦南山中学校男子部
⑧南山中学校女子部
⑨聖霊中学校
⑩滝中学校
⑪名古屋中学校
⑫大成中学校
⑬愛知中学校
⑭星城中学校
⑮名古屋葵大学中学校
　(名古屋女子大学中学校)
⑯愛知工業大学名電中学校
⑰海陽中等教育学校(特別給費生)
⑱海陽中等教育学校(I·II)
⑲中部大学春日丘中学校
新刊⑳名古屋国際中学校

三重県

①[国立]三重大学教育学部附属中学校
②暁中学校
③海星中学校
④四日市メリノール学院中学校
⑤高田中学校
⑥セントヨゼフ女子学園中学校
⑦三重中学校
⑧皇學館中学校
⑨鈴鹿中等教育学校
⑩津田学園中学校

滋賀県

①[国立]滋賀大学教育学部附属中学校
②[県立]河瀬中学校
　　　 守山中学校
　　　 水口東中学校

京都府

①[国立]京都教育大学附属桃山中学校
②[府立]洛北高等学校附属中学校
③[府立]園部高等学校附属中学校
④[府立]福知山高等学校附属中学校
⑤[府立]南陽高等学校附属中学校
⑥[市立]西京高等学校附属中学校
⑦同志社中学校
⑧洛星中学校
⑨洛南高等学校附属中学校
⑩立命館中学校
⑪同志社国際中学校
⑫同志社女子中学校(前期日程)
⑬同志社女子中学校(後期日程)

大阪府

①[国立]大阪教育大学附属天王寺中学校
②[国立]大阪教育大学附属平野中学校
③[国立]大阪教育大学附属池田中学校

④[府立]富田林中学校
⑤[府立]咲くやこの花中学校
⑥[府立]水都国際中学校
⑦清風中学校
⑧高槻中学校（A日程）
⑨高槻中学校（B日程）
⑩明星中学校
⑪大阪女学院中学校
⑫大谷中学校
⑬四天王寺中学校
⑭帝塚山学院中学校
⑮大阪国際中学校
⑯大阪桐蔭中学校
⑰開明中学校
⑱関西大学第一中学校
⑲近畿大学附属中学校
⑳金蘭千里中学校
㉑金光八尾中学校
㉒清風南海中学校
㉓帝塚山学院泉ヶ丘中学校
㉔同志社香里中学校
㉕初芝立命館中学校
㉖関西大学中等部
㉗大阪星光学院中学校

兵庫県

①[国立]神戸大学附属中等教育学校
②[県立]兵庫県立大学附属中学校
③雲雀丘学園中学校
④関西学院中学部
⑤神戸女学院中学部
⑥甲陽学院中学校
⑦甲南中学校
⑧甲南女子中学校
⑨灘中学校
⑩親和中学校
⑪神戸海星女子学院中学校
⑫滝川中学校
⑬啓明学院中学校
⑭三田学園中学校
⑮淳心学院中学校
⑯仁川学院中学校
⑰六甲学院中学校
⑱須磨学園中学校（第1回入試）
⑲須磨学園中学校（第2回入試）
⑳須磨学園中学校（第3回入試）
㉑白陵中学校
㉒夙川中学校

奈良県

①[国立]奈良女子大学附属中等教育学校
②[国立]奈良教育大学附属中学校
③[県立]
国際中学校
青翔中学校
④[市立]一条高等学校附属中学校
⑤帝塚山中学校
⑥東大寺学園中学校
⑦奈良学園中学校
⑧西大和学園中学校

和歌山県

①[県立]
古佐田丘中学校
向陽中学校
桐蔭中学校
日高高等学校附属中学校
田辺中学校
②智辯学園和歌山中学校
③近畿大学附属和歌山中学校
④開智中学校

岡山県

①[県立]岡山操山中学校
②[県立]倉敷天城中学校
③[県立]岡山大安寺中等教育学校
④[県立]津山中学校
⑤岡山中学校
⑥清心中学校
⑦岡山白陵中学校
⑧金光学園中学校
⑨就実中学校
⑩岡山理科大学附属中学校
⑪山陽学園中学校

広島県

①[国立]広島大学附属中学校
②[国立]広島大学附属福山中学校
③[県立]広島中学校
④[県立]三次中学校
⑤[県立]広島叡智学園中学校
⑥[市立]広島中等教育学校
⑦[市立]福山中学校
⑧広島学院中学校
⑨広島女学院中学校
⑩修道中学校
⑪崇徳中学校
⑫比治山女子中学校
⑬福山暁の星女子中学校
⑭安田女子中学校
⑮広島なぎさ中学校
⑯広島城北中学校
⑰近畿大学附属広島中学校福山校
⑱盈進中学校
⑲如水館中学校
⑳ノートルダム清心中学校
㉑銀河学院中学校
㉒近畿大学附属広島中学校東広島校
㉓AICJ中学校
㉔広島国際学院中学校
㉕広島修道大学ひろしま協創中学校

山口県

①[県立]
下関中等教育学校
高森みどり中学校
②野田学園中学校

徳島県

①[県立]
富岡東中学校
川島中学校
城ノ内中等教育学校
②徳島文理中学校

香川県

①大手前丸亀中学校
②香川誠陵中学校

愛媛県

①[県立]
今治東中等教育学校
松山西中等教育学校
②愛光中学校
③済美平成中等教育学校
④新田青雲中等教育学校

高知県

①[県立]
安芸中学校
高知国際中学校
中村中学校

福岡県

① [国立] 福岡教育大学附属中学校（福岡·小倉·久留米）
② [県立] 育徳館中学校
門司学園中学校
宗像中学校
嘉穂高等学校附属中学校
輝翔館中等教育学校
③西南学院中学校
④上智福岡中学校
⑤福岡女学院中学校
⑥福岡雙葉中学校
⑦照曜館中学校
⑧筑紫女学園中学校
⑨敬愛中学校
⑩久留米大学附設中学校
⑪飯塚日新館中学校
⑫明治学園中学校
⑬小倉日新館中学校
⑭久留米信愛中学校
⑮中村学園女子中学校
⑯福岡大学附属大濠中学校
⑰筑陽学園中学校
⑱九州国際大学付属中学校
⑲博多女子中学校
⑳東福岡自彊館中学校
㉑八女学院中学校

佐賀県

① [県立] 香楠中学校
致遠館中学校
唐津東中学校
武雄青陵中学校
②弘学館中学校
③東明館中学校
④佐賀清和中学校
⑤成穎中学校
⑥早稲田佐賀中学校

長崎県

① [県立] 長崎東中学校
佐世保北中学校
諫早高等学校附属中学校
②青雲中学校
③長崎南山中学校
④長崎日本大学中学校
⑤海星中学校

熊本県

① [県立] 玉名高等学校附属中学校
宇土中学校
八代中学校
②真和中学校
③九州学院中学校
④ルーテル学院中学校
⑤熊本信愛女学院中学校
⑥熊本マリスト学園中学校
⑦熊本学園大学付属中学校

大分県

① [県立] 大分豊府中学校
②岩田中学校

宮崎県

① [県立] 五ヶ瀬中等教育学校
② [県立] 宮崎西高等学校附属中学校
都城泉ヶ丘高等学校附属中学校
③宮崎日本大学中学校
④日向学院中学校
⑤宮崎第一中学校

鹿児島県

① [県立] 楠隼中学校
② [市立] 鹿児島玉龍中学校
③鹿児島修学館中学校
④ラ・サール中学校
⑤志學館中等部

沖縄県

① [県立] 与勝緑が丘中学校
開邦中学校
球陽中学校
名護高等学校附属桜中学校

もっと過去問シリーズ

北海道

北嶺中学校
7年分（算数・理科・社会）

静岡県

静岡大学教育学部附属中学校
（静岡·島田·浜松）
10年分（算数）

愛知県

愛知淑徳中学校
7年分（算数・理科・社会）
東海中学校
7年分（算数・理科・社会）
南山中学校男子部
7年分（算数・理科・社会）
南山中学校女子部
7年分（算数・理科・社会）
滝中学校
7年分（算数・理科・社会）
名古屋中学校
7年分（算数・理科・社会）

岡山県

岡山白陵中学校
7年分（算数・理科）

広島県

広島大学附属中学校
7年分（算数・理科・社会）
広島大学附属福山中学校
7年分（算数・理科・社会）
広島学院中学校
7年分（算数・理科・社会）
広島女学院中学校
7年分（算数・理科・社会）
修道中学校
7年分（算数・理科・社会）
ノートルダム清心中学校
7年分（算数・理科・社会）

愛媛県

愛光中学校
7年分（算数・理科・社会）

福岡県

福岡教育大学附属中学校
（福岡·小倉·久留米）
7年分（算数・理科・社会）
西南学院中学校
7年分（算数・理科・社会）
久留米大学附設中学校
7年分（算数・理科・社会）
福岡大学附属大濠中学校
7年分（算数・理科・社会）

佐賀県

早稲田佐賀中学校
7年分（算数・理科・社会）

長崎県

青雲中学校
7年分（算数・理科・社会）

鹿児島県

ラ·サール中学校
7年分（算数・理科・社会）

※もっと過去問シリーズは
国語の収録はありません。

教英出版
〒422-8054
静岡県静岡市駿河区南安倍3丁目12−28
TEL 054-288-2131
FAX 054-288-2133
詳しくは教英出版で検索
教英出版 検索
URL https://kyoei-syuppan.net/

令和６年度　入学試験（２月１日実施）

国　語

［40分］

［注意事項］

1. 試験開始の合図があるまで、この問題用紙は開かないでください。
2. 試験開始後、解答用紙にシールを貼《は》ってください。
3. 解答は、すべて解答用紙に記入してください。
4. 解答は鉛筆《えんぴつ》などで濃《こ》く記入してください。
5. 問題は１ページ～14ページの合計14ページあります。
   ページが抜《ぬ》けていたら、すみやかに手を挙《あ》げ、監督《かんとく》の先生に申し出てください。
6. 解答の際、句読点、括弧《かっこ》などの記号は字数に含《ふく》むものとします。

東京農業大学第一高等学校中等部

2024(R6) 東京農業大学第一高中等部　２月１日午後
K 教英出版

一　次の①～④の傍線部の漢字の読みをひらがなに直し、⑤～⑧の傍線部のカタカナを漢字で答えなさい。また、送り仮名が必要な場合は送り仮名を付しなさい。

① 授業でシェイクスピアの戯曲を鑑賞する。
② 京都に旅行に行った時、精進料理を食べた。
③ 小豆は栄養分を豊富にふくんでいる。
④ 煮物の味付けは塩梅が難しい。
⑤ 未解決事件の真相をキュウメイする。
⑥ フルートのドクソウ会を聞きに行く。
⑦ 小惑星タンサ機「はやぶさ」が打ち上げられた。
⑧ 友人のオンキセがましい態度にうんざりする。

二　次の文章を読んで、後の問に答えなさい。なお、設問の都合により、本文の一部に手を加えています。

※1事実をして語らしめるという常識は誤りである。同じ現象を説明する上で複数の理論が拮抗《きっこう》することがよくある。実験結果を有利に解釈する方法を各陣営が見つけ、反論合戦は終わらない。理論の正しさを証明するために実証研究するという考えが、そもそも誤りだ。データは重要だが、実験結果は様々に解釈できる。理論の正否を最終的に決めるのはデータでない。理論の［ 1 ］力である。

例を出そう。アリストテレスによると物体は固有の本質を持つ。重い物は本来の位置に移動しようと速く落ちるが、軽い物は本来の位置が下方にないので落下が遅い。［ Y ］

しかし実のところ、ガリレイはこんな実験を行わなかった。教科書の説明は後世の捏造《ねつぞう》だ。ガリレイは思考実験した。アリストテレス説が正しければ、一〇キロの物と一キロの物を同時に落とすと前者が後者より先に地面に届くはずだ。では、これら二つの物を縛って一つの塊にして落下させよう。一〇キロの部分に対して一キロの部分がブレーキをかける。したがって合成物の速度は一〇キロの物体の速度より小さい。他方、この合成物は一一キロの重さがある。したがって一〇キロの物よりも速く落下しなければならない。つまり合成物は一〇キロの物よりも遅く落下し、かつ、より速く落下するという論理矛盾に陥《おちい》る。ゆえに1アリストテレス説は誤りだ。ガリレイは※2思弁のみによって※3反駁《はんばく》したのであり、実験結果は一度たりとも議論に登場しない。

ガリレイの反論が発表される以前に実験を行った学者が実は何人もいた。そして結果はアリストテレスの説く通り、重い物体の方が軽い物体よりも先に落下した。空気抵抗があるからだ。その当時、真空状態で長い距離を落下させる方法がなかった。だからガリレイが実験をしなかったのは当然である。

両者の解釈は異なる二つの認識論を基にしている。アリストテレスによると、すべての物体は固有の性質を持つ。重い石が落下するのは、その本来の場所に戻ろうとするからだ。つまり運動の原因を物体の本質に帰す。同じ重さの石を落としても空中と水中とでは落下速度が異なるように、当該の物体を囲む環境も物体運動に影響を及ぼす。だが、落下速度の違いを物体と環境との相互作用の結果だとアリストテレスは考えず、あくまでも物体固有の性質を※4攪乱《かくらん》する要因として環境を把握した。環境条件は補助仮説の地位しか与えられていない。

一九七〇年代から八〇年代にかけて流行した日本人論は日本の近代化を説明する上で※5日本人のエトスや日本文化の※6無限抱擁性などを持ち出した。これらも2アリストテレス的な本質論である。このようなアプローチでは結局、「日本人は日本人のように行動する。なぜなら彼らは日本人だからだ」という愚にもつかない循環論に陥るだけだ。

反してガリレイは物体を環境から切り離さず、物体が置かれる環境との相互作用として物理現象を分析した。社会心理学の生みの親クルト・レヴィンがアリストテレスの本質論とガリレイの［ 2 ］論とを対比する。

アリストテレス的理解においては、当該の物体が本来持つ性質から生ずるプロセスを無理に変更し、「攪乱」するという意味でのみ環境が考慮される。物体運動を起こす※7ベクトルは物体固有の特性によって完全に決定される。つまりベクトルの状態は物体と環境との関係に依存しない。どの時間における環境条件にも無関係な、物体だけに固有な性質として把握される。軽い物体が上方に向かう傾向は物体自体の性質に由来する。(……)しかし近代物理学においては軽い物体の上方への移動を物体とそれを取り巻く環境との関係から引き起こされる現象だと考える。それだけでない。物体の重量自体が環境との関係に依存する概念なのである。

重量とは物体に作用する重力の大きさだ。したがって同じ物体でも地上と月面では重量が異なる。月の重力は地球の六分の一であり、重量も六分の一になる。物体の重量がすでに環境との関係に依存する概念であるとは、こういう意味である。

理論が正しくとも、理論予測に実験結果や観測値が一致するとは限らない。3理論の正否は実験結果だけで決まらない。オーストリアの物理学者エルヴィン・シュレディンガーの例を引こう。※8素粒子の波動方程式を提唱したが、実験結果と理論が合致しない。そこで修正版を発表した。ところが初めの式の方が正しかったと後ほど判明する。スピンと呼ばれる、電子の自転が当時未知だったゆえに誤差が生じたのである。スピンを考慮に入れるとシュレディンガーが頭の中だけで練り上げた最初の式の方が正しかった。シュレディンガーとともにノーベル賞を受けたイギリスの物理学者ポール・ディラクはこの逸話を踏まえて後に語る。

実験結果と一致する方程式を得るよりも、美しい方程式を見つける方が大切だ。(……)少々実験値に合わなくとも、がっかりしたり、諦めたりしてはならない。というのも理論値と実験値のズレは、まだ理解されていない二次的原因から生じているだけで、その後、理論の発展と共に明らかになるかも知れないのだから。

科学の研究が正しいとされるのは実験結果が真理を反映するからではない。その時点における科学者集団の知見に照らして理論が整合性を持ち、そして実験値が理論予想とほとんどずれない場合に、正しいとZ暫定的に認定されるのである。科学者の合意に沿う実験方法が定められ、実験機器が出す結果の意味が解釈される。この解釈以外に事実は存在しない。スピンを知っていれば、他の実験を行い、違う結果が出る。見えている事実は、ある特定の視点から切り取られた部分的なものでしかない。観察結果が世界の真の姿を映すかどうかを知る術《すべ》は原理的に人間に閉ざされている。科学の成果が正しいと認められるのは、「事実」が生み出される手続きが信頼されるからである。［1］力がある、

オーストリア出身の科学哲学者カール・ポパーが主張したように科学は反証を通して発展する。どんな法則も仮説の域を出ない。法則を満たす要素すべての検討は不可能だ。「Aという種の生物は白い」という命題を実証するためには世界中に現存するAを見つけて、それらがすべて白いと確認する必要がある。だが、観察した個体以外にAが存在しない保証はない。どこかに隠れている個体が黒いかも知れない。死に絶えたAの中に赤い個体が含まれていた可能性も否定できないし、違う色の個体が将来生まれないとも言い切れない。しかし逆に命題を否定するのは簡単だ。白以外のAがたった一匹見つかるだけで命題の誤りが証明される。

4演繹《えんえき》が導く結論は必ず真だが、帰納によっては命題の正しさを確立できない。それは原理的に不可能である。科学哲学者・村上陽一郎のわかりやすい説明を引こう。

帰納的飛躍というのは、X_1とX_2についてしかまだ調べてないことを、X_3とX_4や……X_nについてまで何の根拠もなく拡張することです。いやそれどころか、X_nのnの値は実際上無限でなければ「すべての」ということばの意味に適合しません。つまり帰納的飛躍とは、一般に有限個の観察データでわかったと思われることがらを、何の根拠もなく無限個の事例に拡張してあてはめる、その論理的な飛躍のことをいうわけです。

(………)帰納は明らかに確実性をもちません。数少ないことの中で言えることを、すべてのことの中でも言える、と言い立てるのですから(つまり帰納的飛躍があるのですから)、そこには論理的根拠はなく、一種の賭けのような、いいかげんなところがどうしてもつきまといます。演繹は違います。演繹は絶対確実なのです。なぜなら、演繹は、すでに言ったことの一部をあらためて言い立てるだけなのですから。

しかし、帰納では、どこかに新しいことが入ってきます。数少ないところでしか、わかっていないことを勝手に拡張してみるのですから、それがほんとうかどうかはともかくとして、わたくしどもにはその拡張された部分は「新鮮」な知識(正確にはまだ確認されていないのですから「知識の候補者」とでも呼ぶべきなのかもしれませんが)です。(……)

哲学では、帰納は経験的、演繹は論理的、という形容詞で呼ぶことがよくありますが、その意味はこれでわかっていただけたことと思います。

(小坂井敏晶『矛盾と創造—自らの問いを解くための方法論』による)

※1　事実をして語らしめる……事実に物事を語らせること。ここでは、確固たる「事実」が存在し、その「事実」をもとに物事を判断することを意味する。
※2　思弁……経験によらず、頭の中だけで論理的に考えること。
※3　反駁……他人の主張や批判に対して論じ返すこと。反論。
※4　攪乱……かき乱すこと。
※5　日本人のエトス……日本人の性格や習性。
※6　無限抱擁性……無限に抱擁するかのように、何でも受容すること。
※7　ベクトル……向きと大きさを持つ量。ここでは「力と方向」の意。
※8　素粒子……物質を構成している最小の単位。

問一　空欄［1］・［2］にあてはまる語句として最もふさわしいものを次のア～オの中からそれぞれ選び、記号で答えなさい。

［1］　ア　実践　イ　説得　ウ　応用　エ　統率　オ　創造
［2］　ア　決定　イ　固有　ウ　依存　エ　特性　オ　関係

問二　空欄［Y］には次のア～オの文が入ります。適切な順番に並べた際に、一番目と三番目にくるものとして最もふさわしいものを次のア～オの中からそれぞれ選び、記号で答えなさい。

ア　他方、ガリレイは、物体の落下時間は質量に関係ないと主張した。
イ　これが有名なピサの斜塔の実験である。
ウ　こうして従来からのアリストテレス説が覆《くつがえ》された。
エ　したがって重さの違う二つの物を高い所から同時に落とせば、重い方が先に地面に着く。
オ　そこで自説を証明するためにピサの斜塔に登り、重さの異なる二つの物を落としたところ、予測通り両方とも同時に着地した。

問三　傍線部１「アリストテレス説は誤りだ」とありますが、ガリレイがこのように考えた理由として最もふさわしいものを次のア～オの中から選び、記号で答えなさい。

ア　アリストテレスの説に従うならば、落下速度が異なる二つの物を合成して落とせば両者の力が働き、元々の物より遅く落下するはずだが、一方で合成物は元々の物よりも重くなるため速く落下することになり、論理が破綻しているから。

イ　重量の違いで落下速度が異なるならば、合成物は重量が増えるため、落下速度は合成前より速くなるはずだが、ガリレイが実際に行った実験では、落下速度は合成前より遅くなっており、アリストテレスの論理が通らなくなったから。

ウ　従来信じられていたアリストテレスの考えでは、物体は固有の本質を持っているので重い物の方が早く落下するはずだったが、ガリレイの行った思考実験で論理矛盾が起きたことで、物体には固有の本質がないことが科学的に証明されたから。

エ　アリストテレスの説では物体の重さと落下速度には関係があるため、二つの物体を合成することで落下速度は変化するはずだったが、合成によって重量も増加した結果、落下速度に変化がみられず、つじつまが合わなくなっているから。

オ　アリストテレスの重さと落下速度に関する説は、空気抵抗のある環境では立証されたが、空気抵抗の影響を受けない環境を前提とした思考実験では正しい結果を導けず、落下速度において矛盾を抱えた間違った解釈であると判断されたから。

問四　傍線部２「アリストテレス的な本質論」とありますが、アリストテレスの本質論を説明したものとして最もふさわしいものを次のア～オの中から選び、記号で答えなさい。

ア　物体の固有性によって落下速度が変わるという理論が立証されなくなった状況でも、主張を曲げずに貫き通そうとする固定観念にとらわれた考え。

イ　物体間の差異は物体自体の特性によるものであるにも関わらず、環境による影響にも言及してしまうことで、議論が堂々巡りになっていくという考え。

ウ　物体と環境は相互に作用することで次第に形作られていくものであり、周囲から受ける影響にも意識を向けることで、物体についての理解を深めようとする考え。

エ　物体を、環境と影響を与え合うことで構成された存在だとはみなさず、環境はあくまで二次的なもので、物体自体に固有の特性が備わっているという考え。

オ　全ての物体は固有の特性を持っているため、新情報である環境などの外的要因ばかり優遇するのではなく、元々存在していた物体にも目を向けようとする考え。

問五 傍線部３「理論の正否は実験結果だけで決まらない」とありますが、実験結果だけでは理論の正しさを証明できない理由として最もふさわしいものを次のア～オの中から選び、記号で答えなさい。

ア　実験は様々な要因によって誤差が生じる可能性があるため、思考によって導かれた理論の方がズレが生じない分、整合性が高いと判断できるから。

イ　科学研究の正しさは、科学者が討議を重ねる中で少しずつ解明されていくものであり、実験結果等の形式的なもので即時に決定できないから。

ウ　実験は、現在明らかになっている事象をもとに行うのであり、科学の発展によって方法や結果、結果の捉え方は変化していくかもしれないから。

エ　科学研究では未だ解明されていない事象が多く存在するため、完全に同じ実験を再現することは難しく、確証の持てる結論とはいえないから。

オ　科学理論と実験結果の相違は、人為的ミスによることが多く、技術進歩によって実験の精度が高まらなければ信頼できる結果は導けないから。

問六 傍線部Ｚ「暫定的」の意味として最もふさわしいものを次のア～オの中から選び、記号で答えなさい。

ア　一様にそろえること。　　イ　一時的なこと。　　ウ　制限を受けないこと。

エ　絶対的に正しいこと。　　オ　断続的なこと。

問七　次の【文章】は、傍線部4「演繹が導く結論は必ず真だが、帰納によっては命題の正しさを確立できない」について、生徒達が話し合っている場面です。【文章】の内容をふまえて、後の各問（1）〜（3）に答えなさい。

【文章】

Aさん：「演繹」・「帰納」という語を知らなかったから、辞書を引いて意味を調べてみたよ。「演繹」は、「一般的な理論によって、特殊なものを推論し、説明すること。」、帰納は「個々の具体的な事例から一般に通用するような原理・法則などを導き出すこと。」と書いてあったよ。それでも、なぜ筆者は帰納では物事の正しさを証明することができないと考えているのかがわからないよ……

ア　Bさん：まず、帰納について説明するね。たとえば、「サンマやアジにはうろこがある。だから、魚にはうろこがある。」のように、個別の事例の共通点から法則を導くのが帰納なんだ。でも、この考え方では命題の正しさは確立できていないんだ。

Aさん：どういうこと？

イ　Bさん：先程の例でいうと、たしかにサンマやアジにはうろこがついているけれど、マンボウのように、うろこがない魚も存在するよね。つまり、先程の論理では真に正しい結論を導けていないことになるんだ。こうした帰納的説明の問題点を本文では「帰納的飛躍」と呼んでいるよ。

Aさん：帰納的な説明の欠点はよくわかったよ。帰納の長所は何かないの？

ウ　Bさん：具体的事例という絶対に正しいとはいえない情報を根拠に解釈をするので、新しい一般法則となりえる知識を生み出せるんだ。

Aさん：筆者はなぜ演繹が導く結論は必ず真だと言っているの？

エ　Cさん：筆者はその理由を、演繹の論理展開は根拠の反復を伴うからだと述べているよ。重要な内容を繰り返すことで主張の正当性を強化し、正しい結論を導けることが演繹の利点だと考えているよ。

Aさん：そもそも演繹の意味を理解できていない気がするから、具体的に説明してよ。

Cさん：演繹は、帰納と反対の論理展開で、一般法則から具体的事例における結論を導くものだよ。有名なものだと「人間は死ぬ。ソクラテスは人間だ。ゆえにソクラテスは死ぬ。」という三段論法というものがあるよ。「人間は死ぬ」という一般に当てはまることを前提にして、人間である「ソクラテス」一個人も当然死ぬはずだという結論を導いているんだ。

Bさん：ただし帰納的説明と同様に、演繹的説明も注意が必要だよ。前提に誤りがあったり、論理が飛躍したりしていると正しい結論を導くことができないよ。筆者が「演繹が導く結論は必ず真」だと言うのは「正しい前提」と「論理的飛躍がない」ことを前提としているのかもしれないね。

（1） 本文の内容をふまえたうえで、**誤った**発言となっているものを【文章】内のア～エの中から一つ選び、記号で答えなさい。

（2） 二重傍線部「正しい結論を導くことができない」とありますが、演繹的な説明をした次の1・2について「正しい結論を導けている」ものにはア、「前提が間違っている」ことによって正しい結論を導けていないものにはイ、「論理が飛躍している」ことによって正しい結論を導けていないものにはウと記号で答えなさい。

1 A高校は名門大学への高い合格実績を誇る。私は来年度からA高校に進学する。だから私は名門大学に合格できる。

2 中学生は長距離走が苦手だ。私は中学生だ。だから私は長距離走が苦手だ。

（3） 次の1～3について「演繹的な説明」にはア、「帰納的な説明」にはイと記号で答えなさい。

1 目の前で「止まれ」を意味する赤信号が点灯しているため、今は止まっていなければならない。

2 ライオンは主にシマウマやイノシシなどを食べて生活する。だから、肉食動物である。

3 日本では玄関で靴を脱ぐ慣習があるので、アメリカ人の友達が日本に遊びに来た際も玄関で靴を脱いでもらった。

問八 本文の内容に合致するものとして最もふさわしいものを次のア～オの中から選び、記号で答えなさい。

ア アリストテレスの考えた本質論は、空気抵抗のある環境下では実証されるので、ガリレイは実世界での実験をあえてせずに、真空状態を作るために思考実験をすることにした。

イ 一九七〇年代～八〇年代に流行した「日本人だから、日本人は日本人のように行動する」という論理とアリストテレスの本質論は、環境における影響を無視しているという点で類似している。

ウ 物体が環境によって受ける影響を、アリストテレスは本質を見えなくする障壁とみなしているが、ガリレイは本質をより良いものに好転させていく存在だとみなしている。

エ 科学の実験結果によって導かれる「事実」は、事象におけるほんの一側面でしかなく、実験結果が導く結論が真に正しいものであるかどうかは現時点では判断できない。

オ 法則を満たす全ての要素を検証することができないので科学研究は常に仮説の域を越えられないため、研究成果は確実性の低い帰納ではなく、演繹で導き出す必要がある。

三　次の文章を読んで、後の問に答えなさい。なお、設問の都合により、本文の一部に手を加えています。

誤解を恐れずに言えば、「ワンチャン」は新しい時代の価値観です。つまり、新しい時代の子どもたちは、[1]意図しないうちに大人の嘘に反発しているんでしょう。そして、旧来の価値観を押しつけようとする大人に抵抗しているのでしょう。「ワンチャン」は※1大人のパターナリズムに対する※2レジスタンスになりえるんです。

例えば、学校には悪《あ》しき平等主義があります。それは、生徒全員をできるだけ同じに見ようとする思想です。同じに見ることで生徒間の公平性を担保できると信じている先生たちがいるんですね。クラス全員に同じ宿題を出すのも、「がんばれば誰でも成果は出る」と皆に檄《げき》を飛ばすのも、「スタートラインはみんな同じ」という考えに基づいているわけです。実際のところは、そのほうが相対的な評価をつける管理者（先生）にとって都合がいいからそうしているだけだと思うのですが、公平性という言い訳があるから、[2]それがさも正しいことのようにまかり通っているんです。

でも、これは端的に言って間違いです。しかも、敗者（勉強ができない人、貧困な人など）は努力が足りないから敗者なのだという偏った見方（いわゆる自己責任論）を招きかねない悪質な嘘です。実際には、それぞれ向き不向きがあるし、習得するのにかかる手間も時間も人によって違います。さらに、「生まれ」という偶然性が、努力以前にその人の人生をいかに左右するかということは、いまや「親ガチャ」という一言で言い表されるほど周知のことになっています。

そんな時代に生きているみんなは、偶然性を「ワンチャン」の一言でみずからの味方に変え、それと戯《たわむ》れることで大人の設定を揺さぶり、嘘を暴いてしまいます。「誰でもがんばれば成果が出る」よりも「オレでもワンチャンいけるんじゃね」のほうが、リアリティがあるし希望もある。大人の嘘よりもずっと響きがよくて、頼もしい感じがします。

でも、人って他人の嘘には敏感だけど、自分の嘘、つまり自分が※3デフォルトで設定した嘘には簡単に騙《だま》されるって知ってましたか？　大人は自分の嘘にすっかり気づかなくなっているけど、それはみんなも同じで、「ワンチャン」にもすでに嘘が混じり始めてるからそれに気づかないと取り返しがつかないことになるかもしれません。

ワンチャンのマズいところは、デフォルトでガチャ的発想を含んでしまっているところです。みんなはゲームの中で、アタリのあるガチャに慣れてるかもしれないけど、ガチャって実は中身が入ってなくても、つまりすべてが外れでも成立するんです。要するに、ガチャの本質はすべてがハズレかもしれないという可能性を隠蔽《いんぺい》できること、きっとアタリがあるだろうという幻想に浸《ひた》れることなんです。偶然性という装置に対して恣意《しい》的に［　A　］という色を加えているんですね。

[3]ワンチャンも同じ原理で成り立っています。ワンチャンはワンチャンス（one chance）ですから、そう言ってるかぎり一つくらいアタリがあると信じることができますよね。でもその

ガチャの中身があるって誰が決めたんですか？　アタリが一つも入ってなかったらあなたはどうしますか？

　親ガチャだってそうですよ。親ガチャって「もっといい親のもとで生まれたら、私の人生違ったのに」という嘆《なげ》きですよね。でも、そういう嘆きはボードレールの「どこだっていい！　どこだっていいんだ！　この世界の外でありさえすれば！」という有名な言葉を引くまでもなく、あらゆる国のあらゆる人たちが抱いてきた幻想なんです。わたしはここではない別の場所に行きさえすれば、ワンチャン人生が良くなるに違いない。もしかしてあなたもそう思っていませんか。

　でも、残念ながら親にアタリはないんですよ。知ってましたか？　確かに、圧倒的にダメな親がいるのは事実です。でも、それぞれの環境に違いはあるにせよ、アタリがあるなんて幻想ですから。まさか、金持ちの親に当たればアタリだと思ってますか。そんなわけないじゃないですか。親子の関係はお金があればいい、というような簡単なものではないんです。あなたがずっと［B］に浸ったままでいることはあなたの自由ですが、ガチャって慰《なぐさ》み物だから、使いすぎには注意してくださいね。

　こんなふうにネガティブなことを書き連ねると、「ワンチャン」ってダメじゃんみたいになってしまいますが、そうじゃなくて、ワンチャンの手触りには確かに面白いものがあると私は思っています。ワンチャンを実感として知ってるあなたたちは、いまの大人にはない別の感覚を手にしているのですから。

　現在のゲームの主流である仮想世界を自由に動き回るオープンワールドゲームは、空間がプレイヤーの行為を先回りすることを注意深く避《さ》けます。パターナリズムを排したその空間にあるのは、新たな行為を喚起《かんき》する手がかりのみです。バイオームやモブ（マインクラフト）といった手がかりを通して行為と行為がつながり、やがてそれらが関係性を深め、今度はその関係から新たな機能が生じるゲームの世界では、ミッションのクリアよりも世界そのものの成熟が求められます。

　世界の成熟とはつまり、その世界の中で新たな「文化」が醸成され育まれることです。私は、オープンワールドに文化の雛形《ひながた》を発見したとき、いまの子どもたちはこんなに面白いものに夢中になってるんだ、こんなリアルな形で文化が育つ手ごたえを味わっているのかと、驚かずにはいられませんでした。

　かつて、みんなの親世代が遊んできた場所は、これとは性質が異なっていました。その場所では、そこで行われることがあらかじめ決まっていました。［X］むしろ、既存のRPGと同等の明確な特性を持った世界がそこにあり、かつ、その世界の行動基準がキャンセルされているから「自由」を感じられるのです。

　でも、リアルな現実世界ではなかなかそうはいきません。なぜなら、手がかりを摑《つか》もうとする前に、あらゆる行動基準によってがんじがらめになってしまうからです。自由に動こうと思っても、周りがそれを許さない（と感じる）。その結果、どうしても与えられたミッションをクリアするようにしか生きることができなくなってしまいます。

だから、現実世界で「自由」を手に入れるためには、現実の中でいかにパターナリズムな行動基準をキャンセルできるかがカギになります。

この意味で、二〇二〇年以降のコロナ禍における大人たちは（反面教師的な意味で）良い教材になりました。疫禍《えきか》というのは、研究者を除く一般の人たちにとっては、ウイルスとの戦いというよりは、「わからない」ことにいかに対峙《たいじ》するかという戦いです。そんな中で、多くの大人たちは、わからないことをさもわかったことのように単純化して語ることを好みました。そして、すぐに誰かに模範解答を求め、その相手が解答を間違えると、皆で責め立てることを繰り返したのです。

我先にと正解を求める大人たちは、政府に対して、ワクチンやロックダウンといった個人の生命の自由にダイレクトにかかわる政策を次々に要求します。個人がじかに国家に連結されることに違和感を覚えることなく、個人が国家の掟《おきて》に依存を強めることを警戒することもなく、ただひたすらに政策の［C］と効率の悪さにキレ続ける大人たちの姿は、経済効率優先であらゆる無駄を排した政策を推し進めてきた新自由主義者たちの姿と酷似していました。それはまさに目先だけを追うパターナリズムであり、そんなことではうまくいかないことをコロナ禍の経緯自体が雄弁にものがたっているのにもかかわらず、それに気づこうとしなかったのです。

コロナ禍の前と後とでは時代が大きく変化する。だからそれに備えないと……。わかったつもりの大人たちはそんなことを言い続けていましたが、変化に備えようとしてもパターナリズムに埋没するだけですから、そんなときこそむしろ「変わらないもの」に着目するのがおすすめです。

つい先日、『吾輩は猫である』（夏目漱石）を読んだ高二の子が、「これいまの話じゃね？　というのがたくさん書かれていることに驚いた」と言っていました。漱石は百余年前の作品で文学史の中では新しい方ですから、もっと古い作品、例えば『源氏物語』（紫式部）でも『国家』（プラトン）でもいいのですが、こういう「古典」と言われる本には、マジそれな！　というエピソードがちょっと信じられないくらいの質と量で書かれていて、そういうちょっと普遍的な人間のクセみたいなものを若いときに文学の中で発見するのは、とても大事というか、他の知識では補えないものです。

こうした文学の中で私たちが学ぶことができるのは、濃淡はあるにせよ人間は時代が変わっても全体としてみれば大きく変化することはないということです。そして、そういう「変わらないもの」が腑《ふ》に落ちたとき、その反対の「変わるもの」「変わりやすいもの」が、いかにも流動的なものとして目に飛び込んでくるようになるはずです。

人間が「変わらないもの」だとすれば、ある時代の人間たちが抱く特有の「価値観」は、その対極にある「変わりやすいもの」だと言えます。だから、「ワンチャン」がいまの価値観の一面を表しているとすれば、その言葉のリアルな息遣いは、そのうち耳を澄ましても聞こえなくなるでしょう。

このように[4]「変わらないもの」を探りながら、同時に自分の価値観を客観的に捉えることで、ようやくパターナリズムな行動基準をキャンセルし、自由に生きる手がかりを得ることができます。そして、価値観は変わるものだと深く知ることで初めて、自分の価値観を絶対視することなく、他者の価値観を「それもありですね」と味わうことができます。多様性を知ることは、価値観を捉《とら》え直すことからしか始まりませんし、それは価値観の可変性に希望を見出すことでもあります。

（鳥羽和久『君は君の人生の主役になれ』ちくまプリマー新書による）

※1　大人のパターナリズム……本人の意思を問うことなく、大人が子どもに干渉し、援助すること。

※2　レジスタンス……抵抗運動。

※3　デフォルト……パソコン等であらかじめ設定されている標準状態、初期設定。

問一　空欄 A ～ C にあてはまる語句として最もふさわしいものを次のア～オの中からそれぞれ選び、記号で答えなさい。

ア　幻想　イ　醸成　ウ　希望　エ　目的　オ　遅延

問二　傍線部1「意図しないうちに大人の嘘に反発している」とありますが、その説明として最もふさわしいものを次のア～オの中から選び、記号で答えなさい。

ア　大人と子どもとの間の不平等はこれまで隠されてきたが、「ワンチャン」という言葉によってその関係性が明確に可視化されてしまうということ。

イ　社会での平等に対する考え方が揺らぎ、公平な社会という建前よりも、「ワンチャン」という発想に、子どもが自然と魅力を感じてしまうということ。

ウ　「ワンチャン」という言葉を好む子どもは無意識に大人の悪質な嘘に気づいており、大人よりも現実の厳しさを受け入れて生きているということ。

エ　公平な評価のために画一的な教育をする大人に対して、子どもは「ワンチャン」という言葉で個性を認めさせようと企んでいるということ。

オ　「ワンチャン」という言葉によって教師の権威が揺らぎつつあり、以前の価値観を押し付ける教師は無視されるようになるということ。

問三 傍線部2「それがさも正しいことのようにまかり通っている」とありますが、その説明として最もふさわしいものを次のア～オの中から選び、記号で答えなさい。

ア 成果が出るかどうかはあらかじめわかっているのに、やれば必ず成果が出るという前提のもと、生徒に無理難題を要求するということ。

イ 生徒が満足のいく結果を出すためには教師の働きかけが必要なはずなのに、生徒個人の能力の問題とされてしまうということ。

ウ 生徒の能力を公正に評価するのは本来難しいはずなのに、画一的な対応をすることで、正しく評価できると錯覚するということ。

エ 生徒の個性に対して、みなを同列に扱う指導をすることで、それぞれの個性を公正に評価できると勘違いするということ。

オ 教育とは、評価を目的とするわけではないのに、平等な条件にしたがって優劣をつけることが正当な教育であると考えられてしまうということ。

問四 傍線部3「ワンチャンも同じ原理で成り立っています」とありますが、その説明として**誤っているもの**を次のア～オの中から選び、記号で答えなさい。

ア 必ずアタリが入っているという幻想を抱かせるガチャと同様に、現実逃避したいと考えている人にとって都合の良い希望を与えているということ。

イ アタリが混ざっているはずだと錯覚させるガチャと同様に、成功する可能性がわずかでもあると思い込ませているということ。

ウ 偶然性に全面的に賭けようとするガチャと同様に、自分の努力とは無関係にアタリをひけるという希望を抱かせるということ。

エ 誰もがガチャをひく機会を平等に持つことと同様に、誰にでもアタリをひく可能性が平等にあるという期待を持たせるということ。

オ いつかはアタリがひけると期待させるガチャと同様に、失敗だらけの人生もいつかは好転するという希望を抱かせるということ。

問五 空欄［　X　］には次のア～エの文が入ります。適切な順番に並べた際に、三番目にくるものとして最もふさわしいものを次のア～エの中から選び、記号で答えなさい。

ア でもいまのゲームは明らかに大きく変容しています。

イ そこでは、決まった設定とストーリーに沿ってスリルを味わったりミッションをクリアしたりするのが目的だったわけです。

ウ 全国各地のテーマパークや遊園地もそう、ドラクエなどのＲＰＧもそう。

エ プレイヤーがオープンワールドゲームの世界に「自由」を感じるのは、そこが無既定の白紙の場所だからではありません。

問六　傍線部4「変わらないもの」と同様の意味の言葉を十字以内で抜き出しなさい。

問七　本文の内容と合致するものを次のア～エの中から一つ選び、記号で答えなさい。

ア　学校教育では、生徒の個性を相対的に評価することは困難なため、全員に同じ課題を与えることで公平性を保っている。

イ　「成果が出るのは努力をしたからだ」という判断は、結果と能力を結びつけ、自己責任の問題に帰してしまう。

ウ　「ワンチャン」という言葉は、努力せずとも誰もが成功することができるという印象を与える嘘であると言える。

エ　古典文学を読むことで多様な人間のありようを知ることができ、普遍的な価値観について学ぶことができる。

令和６年度　入学試験（２月１日実施）

算　数

［40分］

［注意事項］

1．試験開始の合図があるまで、この問題用紙は開かないでください。
2．試験開始後、解答用紙にシールを貼《は》ってください。
3．解答は、すべて解答用紙に記入してください。
4．解答は鉛筆《えんぴつ》などで濃《こ》く記入してください。
5．問題は1～5まであります。ページが抜《ぬ》けていたら、すみやかに手を挙《あ》げ、監督《かんとく》の先生に申し出てください。

東京農業大学第一高等学校中等部

1 次の各問いに答えなさい。

（1） $\left\{2\frac{2}{3} \div \left(1\frac{1}{30} - \frac{4}{5}\right) + 4\frac{4}{7}\right\} \times \frac{14}{13} \times 3.25$ を計算しなさい。

（2） $0.5 \times \left(\frac{1}{44 \times 45} + \frac{1}{45 \times 46}\right)$ を計算しなさい。

（3） □÷5＋(4＋□)÷7＝(2＋□)÷3 のとき、□にあてはまる数を答えなさい。
ただし、□には同じ数が入ります。

2　次の各問いに答えなさい。

（1）　1 × 2 × 3 ×……… × 2024 を計算すると、右から連続して並ぶ 0 は何個ですか。

（2）　2時と3時の間で短針と長針の作る角が 180° となるのは、何時何分ですか。

（3）　5人で1回じゃんけんをするとき、あいこになる5人の手の出し方は全部で何通りですか。

（4）　2回かけて a になる1以上の整数を＜ a ＞とします。
例えば、＜ 4 ＞ = 2，＜ 25 ＞ = 5 となります。

①　＜ 3 × 12 ＞を計算しなさい。

②　＜90 × A ＞が整数となるような最小の整数 A を求めなさい。

3　次の各問いに答えなさい。

（1）　正方形の折り紙を図1～図3のように点線の位置で3回折り、図4の実線部分をはさみで切り、斜線部分を切り落としました。これを広げた図として考えられるものを、次の(ア)～(カ)からすべて選び、記号で答えなさい。ただし、折り方は山折りと谷折りの両方とも考えます。

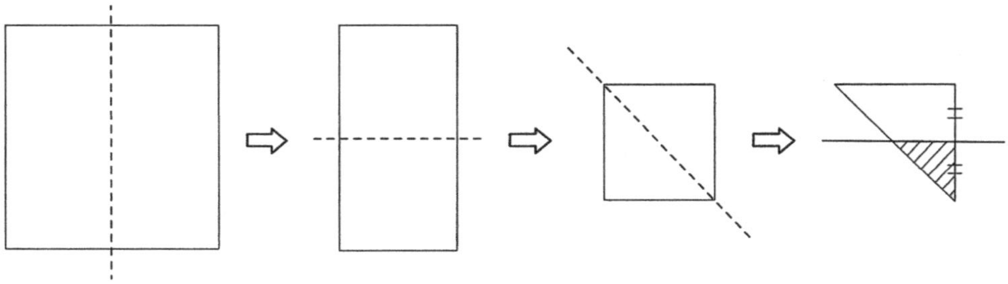

図1　　図2　　図3　　図4

(ア)

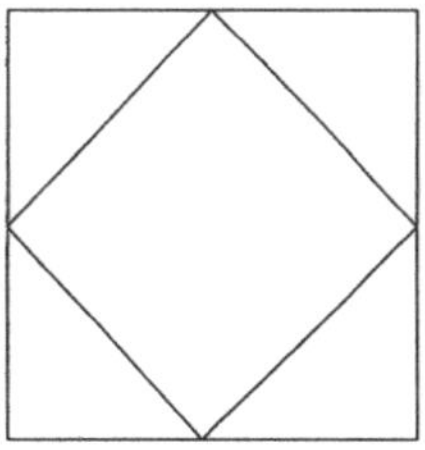

(イ)

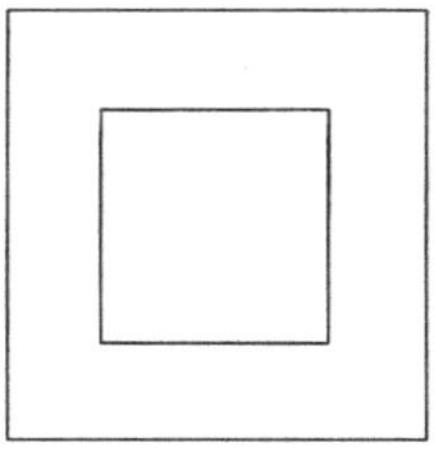

(ウ)

(エ)

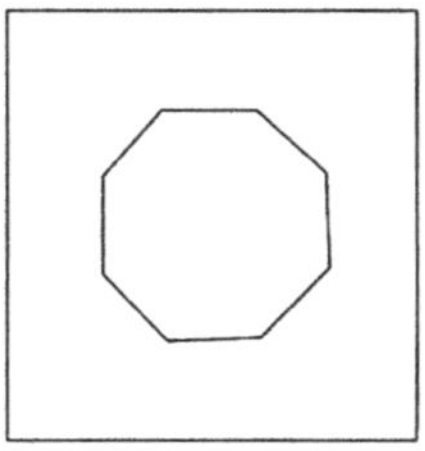

(オ)

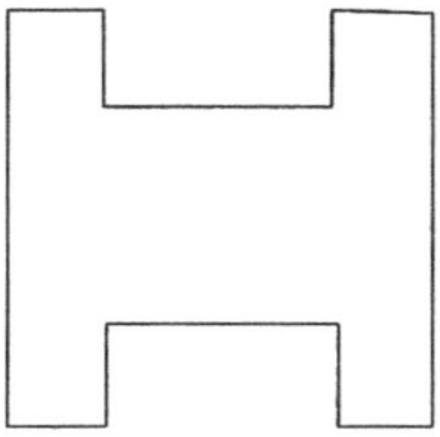

(カ)

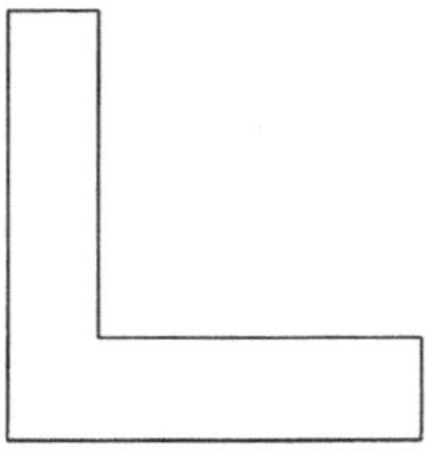

（2）　図のように、正八角形のいくつかの頂点を結ぶとき、斜線《しゃせん》部分の面積が最も大きくなるものを、次の(ア)～(オ)から１つ選び、記号で答えなさい。

(ア)

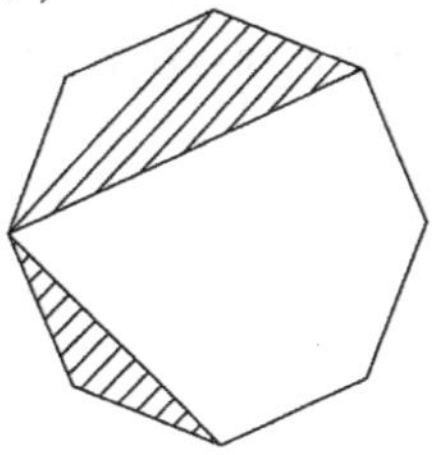

(イ)

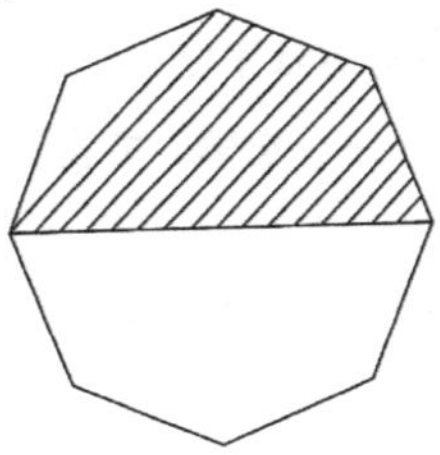

(ウ)

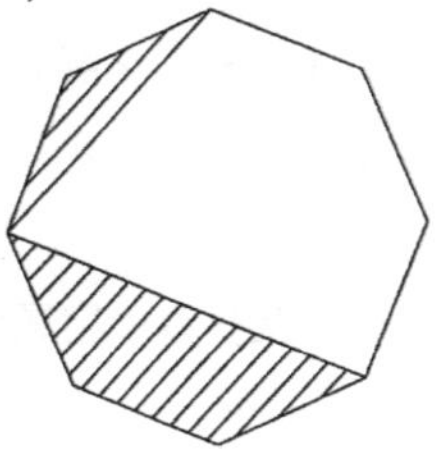

(エ)

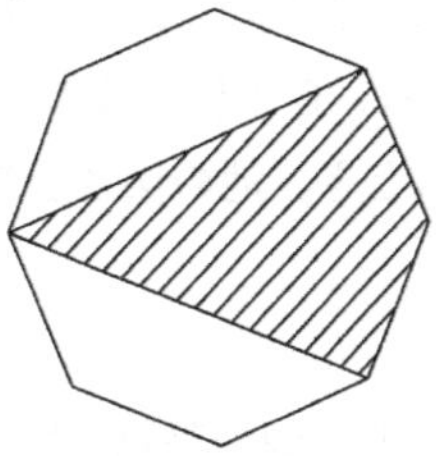

(オ)

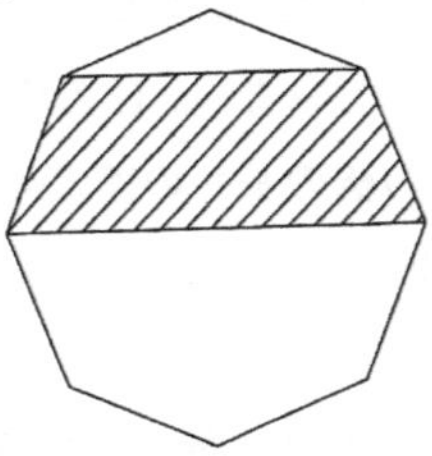

4 次の各問いに答えなさい。

（1） N中学校では、7月21日から8月31日までが夏休みです。みどりさんは、夏休みの宿題を7月21日から1日3ページずつ進める計画を立てました。予定では、8月14日に1ページを解いて宿題を終えるはずでしたが、途中から1日2ページずつしか進めなかったため、8月19日に2ページを解いて宿題を終えました。

① 夏休みの宿題は全部で何ページですか。

② 宿題を1日2ページずつ進めた日数は何日間ですか。

（2） A, B, Cの3本の棒《ぼう》を池にまっすぐに入れました。Aの2割5分とBの3割の長さは水につかっています。Cの棒全体の長さは、Bの棒全体の長さの8割に当たります。Aの棒とCの棒の長さの差が48 cmであるとき、池の深さとBの棒の長さはそれぞれ何cmですか。

（3） 最大公約数が12、最小公倍数が144になる2つの整数の組をすべて求めなさい。ただし、使わない解答欄《かいとうらん》があってもよいものとします。

（4） N小学校の先生が受験生の合格祈願《きがん》のために、東京から1040 km離れた太宰府天満《だざいふてんまん》宮《ぐう》まで車で行きました。午前7時に出発し、車の速さは毎時80 kmで、150分ごとに20分間休憩《きゅうけい》をとりました。先生は、何時何分に太宰府天満宮に着きましたか。

（5） 5％の食塩水160 gに3％の食塩水400 gを混ぜてから、水を何gか蒸発させたところ、4％の食塩水になりました。何gの水を蒸発させましたか。

（6） 図において、三角形 ABC と三角形 DEC は同じ大きさ、同じ形の二等辺三角形です。
AC ＝ AB，∠ ABC ＝ 80° であるとき、∠ x の大きさを求めなさい。

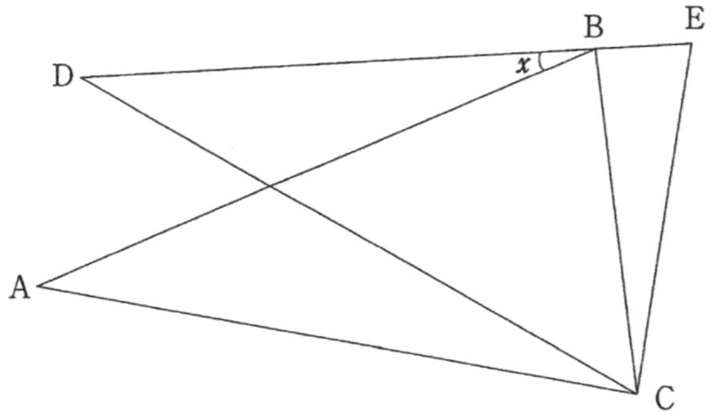

（7） 図のような 1 辺 5 cm の正方形 ABCD があります。EF ＝ EG である三角形 EFG を、点 E が辺 AD の真ん中の点となるようにおいたところ、点 B が辺 EF 上、点 C が辺 EG 上に重なりました。FG の長さが 7 cm のとき、四角形 BFGC の面積を求めなさい。

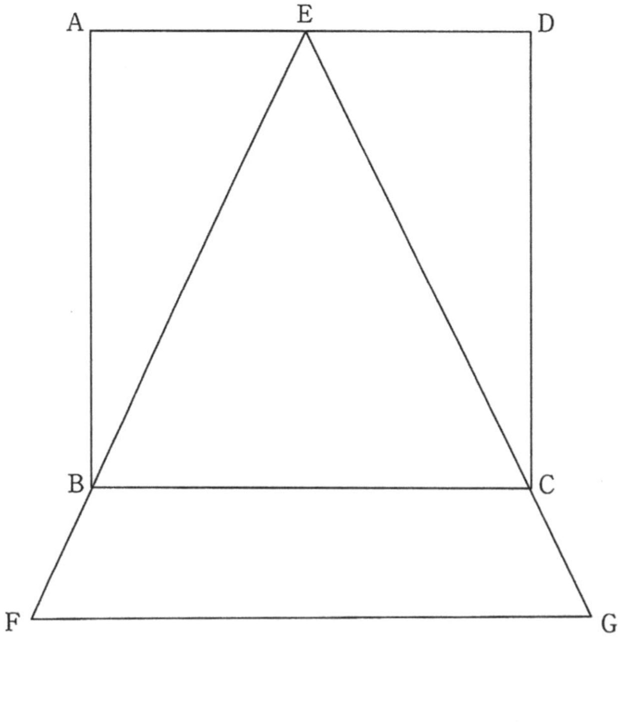

5　N中学校と駅を結ぶ6kmの道を2台のバスが往復しています。

下のグラフは、7時ちょうどに駅とN中学校それぞれから2台のバスが出発するとき、時刻と位置の関係を表したものです。いま、A君が7時5分に自転車に乗って駅を出発しました。バスと同じ道を通って時速8kmの速さでN中学校に向かうとき、次の各問いに答えなさい。

(1)　7時5分からの時刻とA君の位置の関係を、解答欄のグラフにかきこみなさい。

(2)　駅からN中学校に向かう途中、A君は何回バスとすれ違いますか。また、何回バスに追い越されますか。

(3)　3回目にバスとA君がすれ違うのは、N中学校から何km離れたところですか。

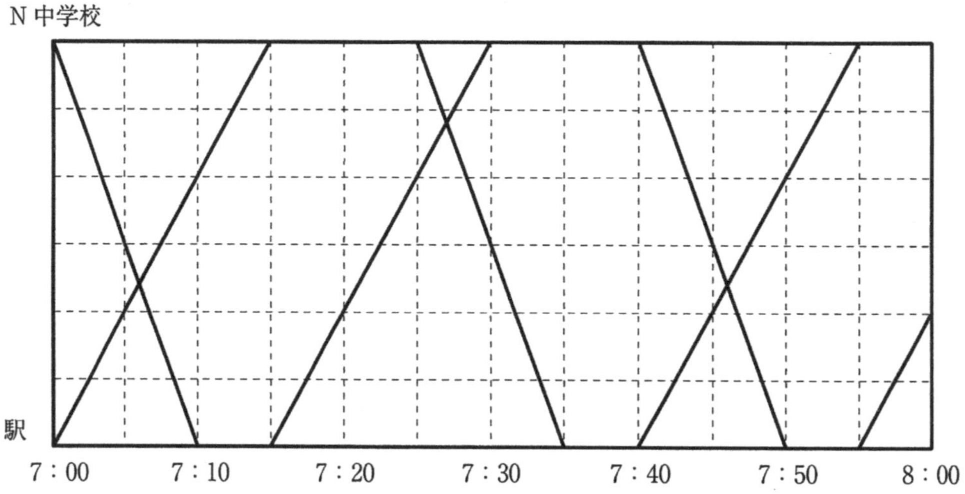

2024(R6) 東京農業大学第一高中等部　2月1日午後
教英出版

令和6年度　入学試験（2月1日実施）

理　科

［40分］

［注意事項］

1．試験開始の合図があるまで、この問題用紙は開かないでください。
2．試験開始後、解答用紙にシールを貼《は》ってください。
3．解答は、すべて解答用紙に記入してください。
4．解答は鉛筆《えんぴつ》などで濃《こ》く記入してください。
5．問題は1ページ～18ページの合計18ページあります。ページが抜《ぬ》けていたら、すみやかに手を挙《あ》げ、監督《かんとく》の先生に申し出てください。

東京農業大学第一高等学校中等部

1　次の文章を読んで、後の問いに答えなさい。

農太くんはある日、図のようなばね付き釣《つ》り竿《ざお》を使って、学校の裏庭にある池で魚釣りをしました。図5は図1の位置から水面上の60cmの高さまで魚を釣り上げたときの(図1～図4)、ばね付き釣り竿と魚の接点Pの動いた距離《きょり》とばねの伸びの関係を表しています。図2～図4のとき、魚にはたらく浮力《ふりょく》の大きさは、水面から尾びれの先までの深さに比例しました。釣り竿のばねは0.5kgの重さで1cm伸びるばねを用いました。

なお、ばねにはたらく浮力は無視できるものとし、水面の高さは図1～図4において変わらないものとします。

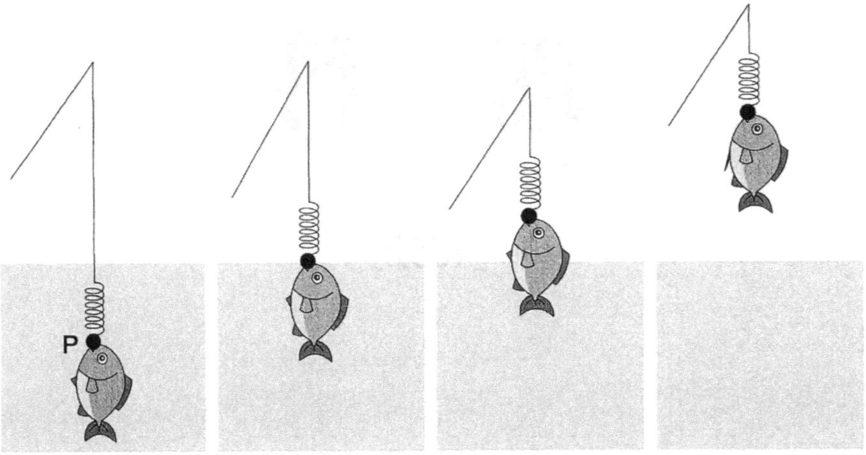

図1　　図2　　図3　　図4

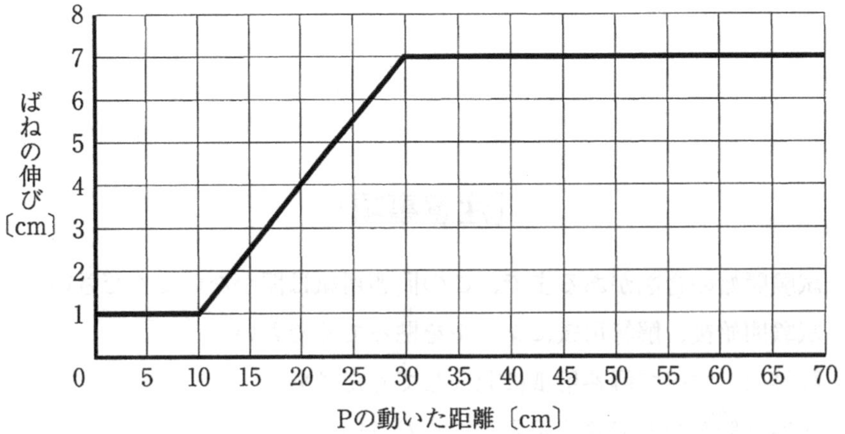

図5

問1　この魚の全長は何cmですか。最も適当なものを次のア～カから選び、記号で答えなさい。

ア．5cm　　イ．10cm　　ウ．15cm　　エ．20cm　　オ．25cm　　カ．30cm

問2　この魚にはたらく浮力について述べた次の文の［ア］～［ウ］に当てはまる数値を答えなさい。

ばねが魚を引く重さは、図1のときは［ア］kgで、図4のときは［イ］kgです。よって、魚が完全に水中にいるときにはたらく浮力の大きさは［ウ］kgとなります。

問3　最初に使用したものと同じ種類の2つのばねA、Bを下の図のように連結させました。この釣り竿を使って、2人で垂直にこの魚を持ち上げました。魚全体を水面の上に持ち上げたとき、ばねAとばねBの伸びはそれぞれ何cmになりますか。

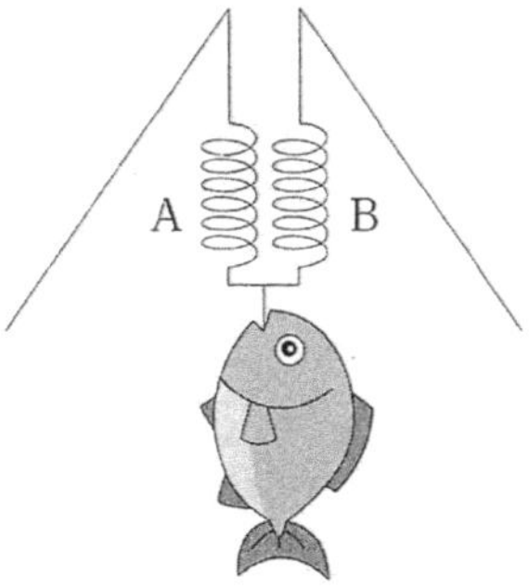

問4　**問3**で用いたものと同じ釣り竿を使ったとき、図1～図4の位置までにおける、接点Pの動いた距離とばねAの伸びの関係をグラフに示しなさい。なお、魚は常に垂直に持ち上げられたものとします。

問5　**問3**で用いたものと同じ釣り竿を使って、下の図のように、図4の位置から2人でこの魚を垂直に持ち上げました。このとき、ばねAとばねBの伸びはそれぞれ何cmになりますか。最も適当なものを次のア～カから選び、記号で答えなさい。

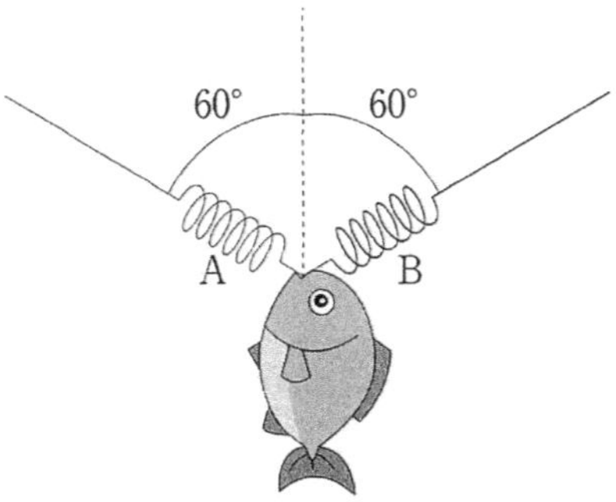

	ばねA	ばねB
ア．	1.0cm	7.0cm
イ．	2.0cm	6.0cm
ウ．	3.5cm	4.0cm
エ．	4.0cm	4.0cm
オ．	6.0cm	3.5cm
カ．	7.0cm	7.0cm

問６　図のような、２種類の滑車《かっしゃ》付き釣り竿を使って、図４の位置からこの魚を垂直に持ち上げました。魚を持ち上げるために必要な力Fの大きさはそれぞれ何kgですか。小数第３位を四捨五入して小数第２位で答えなさい。なお、それぞれの滑車の重さは100gであるとします。

（１）組み合わせ滑車

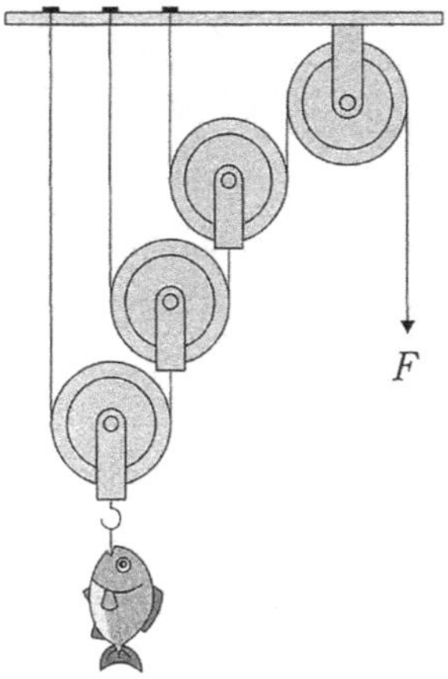

（２）輪軸

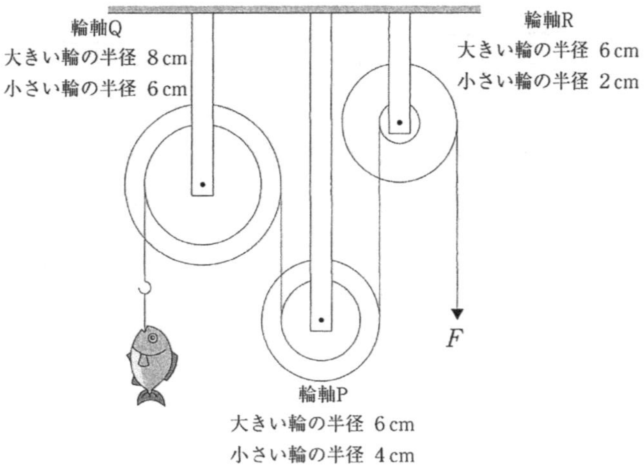

問７　問６の（１）、（２）の道具を用いて、この魚を水面上で30cm持ち上げるためには、それぞれひもを何cm引く必要がありますか。

問題は次のページに続きます

2 昆虫《こんちゅう》について、後の問いに答えなさい。

問１ 昆虫には、さなぎの時期があるものとないものがいます。さなぎの時期がなく成虫になることを何と言いますか。漢字５文字で答えなさい。

問２ 昆虫はさまざまなものを食べます。次にあげる組み合わせのうち、**正しくないもの**を次のア～カから選び、記号で答えなさい。

	昆虫	食べもの
ア．	カブトムシの幼虫	腐葉土《ふようど》
イ．	カブトムシの成虫	樹液《じゅえき》
ウ．	アゲハチョウの幼虫	サンショウの葉
エ．	カイコガの幼虫	クワの葉
オ．	ナナホシテントウの幼虫	アブラナの葉
カ．	オオカマキリの成虫	オンブバッタ

問３ クモと昆虫のからだについて、正しい文を次のア～エから選び、記号で答えなさい。

ア．クモと昆虫は、単眼と複眼の両方をもつ。
イ．クモのあしの数は６本で、昆虫のあしの数は８本である。
ウ．クモはからだが２つに分かれているが、昆虫は頭・むね・はらの３つに分かれている。
エ．クモと昆虫は、しょっ角をもつ。

問４ 昆虫の口の形にはさまざまなものがあります。セミの口の形は、写真１のように針のようにとがっています。セミと同じような口の形をしているものを、次のア～オから選び、記号で答えなさい。

ア．オオカマキリ　　イ．カブトムシの幼虫
ウ．トノサマバッタ　　エ．ハエの成虫
オ．蚊《か》の成虫

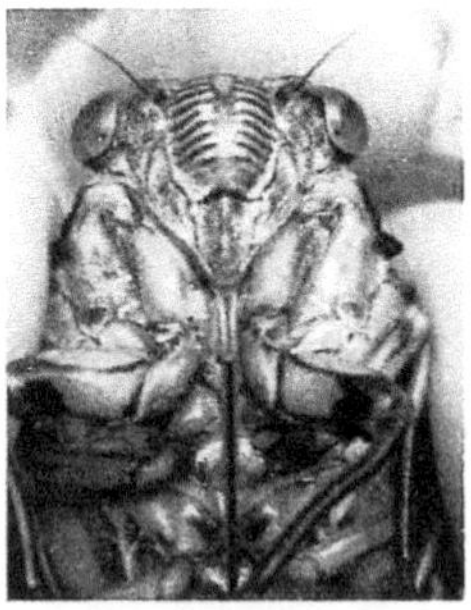

写真１

農太くんは、夏に雑木林へ昆虫採集に出かけました。そして、カブトムシを10匹捕《つか》まえることができました。カブトムシを10匹入れている虫かごは、カブトムシがガサガサ動く音がしてさわがしく、とても迫力《はくりょく》があるにもかかわらず、重さはそんなに重く感じられませんでした。そこで、カブトムシの重さについて、家のはかりを使って調べました。結果は表１・２のとおりです。

表１　カブトムシ(オス)の体重と大きさ

カブトムシ番号	体重〔g〕	大きさ〔cm〕
1	8	7.1
2	10	7.4
3	5	5.0
4	4	4.2
5	2	3.3

表２　カブトムシ(メス)の体重と大きさ

カブトムシ番号	体重〔g〕	大きさ〔cm〕
6	5	4.1
7	6	4.7
8	4	3.9
9	3	3.5
10	7	5.5

問５　表１・２の結果について、正しい文を次のア～オからすべて選び、記号で答えなさい。

ア．大きさが増えると必ず体重も増えるわけではない。

イ．オスとメスで体重が同じだと、オスの方が大きい。

ウ．体重が半分になると大きさも半分になる。

エ．今回捕まえた中で、最も軽い個体はメスである。

オ．今回捕まえた、オスの体重の平均とメスの体重の平均は同じである。

問6　農太くんは、カブトムシの３令幼虫10匹の重さと、またそれらが成虫になったときの重さについても調べました。結果は表３・４のとおりです。このことについて、正しい文を下のア～オから選び、記号で答えなさい。

表３　カブトムシ（オス）の幼虫と成虫の体重〔g〕

カブトムシ番号	幼虫	成虫
11	32	13
12	34	14
13	27	8
14	29	10
15	19	6

表４　カブトムシ（メス）の幼虫と成虫の体重〔g〕

カブトムシ番号	幼虫	成虫
16	19	6
17	21	8
18	20	7
19	22	9
20	17	5

ア．幼虫の体重の平均は、オスはメスに比べて２倍以上の値である。
イ．成虫の体重の平均は、メスはオスの半分以下の値である。
ウ．どの個体も幼虫から成虫になると、体重は1/3倍以下になる。
エ．どの個体も幼虫から成虫になると、体重は1/4倍以上になる。
オ．幼虫のときの体重が重いものほど成虫の体重も重くなる。

問7　農太くんは、成虫になると飛ぶことができる昆虫の幼虫と成虫の体重についても図書館で調べてみました。結果は表5のとおりです。このことについて、正しい文を下のア〜エから選び、記号で答えなさい。

表5　昆虫の幼虫と成虫の体重〔g〕

昆虫	幼虫	成虫
モンシロチョウ	0.8	0.1
ヤママユ(ガの一種)	12.5	2.7
ウスバカゲロウ	0.14	0.06
ハグロハバチ	0.16	0.02

ア．この4種類については、成虫になるとすべての種類の体重が、幼虫の体重の2倍以上になる。

イ．この4種類については、成虫になるとすべての種類の体重が、幼虫の体重の50%以下になる。

ウ．この4種類については、成虫になるとすべての種類の体重が、幼虫の体重の20%以下になる。

エ．この4種類については、成虫になるとすべての種類の体重が、幼虫の体重の10%以下になる。

問8　農太くんは、カブトムシのオスが物体を引っ張る力について調べることにしました。写真2のように、じゅうたんの上にカブトムシを止まらせて、小さい角に糸をかけて台車を引かせ、そこにおもりをのせてどれぐらいの重さまで動かすことができるかを調べました。結果は表6のとおりです。

写真2

表6　オスの成虫の体重と動かしたおもりの重さ

カブトムシ番号	体重〔g〕	おもりの重さ〔g〕
21	8	200
22	8	160
23	10	220
24	12	240
25	9	190

（1）　表6の結果からカブトムシの体重と、この台車にのせるおもりの重さについて、正しい文を次のア～エから選び、記号で答えなさい。

ア．体重が増えると、この台車で動かすことができるおもりの重さは増える。
イ．体重が1.5倍になると、この台車で動かすことのできるおもりの重さも1.5倍になる。
ウ．カブトムシはこの台車を使うと、自分の体重の25倍以上のおもりを運ぶことができる。
エ．カブトムシはこの台車を使うと、自分の体重の20倍以上のおもりを運ぶことができる。

（2）　この実験を行うときに、写真3のように、なめらかな板の上にカブトムシを置くと、正しい調査ができません。その理由を解答欄《かいとうらん》の書き出しに続くように答えなさい。

写真3

東京農業大学第一高等学校中等部　令和六年度入学試験（二月一日実施）国語　解答用紙

氏名

受験番号

↓ここにシールを貼《は》ってください↓

※100点満点
（配点非公表）

24020113

一

① 戯曲

② 精進

③ 小豆

④ 塩梅

⑤ キュウメイ

⑥ ドクソウ

⑦ タンサ

⑧ オンキセ

※

二

問一
1
2

問二
１番目
３番目

問三

問四

問五

問六

※

g			cm^2

5

(1)

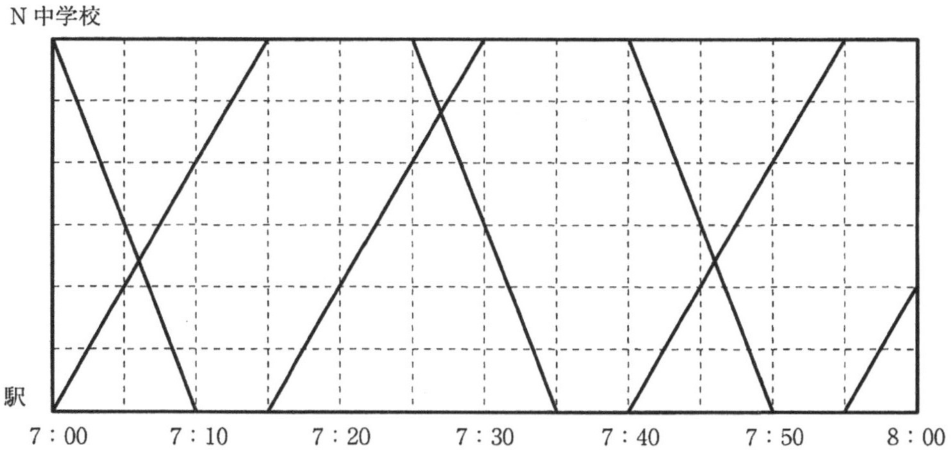

(2)		(3)
すれ違い　　回	追い越し　　回	km

↓ここにシールを貼《は》ってください↓

※100点満点
（配点非公表）

受験番号	氏　　名

24020111

東京農業大学第一高等学校中等部

3

問1	(1)	(2)	問2	万スタジア		
問3	(1) m	(2) km	問4		問5	度
問6	km	問7	度	問8		

4

問1		問2		問3			
問4		問5	cm^3	問6		問7	
問8	g	問9	倍	cm^3	問10		

↓ここにシールを貼《は》ってください↓

※100点満点
（配点非公表）

受験番号	氏　名

24020112

東京農業大学第一高等学校中等部

令和６年度　入学試験（２月１日実施）理科　解答用紙

1

問1		問2	ア	イ	ウ

問3	ばねA　cm	ばねB　cm

問4

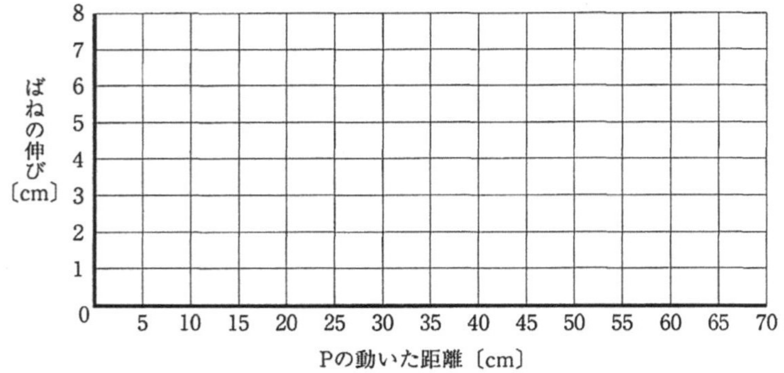

問5		問6	(1)　kg	(2)　kg

問7	(1)　cm	(2)　cm

2

問1						問2		問3		問4	

問5		問6		問7	

問8	(1)	(2)　カブトムシ

【解答

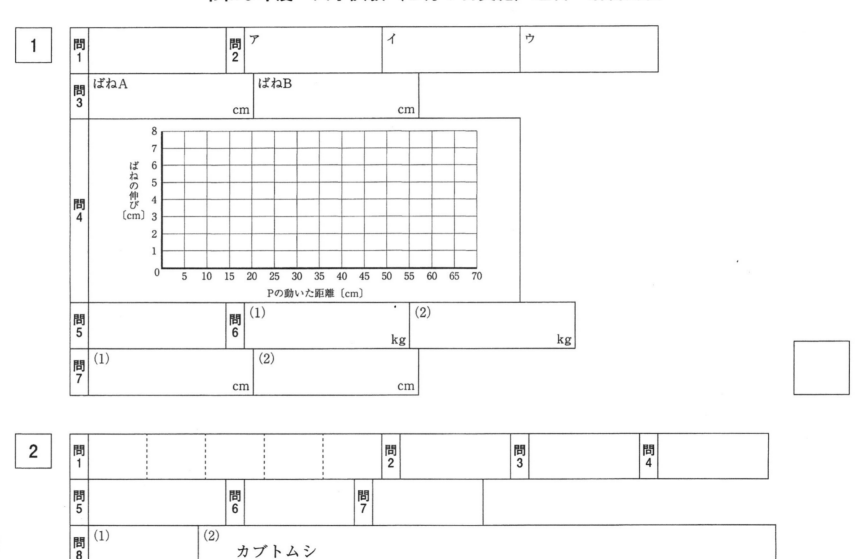

令和６年度　入学試験（２月１日実施）算数　解答用紙

1

(1)	(2)	(3)

2

(1)	(2)		(3)
個	時	分	通り

(4)	
①	②

3

(1)	(2)

4

(1)		(2)	
①	②	池の深さ	Bの棒の長さ
ページ	日間	cm	cm

(3)		(4)
（　と　）	（　と　）	
（　と　）	（　と　）	時　分

【解答用

問七（3）

1

2

3

問八

※

※

三

問一

A

B

C

問二

問三

問四

問五

問六

問七

※

問9　図書館の本にはクロヤマアリの体重は0.005gと書いてありました。そのことを確かめるために、農太くんは電子天びんという機器（写真4）を用意しました。この電子天びんでは、0.1g・0.2g・0.3g … のように0.1gきざみではかることができます。また、アリは動いてしまうので、アリを0.5gの小さな袋に入れて、はかることにします。クロヤマアリの体重が本に書かれていたとおりである場合、アリを最低何匹用いてどのようにすれば農太くんはアリの体重が0.005gであることを確かめることができますか。あなたの考えた方法を答えなさい。なお、その実験方法で電子天びんに表示される値も記しなさい。

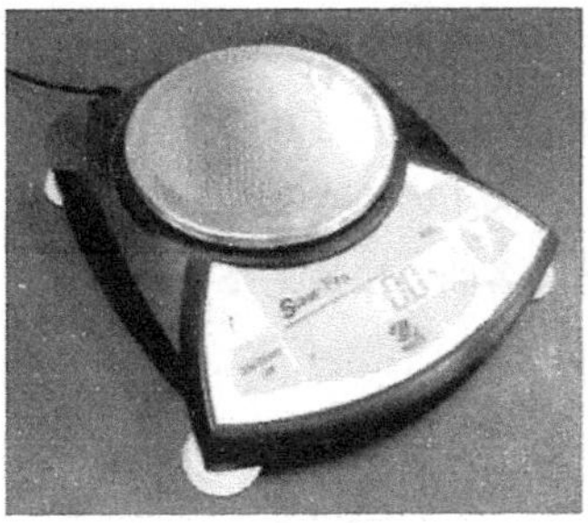

写真4

3 **人工衛星が写した写真などを見れば地球が丸いことは一目でわかりますが、日常の生活の中では地球が丸いと実感することは少ないでしょう。人工衛星もインターネットもない昔の人々は、自分たちが生活している地球が平べったいと思っていたことでしょう。しかし、古代ギリシャの科学者たちは北極星の見える高さが北に進むほど高くなることや港に入る船がマストの先から見え始めることなどから地球が丸いということの証拠《しょうこ》を見つけていました。さらに、その証拠に基づいて地球の大きさや質量までも導き出しました。昔の人々は地球が丸いことに気づき、どのように大きさや質量を求めていったのかを考えていきましょう。**

問１　地球が丸い証拠のひとつに月食があります。月食は月が地球の影《かげ》の中を通るときに起こります。図１は皆既《かいき》月食が起こったときの太陽・地球・月の位置関係を地球の北極側から見たものです。図２は、図１の地点Ｐから肉眼で見た地球の影と月の様子を表しています。月食について以下の各問いに答えなさい。

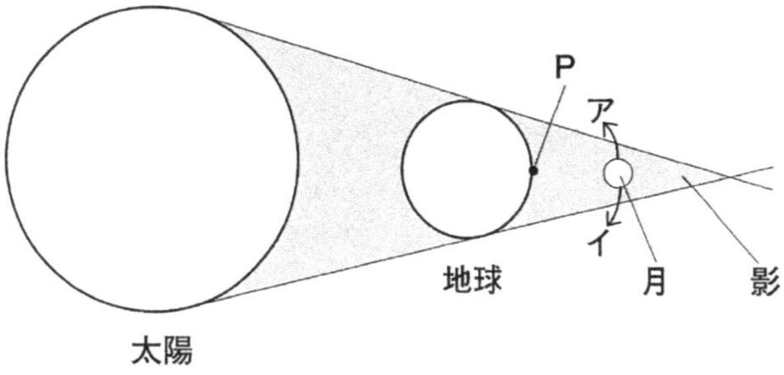

図１

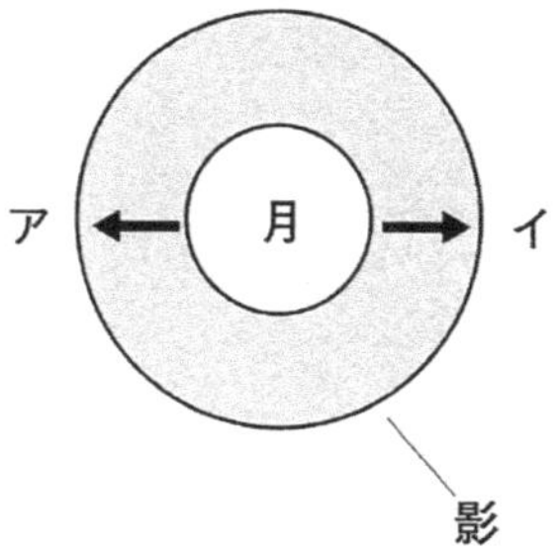

図２

（１）　図２において、月は地球の影に対してアとイのどちらの方向に動きますか。記号で答えなさい。

（２）　月食は太陽・地球・月が一直線上に並んでいても必ず見ることができるとは限りません。その理由として最も適当なものを次のア～ウから選び、記号で答えなさい。

ア．地球の公転周期が月の公転周期に比べて長いから。
イ．地球の公転面と月の公転面がずれているから。
ウ．地球の公転する向きと月の公転する向きが同じだから。

地球の大きさとして円周の長さを最初に測定した人は約2200年前のエラトステネスとされています。エラトステネスはアレキサンドリアとシエネで夏至の日の正午における太陽の高度を測定することによって、地球を球体として考え円周の長さを求めました。

アレキサンドリアとシエネはナイル川にそって同じ子午線上にあります。アレキサンドリアとシエネの間の距離は、常に交易が行われていたことから5000スタジアであることがわかっていました。「スタジア」とはギリシャやローマなどで使われていた距離の単位です。

シエネでは夏至の日の正午に太陽が天頂まで登り、深い井戸の底まで太陽の光が差しこむ様子がみられました。そこで、エラトステネスは同じ日時にアレキサンドリアで太陽の光が垂直な棒に対して7.2度傾いていることを測定しました(図3)。

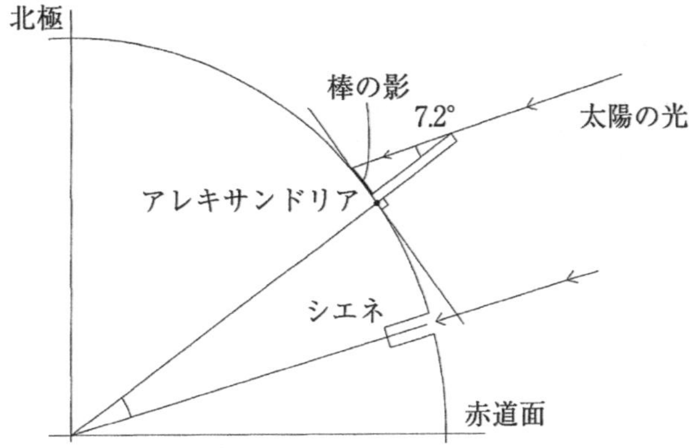

図3

問2　地球の円周は何万スタジアですか。

問3　エラトステネスが算出した地球の円周は45000kmでした。

（1）　このとき1スタジアは何mですか。

（2）　このとき地球の半径は何kmになりますか。小数第1位を四捨五入し、整数で答えなさい。円周率は3.14とします。

問4　**問3**より、地球の体積を求めることができます。これにより地球の質量は難しい実験をしなくても大まかな計算から推定できるようになりました。質量を求めるために体積に加えて必要となる地球の値として正しいものを、次のア～クから選び、記号で答えなさい。

ア．重力の大きさ	イ．自転周期	ウ．公転周期	エ．地軸の傾き
オ．温度	カ．表面積	キ．密度	ク．気圧

月までの距離の測定に初めて成功したのは約2100年前のヒッパルコスとされています。ヒッパルコスは地球上の同じ子午線上にある離《はな》れた２点から「視差《しさ》」の角の大きさを導き出し、地球から月までの距離を推定しました。視差とはある２点から月が見える方向を測定したときのずれを指します。

図４はヒッパルコスの測定をまとめたものです。月のある１点Mから測定点A、Bまでをそれぞれ直線AM、直線BMとします。地球の中心Oと月を結んだ直線とAM、BMがなす角はそれぞれY、Zとしています。赤道面と直線BMは平行とし、図４に示してある角度の大きさは実際の大きさとは異なります。以下の問いに答えなさい。

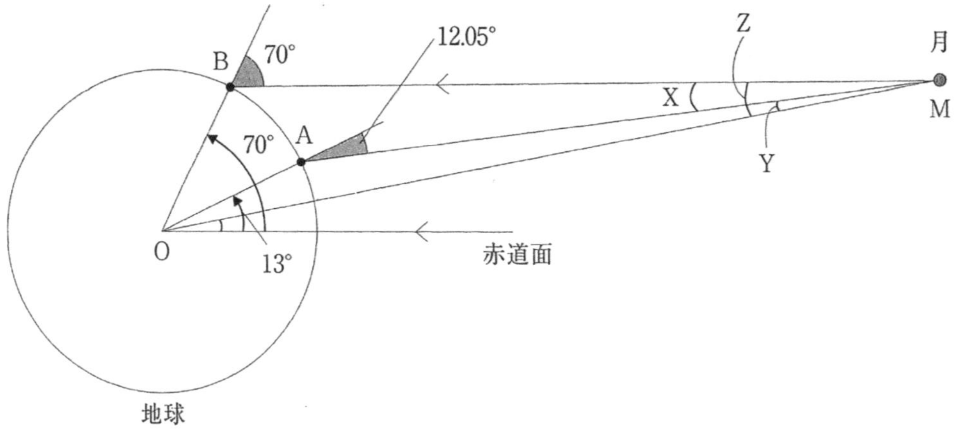

・測定点A（北緯《ほくい》13度）、測定点B（北緯70度）から月が南中する同時刻に天頂からの月の傾きを測定した。
・A、Bにおける傾きはそれぞれ12.05度と70度になった。

図４

問５　測定点AとBの緯度の差は何度ですか。

問６　地球の半径を6370kmとすると、AB間の弧《こ》の長さは何kmですか。円周率は３とします。

問７　三角形の性質から視差Xの角の大きさは何度ですか。

視差Xを導いたことによって月から地球までの距離を推定することができます。図5のように地球から月までの距離が短いと直線AMと直線BMの長さが異なりますが、地球から月までの距離が地球の大きさに比べて十分に長くなってしまうと直線AMと直線BMが同じ長さとみなせます。

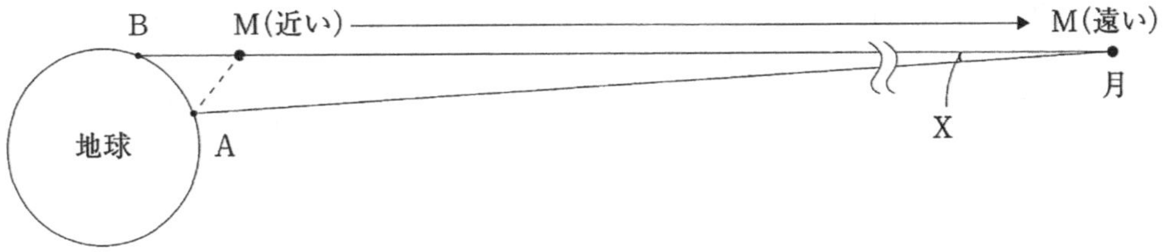

図5

さらに、視差Xが十分に小さい角であることから、直線AMを半径とする円の円周角がXであるときの弧と、AB間の弧が同じ長さであるとみなせます。

問8　地球から月までの距離は何kmだと推定できますか。正しいものを次のア～カから選び、記号で答えなさい。円周率は3とします。

ア．382200km　　イ．384000km　　ウ．384400km
エ．402200km　　オ．404000km　　カ．404400km

4　ビーカーを８個用意して、それぞれのビーカーに、ある濃《こ》さの塩酸（X液）を50cm³ずつ入れ、アルミニウムの小片を0.1gから0.8gまで0.1gずつ重さを変えて加えました。図１は、加えたアルミニウムの重さと発生した気体の体積の関係を表したものです。また、塩酸とアルミニウムが反応すると、気体の発生とともに塩化アルミニウムが生成します。

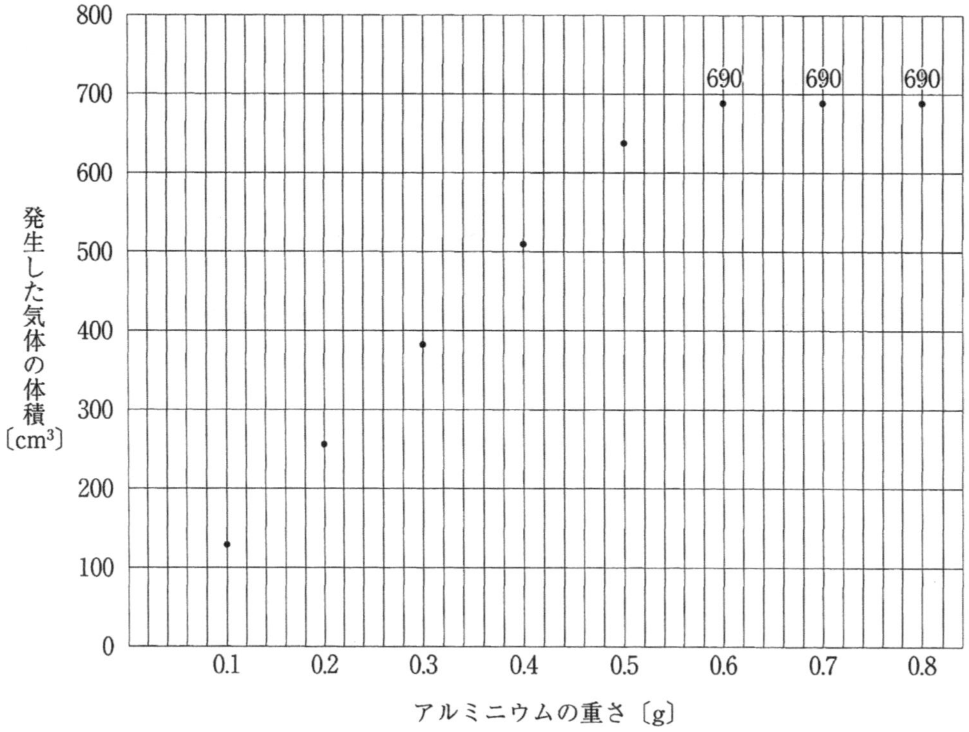

図１　アルミニウムの重さと発生した気体の体積の関係

問1　このとき発生した気体の名まえを答えなさい。

問2　**問1**の気体と同じ気体を発生させる方法として正しい組み合わせを次のア～キからすべて選び、記号で答えなさい。

ア．塩酸と水酸化カルシウム水溶液《すいようえき》
イ．塩酸と亜鉛《あえん》
ウ．水酸化ナトリウム水溶液と亜鉛
エ．水酸化ナトリウム水溶液とスチールウール
オ．硫酸《りゅうさん》とスチールウール
カ．硫酸と二酸化マンガン
キ．過酸化水素水と二酸化マンガン

問3　**問1**の気体にあてはまる性質を次のア～オからすべて選び、記号で答えなさい。

ア．特有のにおいがある
イ．空気より重い
ウ．水に溶《と》けにくい
エ．燃焼しやすい
オ．特有の色がある

問4　X液50cm^3とちょうど反応したアルミニウムの重さを次のア～オから選び、記号で答えなさい。

ア．0.50g　　イ．0.54g　　ウ．0.58g　　エ．0.60g　　オ．0.62g

問5　X液50cm^3にアルミニウム0.1gを加えたときに発生する気体の体積は最大で何cm^3ですか。小数第1位を四捨五入し、整数で答えなさい。

問6　アルミニウムの重さを1.0gに増やして、X液を50cm³用いて実験をしました。このとき、反応後のビーカーに残っているものの説明として正しいものを次のア～エから選び、記号で答えなさい。

ア．塩化アルミニウムのみを含《ふく》む水溶液が得られた。
イ．塩化アルミニウムと塩酸を含む水溶液が得られた。
ウ．塩化アルミニウムと残った一部のアルミニウムを含む水溶液となった。
エ．塩化アルミニウムと塩酸と残った一部のアルミニウムを含む水溶液となった。

問7　X液に比べて塩酸の濃さを２倍にしたときのグラフ(▲)として正しいものを次のア～オから選び、記号で答えなさい。●は図１のグラフを表しています。また、グラフの縦軸は、発生した気体の体積〔cm³〕、横軸はアルミニウムの重さ〔g〕を表しています。

ア
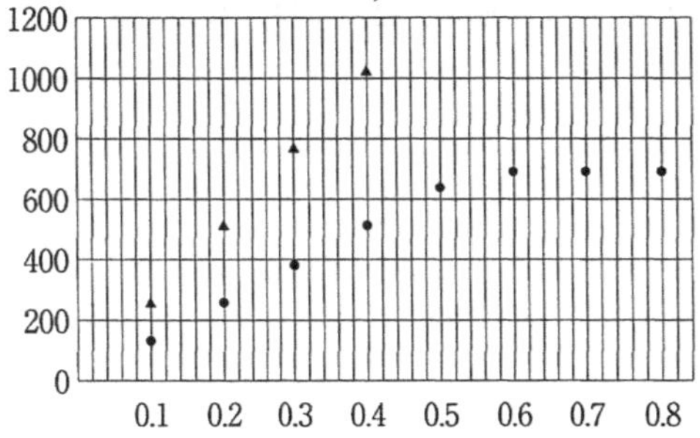

イ
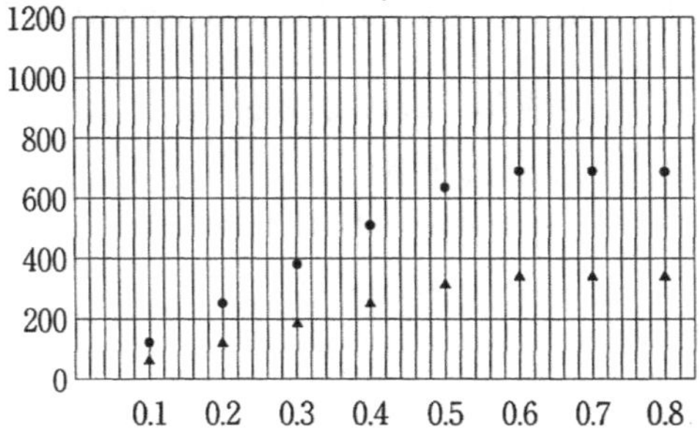

ウ
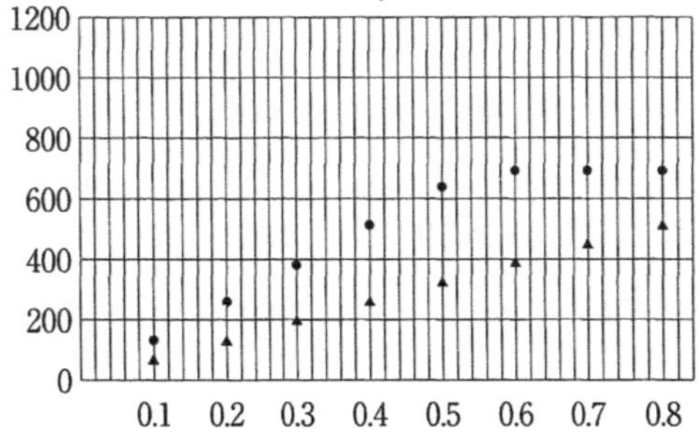

エ
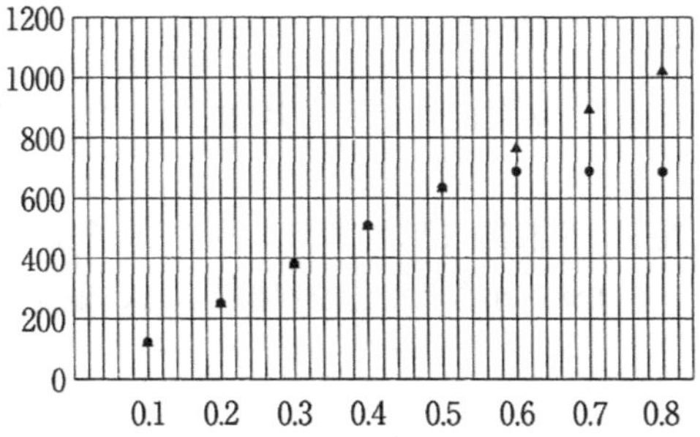

オ
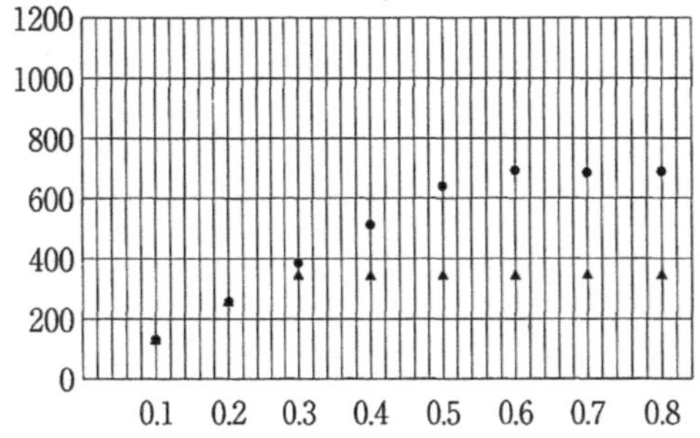

問8　X液に比べて塩酸の濃さを半分にしたものを50cm^3用意したときにちょうど溶けきるアルミニウムは最大で何gですか。

問9　ある濃さの塩酸（Y液）100cm^3を用意してアルミニウムを少しずつ加えたときにちょうど溶けきるアルミニウムは最大で2.16gでした。Y液は、X液の濃さの何倍ですか。また、そのとき発生する気体は何cm^3ですか。

問10　アルミニウムと銅の混合物約0.6gに十分な量の塩酸（Y液）を加えたところ、約510cm^3の気体が発生しました。この混合物に含まれていた銅は約何gですか。最も適当なものを次のア～オから選び、記号で答えなさい。

ア．0g　　イ．0.1g　　ウ．0.2g　　エ．0.3g　　オ．0.4g

令和５年度　入学試験（２月１日実施）

国　　語

［40分］

［注意事項］

1. 試験開始の合図があるまで、この問題用紙は開かないでください。
2. 試験開始後、解答用紙にシールを貼《は》ってください。
3. 解答は、すべて解答用紙に記入してください。
4. 解答は鉛筆《えんぴつ》などで濃《こ》く記入してください。
5. 問題は１ページ～13ページの合計13ページあります。
   ページが抜《ぬ》けていたら、すみやかに手を挙《あ》げ、監督《かんとく》の先生に申し出てください。
6. 解答の際、句読点、括弧《かっこ》などの記号は字数に含《ふく》むものとします。

東京農業大学第一高等学校中等部

2023(R5) 東京農業大学第一高中等部　第１回
K 教英出版

一 次の①～④の傍線部のカタカナを漢字に直し、⑤～⑧の傍線部の漢字の読みをひらがなで答えなさい。

① 祖父の家にある立派なセイジの壺。
② 学校行事への積極的な参加をウナガす。
③ このガンヤクは飲み込みにくい。
④ 社長からカダイな要求をされた。
⑤ コップの煮沸消毒をする。
⑥ 病気の治療のため湯治に行く。
⑦ 数年経ってこの辺りから人家が絶えた。
⑧ たとえ不可能でも恒久的な平和を望む。

二 次の文章を読み、あとの問に答えなさい。

お詫び

著作権上の都合により、文章は掲載しておりません。
ご不便をおかけし、誠に申し訳ございません。

教英出版

お詫び

著作権上の都合により、文章は掲載しておりません。
ご不便をおかけし、誠に申し訳ございません。

教英出版

（千葉雅也『現代思想入門』による）

※1　ドゥルーズ……ジル・ドゥルーズ、二〇世紀のフランスの哲学者。
※2　コペルニクス的転回……これまでの発想を大きく変える、新しい見方が切り開かれるたとえ。
※3　ハイブリッドな……異種のものを組み合わせ、生み出されるもの。
※4　トンデモ……「とんでもない」から派生した表現で、現実や常識から逸脱した主張や考えのこと。
※5　ダイナミズム……力強さ、すべての現象を力の変化とみなす世界観、自然観。

問一　空欄［A］～［D］に入る語句として、最もふさわしいものを次のア～クの中からそれぞれ選び、記号で答えなさい。

ア　規範意識　　イ　原理的　　ウ　抽象的　　エ　周辺
オ　段階的　　カ　環境　　キ　永遠不変　　ク　執念

問二　傍線部1「世界は差異でできている」とありますが、どういうことですか。その説明として最もふさわしいものを次のア～オの中から選び、記号で答えなさい。

ア　物事には本質的にさまざまな違いや同一性があり、その異なり方にもまた、それぞれ差異があるということ。
イ　目に見えているものは、日々変化の途中にあり、一瞬たりとも同一性を保つことはなく、区別がつかないということ。
ウ　一見、同じようなものに見えても、その背後には明確な差異があり、それを把握することが認識を作るということ。
エ　同一性と差異は、対立しあっているように見えるものの、時間の経過とともに、次第に似通ったものになるということ。
オ　物事にはいつも変わらない安定した状態のようなものはなく、常に別のものに変化する途中にあるということ。

問三　傍線部２「同一的なものとして定立された概念一般の支配下にとどまっている」とありますが、本文ではこのことを何と表現していますか。次の文章に合うように、それぞれ抜き出しなさい。

ドゥルーズは傍線部２のことを［　a　］と呼び、それを受けて筆者は［　b　］と定義している。

問四　傍線部３「それこそが世界の本当のあり方なのだ」とありますが、「自分」と「自転車」の例に即した説明として最もふさわしいものを次のア〜オの中から選び、記号で答えなさい。

ア　自転車とそれに乗っている自分は、一見独立しているようでも、「自転車に乗る」ことを通じて、一つの存在になっているということ。

イ　自分と自転車はサイボーグ的に一体化し、相互に作用することで、各々が「走る」ための役割を果たすようになるということ。

ウ　自転車と自分は本来対立する存在だが、主語、目的語という関係を結ぶときに、一時的に一体化することになるということ。

エ　自分と自転車の関係を主語、目的語と捉えなおすことにより、自転車がハイブリットな道具であるということに気づくということ。

オ　自転車に乗ることによって自分と自転車が一体化した世界のあり方に気づき、「自転車に乗る」というプロセスが完成するということ。

問五　傍線部４「世界は、無数の多種多様なシーソーである」とありますが、どのようなことを言おうとしていますか。その説明として最もふさわしいものを次のア〜オの中から選び、記号で答えなさい。

ア　一見、同一性を持つようなものでも、重さの変化で傾きが変わるシーソーのように、状況によってはさまざまなものになり得たということ。

イ　シーソーが一方から他方へと揺れ動くように、同一性に関する基準は、さまざまな状況の変化によっていくらでも変わり得たということ。

ウ　重さの変化でシーソーの傾きが容易に変化するように、同一性をもつものから差異をもつものへの変化は、いつでも起こり得たということ。

エ　同一性は一時的なものだが、シーソーの片側に重量をかければ沈んでしまって動かなくなるように、固定化されることもあり得たということ。

オ　現在同一性を持つものであっても、シーソーに重量を加えればどちらにでも傾くように、正反対の性質をもつものにもなり得たということ。

問六　次のア～オの文章を本文の［X］に当てはまるように並び替えなさい。

ア　というか、純粋な「健康」というのはありません。

イ　そのバランスが崩れてしまうと、病気になったり死んでしまったりする。

ウ　身体はつねに多少病んでいるし、生と死は混じっていると見るべきなのです。

エ　あるいは、ひじょうに大きなタイムスケールをとってみれば、たとえばエジプトのピラミッドだっていつかは崩壊するわけで、地球の重力やさまざまな気候条件との無数のシーソーゲームのなかであのかたちが仮固定されているわけです。

オ　一人の人間、たとえば僕自身の同一性といっても、それは開かれたものであって、絶えず身体は変化しているし、細菌などの他者によって住まわれており、生命プロセスのさまざまなバランスによって一定の姿かたちをかろうじて維持しています。

問七　傍線部５「リアルにものを考えるというのは、すべては運動のなかに、そして変化のなかにあると考えること」とありますが、この内容を踏まえた具体的説明として最もふさわしいものを次のア～オの中から選び、記号で答えなさい。

ア　すべては変化のなかにある、ということを自覚して、将来の夢ややりたいことも変わる可能性があるので考えないようにする。

イ　小学校では授業中にしゃべってはいけないと言われていたため、中学校の授業でもその教えを守り、静かにするよう呼びかける。

ウ　英語の中間テストで百点を取っても、それはこれまでに勉強した内容を確認するものだから、その後もしっかり復習をしておく。

エ　ピアノ曲を練習していて、もっと表現力豊かに弾きたいと思うが、ひとまずはミスなく演奏ができたので良しとする。

オ　仲のいい友だちと別々の学校に進学したとしても、友だちとの間にある関係性は変わらないものであるため、その後も仲良く遊ぶ。

問八　［Y］に入る適切な文章を次のア～オの中から選び、記号で答えなさい。

ア　物事に完成というものはなく、いつまでも継続するべきではありません。

イ　プロセス通りに進んでいても、完成すらも一時的なものにすぎないのです。

ウ　プロセスはつねに途中であって、決定的な始まりも終わりもありません。

エ　物事を始めてしまったならば、完成を目指して努力すべきということです。

オ　物事はプロセスが大事なのであって、それは常に変化を必要とするのです。

問九　傍線部6「究極の完成形を目指さなくてよくなります」とありますが、なぜそのように言えるのですか。その説明として最もふさわしいものを次のア～オの中から選び、記号で答えなさい。

ア　適当に始めたことでも、あとから考えると最も完成度が高いということがしばしば起こると言えるから。

イ　物事をしっかりと完成しなければいけないという意識が、物事の完成を邪魔する主な原因であると言えるから。

ウ　物事は本質的にいつも途上にあるため、完璧な状態を目指して細かいことを気にする必要はないと言えるから。

エ　きちんと取り組もうとするよりも、何かのついでに取り組んだことのほうがやる気が出てうまくいくと言えるから。

オ　なんとなく思いついたことをそのまま続けていれば、いずれ完成した状態に近づけると言えるから。

問十　次の選択肢のうち、ドゥルーズおよび筆者の意見と同じ方向性をもつものを一つ選び、記号で答えなさい。

ア　自我の存在は他者や言語なくしてはありえず、他者と社会的関係性を結ぶことによって我々は、自我をもつことができるようになる。

イ　「木を見て森を見ず」とは、物事を理解する際に、全体が大事と考えることであるが、むしろ細部にこそ本質が隠されている。

ウ　「諸行無常」というように、この世にあるすべての存在は移ろうものであり、一切の物事は常に変化し、不変的なものは何もない。

エ　「風が吹けば桶屋が儲かる」というように、一見すると無関係な物事が相互に関連し合うことで、世界の秩序は安定的に保たれる。

オ　はさみを使えば紙がきれいに切れるように、道具と人間が一体化し、その機能を延長することで、さまざまなことが実現可能となる。

三　次の文章を読んで、後の問に答えなさい。

「道徳的な正しさ」とは「人間の行為の正しさ」のことですが、もう少しはっきり言うと、「他人に対する行為や他人を巻き込む行為の善悪」のことです。そして、そうした行為のうち、どのような行為が正しく、どのような行為が間違っているのかを定めたものがルールや規則というものです。「正しさ」は他人を巻き込むものであるからこそ、個々人が勝手に決めてよいものではなく、他人によって合意されてはじめて「正しさ」になるのです。このことは、先ほどの
1「甘いものを食べない」という簡単な例から明らかだと思います。

人間は、他の人間に対して、単なる物に対して抱くのとはまったく異なる感情を抱きます。たとえば、私たちは他人に殴られると腹を立てますが、歩いていて電柱にぶつかったとしても電柱に対して腹を立てることはありません。人が困っていたら助けなければと感じますが、岩が土石流で押し流されても助けようとは思いません。そして、道徳的な善悪は、人間が他の人間に対して抱くこうしたさまざまな感情を出発点として作られていくのです。①

【中略】

ところで、実は「道徳的な正しさとは何か」という点について、倫理学者の間で統一的な見解があるわけではありません。私は道徳的な正しさとは他人が関わる行為の正しさのことであり、それはその行為に関わる人たちが合意することで決めていくものだと考えていますが、現在の倫理学の主流といってよい立場である功利主義ではそのようには考えません。功利主義は、「最大多数の最大幸福」という唯一の普遍的原理によって道徳を説明しようとします。②

功利主義は、一八～一九世紀、産業革命によって資本主義が発展した時代のイギリスで、ジェレミー・ベンサム（一七四八～一八三二）が唱えた説です。「最大多数の最大幸福」はベンサムの言葉です。およそすべての人間は幸福を求める。幸福こそが人間にとっての善である。それゆえ、個人の幸福を最大化すること、幸福な人の数を最大化することが正しい。個人が行為を選択するときにも、社会的な政策やルールを定めるときにも、「最大多数の最大幸福」が判断の原理となる。おおまかにいってそういうふうに考えます。

ベンサムが言うように、人間は幸福を求めるものだというのは、人間について普遍的に当てはまる事実だと思われます。これはブラウンの「普遍的なもの」のリストには入っていませんが、あまりにも当たり前すぎてかえって意識されなかったのかもしれません。あるいは、人間以外の動物についても当てはまるから、「人間の」普遍的特性ではないということかもしれません。ベンサム自身、「動物であっても快と苦痛の感情を持っているのだから、虐待して不幸にすることは間違いである」と論じています。③

当初、ベンサムの思想は快楽主義や利己主義と混同され、当時の哲学者たちから「ブタの倫理」などといって嘲笑されました。しかしまず、[2]功利主義は単なる快楽主義ではありません。目先の快楽に惑わされることなく、長期的な展望を持って、もっとも大きな幸福が得られる行為を選択するべきだというのが功利主義の考えです。④

また、功利主義は利己主義でもありません。功利主義を英語では「ユーティリタリアニズム」といいます。「ユーティリティ中心主義」という意味です。哲学や倫理学の分野では「功利」と訳されるこの「ユーティリティ」という言葉の文字どおりの意味は「有用性」ですが、そもそも「物が役に立つ」とはどういうことかを突き詰めて考えると、結局のところは「人間の幸福に［ X ］する」ということになるでしょう。つまり、ユーティリタリアニズムとは「幸福中心主義」という趣旨の言葉なのです。⑤

他方、利己主義とは、他人をないがしろにして自分だけの利益を図ることです。[3]そのようなふるまいをして人間は幸福を得られるのかというと、そうではないでしょう。ベンサムは明言していませんが、人間がいちばん幸福であるのは、自分が利益を得たときであるよりは、むしろ自分の行為によって家族や友人などが喜んでくれたとき、さらには社会全体に貢献できたと感じるときではないかと思います。このように考えると、「幸福中心主義」は利己主義ではありえないというべきでしょう。実際、ベンサム自身、救貧法（貧困者の生活を支援する法律）の改正や監獄の改善など、貧困者や弱者の幸福が増大するような社会を目指して活動していました。

このように功利主義は、人間にとって善とは何か、どのような行為が正しい行為なのかを考えるうえで、なかなかもっともらしい思想です。それゆえに、現在の倫理学の主流といってよい立場を占めるに至ったのです。⑥

しかし、功利主義にはこれまでにさまざまな批判が投げかけられてきました。まずは、「他人の幸福をどうやって測ることができるのか」という点です。

自分の行為についてであれば、どうすれば自分がいちばん幸福になるかは基本的に自分でわかります（ここで「基本的に」というのは、人間は目先の快楽に惑わされて長期的な幸福を失うこともしばしばあるからです）。あるいは、「こうするのがいちばんよい」と思ってやった結果、あまり幸福にならなかったら、選択が失敗だったことが自分でわかります。しかし、他人が何を得れば幸福になるのかは、どうすればわかるのでしょうか。また、よかれと思って決めた社会政策や法律がかえって当事者たちを不幸にしたとしても、それを決めた政治家にはそれがわからないこともあるのではないでしょうか。

要するに、他人が関わる行為について何が正しいのかを「最大多数の最大幸福」という原理によって勝手に決めてしまってはいけないのではないかということです。あるいは、「最大多数の最大幸福」という原理は普遍的であるように見えて、幸福を測る尺度という点では普遍性がなく【Y】的だという問題です。こうした点について、スーパーで何を買うかといった身近な場面から考えてみましょう。

【A】

これはもう、完全に個人の好みの問題です。自分がより幸福になると思う方を選択するしかありません。

そして、もしもあなたが自分の給料で一人暮らしをしているのであれば、何を買うかは自分の好みや価値観にもとづいて自由に選択すればよいでしょう。その場合、よその人がどんな好みを持っていようと私には関係ありませんから、「人それぞれ」といって放っておけばよい。スーパーで牛肉のパックを手に取った見知らぬ人に対して、わざわざ「牛肉でなく豚肉を買うべきだ」などと説得する必要はありません。

しかし、もしもあなたが一人暮らしでないならば、そういうわけにはいきません。たとえば、生計を共にする自分の夫がいつも牛肉ばかり買ってくるのであれば、妻としては「ちょっと待ってよ、毎日牛肉ばかりじゃお金がもったいないじゃない。毎日牛肉だと飽きてくるし」などと言いたくなるでしょう。妻にそう言われたにもかかわらず牛肉を買いつづけたいのであれば、あなたは牛肉を買うべき理由を説明して、妻に納得してもらわなくてはなりません。

その場合、「最大多数の最大幸福原理」による説得を試みるならば、「高価な牛肉を買う方が安価な豚肉を買うよりも幸福だ」という、[4]いささか矛盾したことを説明するはめになります。

そこで、「牛肉は豚肉の四倍の幸福を私にくれるのだ」などと言ってみても、妻に「私は牛肉より豚肉の方が好き」と言い返されたら、あなたの好みと妻の好みのどちらが正しいのかを判定することはできません。結局、「牛肉と豚肉のどちらを買うのが普遍的に幸福なのか」を決めることはあきらめて、牛肉と豚肉を交互に買うなど、妻も納得し、自分も我慢できるような解決策を二人で見つけていくしかないでしょう。

このように、5「正しい行為」が何かということは、その行為に関わる人の間で決めていくべきものです。

（山口裕之『「みんな違ってみんないい」のか？』ちくまプリマー新書による）

問一　傍線部1「「甘いものを食べない」という簡単な例」とありますが、その例として最もふさわしいものを次のア～オの中から選び、記号で答えなさい。

ア　親に「甘いものを食べないほうがいい」と言われたので、子どもは食べたい気持ちをおさえて甘いものを食べないようになった。

イ　子ども自身が「甘いものは体によくない」ということを自覚していたので、甘いものを食べないようになった。

ウ　「甘いものを食べてはいけない」という親の説明を聞き納得をしたので、子どもは「うちでは甘いものを食べない」ということに従った。

エ　「甘いものを食べてはいけない」という家庭のルールがあったので、子どもは素直に甘いものを食べなくなった。

オ　家族がそれぞれ自分のルールを決めているので、子どもも「甘いものは食べない」という自分のルールを決めた。

問二　傍線部2「功利主義は単なる快楽主義ではありません」とありますが、どういうことですか。その説明として最もふさわしいものを次のア～オの中から選び、記号で答えなさい。

ア　功利主義は、幸福追求を善とし、社会的規範を考慮しない点では快楽主義と同じだが、目先の幸福は追求しないという点で異なるということ。

イ　功利主義は、幸福を追求し、幸福な人の数を増やそうという点では快楽主義と同じだが、個人の幸福の最大化を目指すという点で異なるということ。

ウ　功利主義は、感覚的な快楽を幸福と捉え、追求する点で快楽主義と同じだが、人間以外の動物に対して幸福を追求する点において異なるということ。

エ　功利主義は、快楽を追求して苦痛をさけることを善とする点では快楽主義と共通しているが、人間の快楽のみに限定されている点が異なっているということ。

オ　功利主義は、幸福を求めるという点では快楽主義と共通しているが、将来的な視野をもって幸福について考えるという点において異なるということ。

問三 空欄 X ・ Y に入る語句として最もふさわしいものを次のア～オの中からそれぞれ選び、記号で答えなさい。

X ア 起因 イ 転化 ウ 寄与 エ 留意 オ 同調

Y ア 主観 イ 一般 ウ 二義 エ 象徴 オ 本能

問四 傍線部3「そのようなふるまい」とありますが、その具体例としてふさわしいものを次のア～カの中から二つ選び、記号で答えなさい。

ア 電車のシルバーシートに座っていた時、お年寄りが乗車してきて座席を探していたが、テスト勉強で疲れていたため、席を譲らなかった。

イ 文化祭の出し物について話し合っている時に、クラスの大半の生徒はジェットコースターを作りたいと言っていたが、自分は劇がよいと主張した。

ウ マンションの真上の部屋からものすごい音量の音楽が聞こえてきたので、家族と自分の安眠のために苦情を言いに行った。

エ みんなが座りたいと思っている特等席に誰が座るかをジャンケンで決めることになり、自分が勝ったので、遠慮なく堂々と特等席に座ることにした。

オ 喫茶店でケーキを注文する時、後ろに多くの人が並んでいたが、食べたかったので、残り一個しかないチーズケーキを注文した。

カ 算数の授業中、授業の内容をすべて理解していたので、先生の注意にも応じずに、翌日に実施される国語の試験勉強をしていた。

問五 本文から次の一文が抜けています。正しい位置としてふさわしいものを本文中の①～⑥の中から選び、番号で答えなさい。

つまり、道徳的な正しさについての「真実は一つ」という立場です。

問六　空欄［A］には次のア～カの文が入ります。適切な順序に並び替えたとき、三番目と五番目になるものをそれぞれ選び、記号で答えなさい。

ア　私なら歩きますが、お金よりも時間を節約する方が大きな幸福を得られると考える人も多いでしょう。

イ　とはいえ、あちらのスーパーが少々遠いのであれば、「わざわざ遠くまで歩くこと」と「二〇円節約すること」のどちらがハッピーなのかを少々考えなくてはなりません。

ウ　まず、同じ商品がこちらのスーパーでは一二〇円、あちらのスーパーでは一〇〇円で売られていたら、「最大多数の最大幸福原理」は簡単に適用できます。

エ　「牛肉を食いたいと思うが、牛肉はあまりに高い」とつぶやいて豚肉を買う私のような人もいるでしょうし、「牛肉は豚肉の四倍の幸福を私にくれる」といって牛肉を買う人もいるでしょう。

オ　では、一〇〇グラム千円の牛肉と、二五〇円の豚肉とでは、どちらを買うべきでしょうか。

カ　当然、一〇〇円の方で買うべきです。

問七　傍線部4「いささか矛盾したこと」とありますが、どういうことですか。その説明として最もふさわしいものを次のア～オの中から選び、記号で答えなさい。

ア　「安価な豚肉の方が好きだ」という好みより、「高価な牛肉の方が好きだ」という好みを優先させた方が幸福度が大きくなること。

イ　「最大多数の最大幸福原理」に従い、安価な豚肉を買う方が幸福度は大きいのに対し、高価な牛肉を購入する方が幸福度はより大きくなること。

ウ　一人暮らしであれば、高価な牛肉を購入する方が幸福度が大きいのに、二人暮らしになると安価な豚肉を購入する方が幸福度が大きくなること。

エ　金銭的には安価な豚肉を購入する方が幸福度は大きくなるはずなのに、高価な牛肉を購入する方が幸福度はより大きくなること。

オ　二人暮らしであるので、二人の幸福度を最大にすべきであるのに、一人の幸福度が優先されてしまうこと。

問八 傍線部5「「正しい行為」」とありますが、正しさはどのように形成されるのですか。最も適当なものを次のア～オの中から選び、記号で答えなさい。

ア 行為に関わるすべての人が意見を持ち寄り、話し合いを行った結果、最終的には多数決によって正しさは形成される。

イ 行為に関わる人たちが対等な立場で意見を出し、話し合いを行いながら、意思の合致をはかることで正しさは形成される。

ウ ある人が述べた意見に対して、行為に関わる他の人たちが話し合うことなく賛同することによって正しさは形成される。

エ 行為に関わる当事者たちがそれぞれ考えてきた意見の良し悪しを、第三者が判断することで正しさは形成される。

オ 行為に関わる全員がそれぞれ意見を述べ、繰り返し話し合いを行うことによって正しさは形成される。

問九 本文の内容に合致するものを次のア～オの中から二つ選び、記号で答えなさい。

ア 倫理学の主流であるといってよい立場である功利主義は、さまざまな批判の対象となっているが、他人の幸福を考えている点においては評価されている。

イ 功利主義は、個人の幸福を求めることだけではなく、社会全体の幸福を求めるという点で利己主義と異なる。

ウ 自分にとって幸福とは何かが人間行為の判断基準となるため、社会全体の幸福を考える前にまず自分の幸福について追求すべきである。

エ「道徳的な正しさ」とは他人を巻き込むものであるため、複数の人間に関わる行為については議論を深める必要がある。

オ ベンサムの思想においては、他人の幸福は計り知れないものであるため、個人の幸福についてのみ言及されている。

令和５年度　入学試験（２月１日実施）

算　数

［40分］

［注意事項］

1．試験開始の合図があるまで、この問題用紙は開かないでください。
2．試験開始後、解答用紙にシールを貼《は》ってください。
3．解答は、すべて解答用紙に記入してください。
4．解答は鉛筆《えんぴつ》などで濃《こ》く記入してください。
5．問題は1～5まであります。ページが抜《ぬ》けていたら、すみやかに手を挙《あ》げ、監督《かんとく》の先生に申し出てください。

東京農業大学第一高等学校中等部

1　次の各問いに答えなさい。

（1）　$314 \div 0.48 \times 7.2 - 15.7 \div 0.16 \times 32$　を計算しなさい。

（2）　$\left[1.4 - \left\{1\frac{2}{3} - \left(2\frac{1}{3} - \frac{3}{4}\right)\right\} \div \frac{1}{12}\right] \div 0.2$　を計算しなさい。

（3）　$0.005\,\mathrm{t} + 9\,\mathrm{kg} \div 0.3 - 480\,\mathrm{g} = \square\,\mathrm{g}$　のとき、□にあてはまる数をかきなさい。

（4）　$1 - \left(\frac{5}{6} - \frac{3}{4}\right) \div \square = \frac{1}{3}$　のとき、□にあてはまる数をかきなさい。

2　次の各問いに答えなさい。

（1）　4けたの整数の中で、9倍すると、もとの整数の数字の並び方と順番が逆になるような整数を求めなさい。

（2）　A☆BはAをB個かけた数を表します。
例えば、

3☆2 = 3 × 3 = 9

6☆1 = 6

となります。
ただし、AとBには0より大きい整数が入るものとします。

①　(12☆2) + (13☆2)を計算しなさい。

②　2☆10の一の位の数を求めなさい。

③　3☆Nの一の位の数が3になるような整数Nは、1以上100以下に何個ありますか。

2023(R5) 東京農業大学第一高中等部　第1回
教英出版

3 次の各問いに答えなさい。

（1） 1辺の長さが2 cmの正方形ABCDと1辺の長さが4 cmの正三角形EFGがあります。最初は図のように点Cと点Fの位置が一致し、点Dは辺EF上にあります。ここから正方形ABCDが正三角形EFGの周りを辺FE, EG, GFに沿って矢印の向きにすべることなく回転しながら正方形のそれぞれの頂点が元の位置になるまで移動を続けます。このとき、点A, B, C, Dのうち、点Gを通る点をすべて記号で答えなさい。

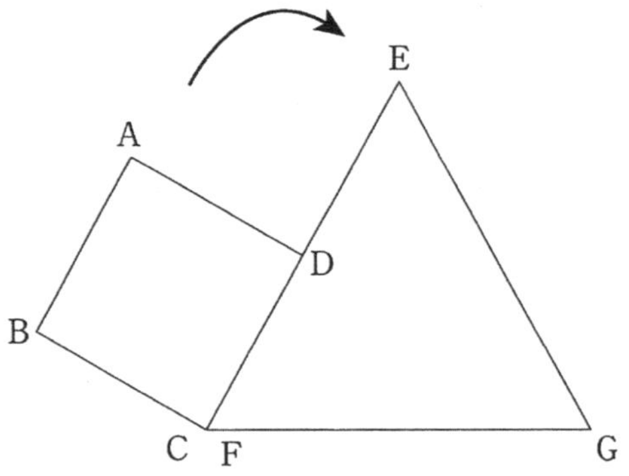

(２)　次のグラフは、下の(ア)～(オ)のいずれかの水そうに、一定の割合で注ぎ口から水を入れたときの、時間と水面の一番上の高さを表したものです。水そうは７つの同じ大きさの立方体をつなげたような形をしています。グラフに合うと考えられるものを選び、解答欄《らん》に記号で答えなさい。

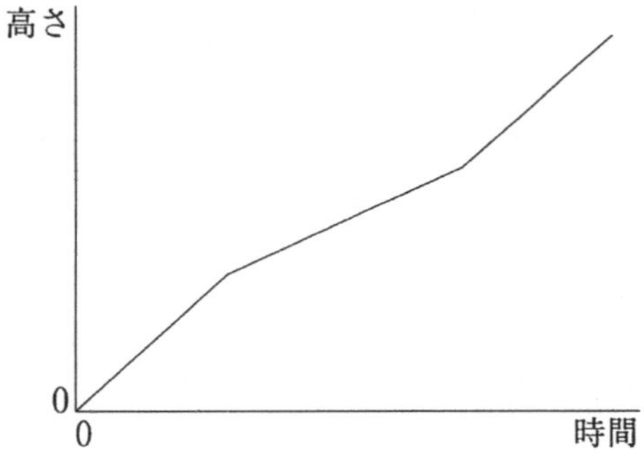

(ア)

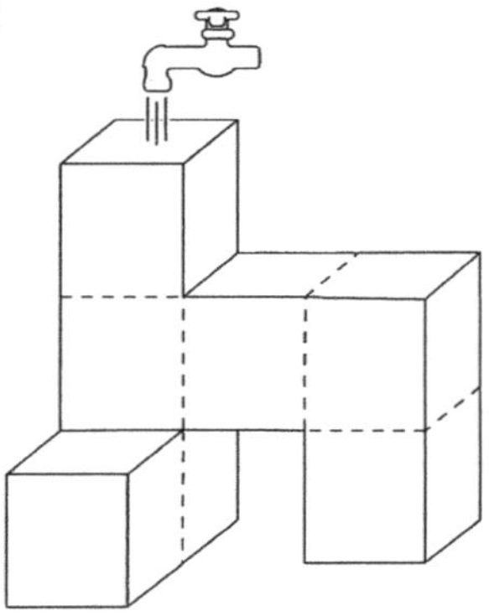

(イ)

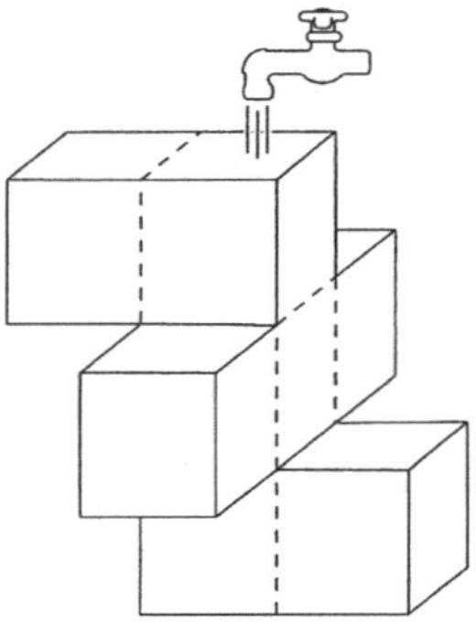

(ウ)

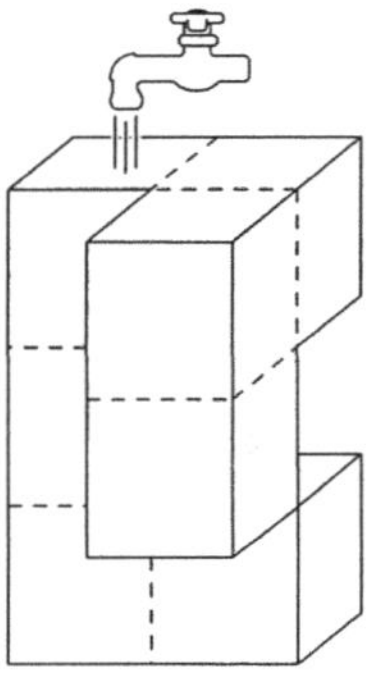

(エ)

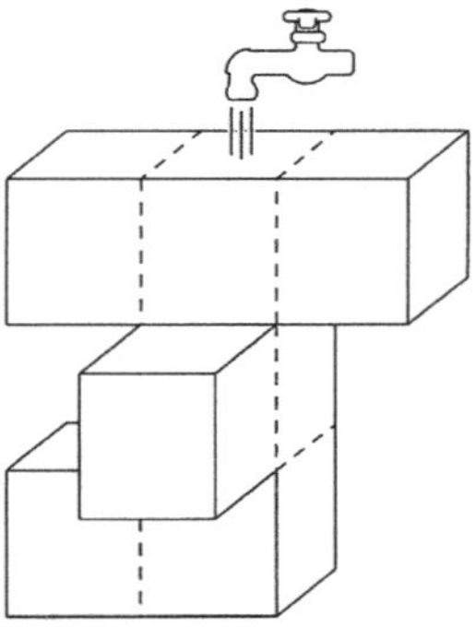

(オ)

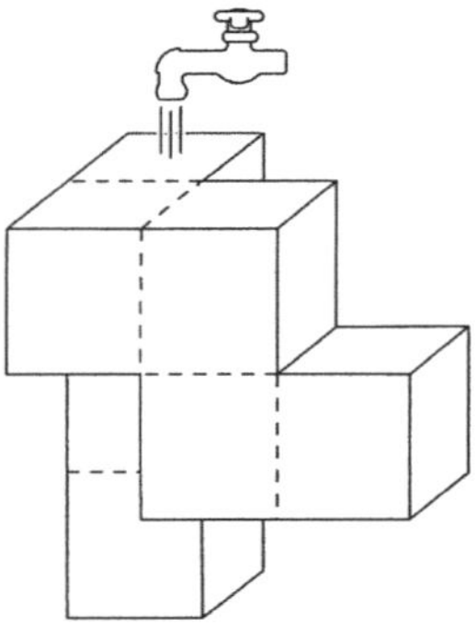

4　次の各問いに答えなさい。

（1）　6％の食塩水200ｇに20％の食塩水を何ｇか混ぜると、濃度が15％になりました。この15％の食塩水に、2.5％の食塩水240ｇを混ぜると何％の食塩水になりますか。

（2）　ある商店では、3種類の商品Ａ，Ｂ，Ｃを売っています。ＡとＢの商品の値段の和はＣの3個分の値段より500円高いです。来月から商品の値段がすべて100円ずつ上がり、ＡとＢとＣの値段の比は4：3：2となります。現在のＡの値段はいくらですか。ただし、消費税は考えないものとします。

（3）　ある公園の周りを1周する道路に等間かくに旗を立てます。120本立てた場合と180本立てた場合では、旗と旗の間かくは6ｍの差があります。144本立てたとき、旗と旗の間かくは何ｍになるか答えなさい。

（4）　今､袋の中に赤いボールがたくさん入っています。この袋の中に白いボールを27個入れてよく混ぜて無造作に70個のボールを取り出すと、その中に白いボールが14個含まれていました。このことから、初めに赤いボールは袋の中に何個入っていたと考えられますか。

（5）　Ａ，Ｂ，Ｃ，Ｄ，Ｅ，Ｆの6人は、文化祭のポスターを3人、2人、1人の3つの班に分かれてはります。そのとき、ＡとＢは同じ班で、ＣとＤは別々の班に分かれました。このとき、3人、2人、1人の分け方は何通りあるか答えなさい。

（6）　図のように、円Ｏは正方形ABCDの4つの辺と直角二等辺三角形EFCの3つの辺のすべてに接しています。このとき、角xの大きさを求めなさい。

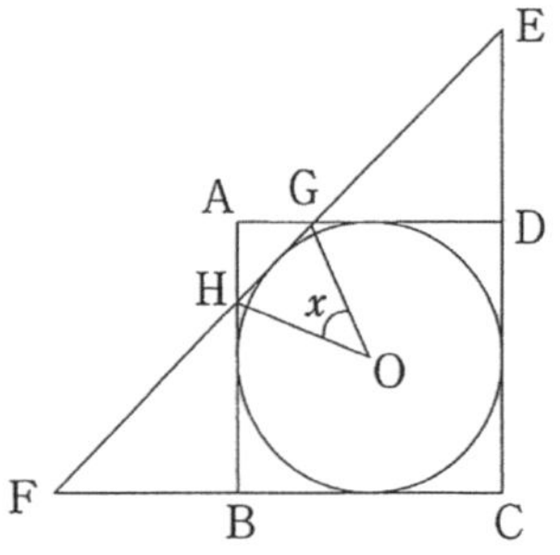

5　太郎君と花子さんの２人は、それぞれ自宅から相手の家までの道のりを一定の速さで１往復します。太郎君は分速 120 m で走り、花子さんは太郎君より遅い速さで走ります。２人は同時に自宅を出発しました。次のグラフは、２人の間の道のりの様子を途中まで表したものです。

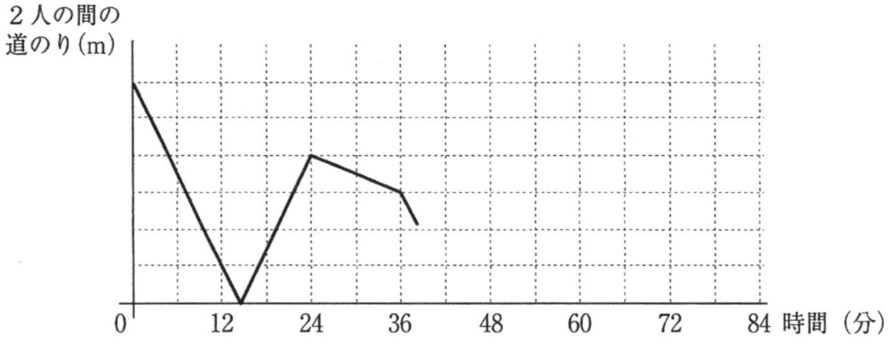

（1）　太郎君の家と花子さんの家の間の道のりは何 m か、求めなさい。

（2）　花子さんの走る速さは、分速何 m か、求めなさい。

（3）　太郎君と花子さんが２回目に出会ったのは、出発して何分何秒後か、求めなさい。

（4）　花子さんが走り終わるまでのグラフを完成させなさい。

令和５年度　入学試験（２月１日実施）

理　科

［40分］

［注意事項］

1．試験開始の合図があるまで、この問題用紙は開かないでください。
2．試験開始後、解答用紙にシールを貼《は》ってください。
3．解答は、すべて解答用紙に記入してください。
4．解答は鉛筆《えんぴつ》などで濃《こ》く記入してください。
5．問題は１ページ～16ページの合計16ページあります。ページが抜《ぬ》けていたら、すみやかに手を挙《あ》げ、監督《かんとく》の先生に申し出てください。

東京農業大学第一高等学校中等部

1　2022年、東京の夏は猛暑《もうしょ》日《び》が過去最高の日数を記録しました。また、熱帯夜も多く、各家庭ではエアコンやせん風機を使用することで暑さをしのいだのではないでしょうか。

エアコンで使用される電気は発電所から送られてきます。現在の日本では、総発電電力量のうち火力発電の割合が全体の約70%となっています。火力発電は石油や石炭、天然ガスなどを燃焼させたときに生じる熱を使って発電しています。

問1　表1は2022年8月の東京都心(大手町)における最高気温と最低気温を記したものです。なお、最高気温はその日の朝から夕方まで、最低気温は前日の夕方からその日の朝までにおける気温を記してあります。猛暑日と熱帯夜の日数をそれぞれ答えなさい。

表1　2022年8月の東京都心(大手町)における最高気温と最低気温

	1日	2日	3日	4日	5日	6日	7日
最高気温〔℃〕	35.9	35.9	36.1	29.7	27.7	28.8	33.0
最低気温〔℃〕	27.1	27.6	28.2	24.1	21.6	22.3	24.4
	8日	9日	10日	11日	12日	13日	14日
最高気温〔℃〕	33.9	35.7	35.3	34.3	32.0	28.6	33.3
最低気温〔℃〕	26.2	27.7	27.5	26.8	27.0	24.3	23.7
	15日	16日	17日	18日	19日	20日	21日
最高気温〔℃〕	34.0	36.4	32.3	31.1	32.5	31.2	29.0
最低気温〔℃〕	25.9	27.9	26.9	23.4	22.7	23.8	23.8
	22日	23日	24日	25日	26日	27日	28日
最高気温〔℃〕	29.5	33.5	32.7	29.3	31.3	33.9	28.1
最低気温〔℃〕	23.6	24.7	26.3	22.6	24.2	26.5	22.9
	29日	30日	31日				
最高気温〔℃〕	28.0	26.2	32.5				
最低気温〔℃〕	21.1	20.2	22.2				

(気象庁ホームページよりデータ引用)

問2　発電の方法はさまざまです。表2は2010年から2020年までの各年の発電方法の総発電電力量(億kWh)を表にしたものです。

表2　日本の2010年から2020年までの各年の総発電電力量(億kWh)

	2010年	2011年	2012年	2013年	2014年	2015年	2016年	2017年	2018年	2019年	2020年
方法A	2882	1018	159	93	0	94	181	329	649	638	388
石炭	3199	3058	3340	3571	3544	3560	3448	3473	3324	3266	3102
天然ガス	3339	4113	4320	4435	4552	4257	4351	4211	4028	3815	3899
石油	983	1583	1885	1567	1161	1006	999	889	727	641	636
方法B	838	849	765	794	835	871	795	838	810	796	784
太陽光	35	48	66	129	230	348	458	551	627	694	791
風力	40	47	48	52	52	56	62	65	75	76	90
方法C	26	27	26	26	26	26	25	25	25	28	30
バイオマス	152	159	168	182	185	185	197	219	236	261	288

(資源エネルギー庁ホームページよりデータ引用)

(1)　以下に記してある発電方法A～Cを読み、発電方法の名まえをそれぞれ答えなさい。

発電方法A：原子が分裂したときに生じる熱で水を温め、発生した蒸気の力を利用して発電機につながったタービンを回して発電している。

発電方法B：水が高いところから低いところへ落ちる力を利用して、発電機につながった水車を回して発電している。

発電方法C：地球内部で熱せられた水や蒸気を地上へ取り出し、蒸気の力を利用して発電機につながったタービンを回して発電している。

(2)　表2に記されている発電方法で、タービンや水車を回さないで発電する方法が1つあります。その発電方法の名まえを答えなさい。

(3)　火力発電を行う燃料として石油や石炭、天然ガスがあります。そのなかで使われる割合が増加しているのが天然ガスです。天然ガスの使用量が増加している理由として**適当ではないもの**を次のア～エから選び、記号で答えなさい。

ア. 天然ガスを燃やしたときに発生する二酸化炭素の量が、石油や石炭に比べて少ないため。

イ. 技術の進歩により、天然ガスが日本でたくさん産出するようになったので、石油や石炭に比べて海外から輸入する量が少ないため。

ウ. 冷やして液化すると体積が小さくなるので、石油や石炭に比べて貯蔵しやすいため。

エ. 不純物が少ないので、燃やしても石油や石炭に比べて有毒な気体の発生が少ないため。

問３　火力発電は、燃料を燃やしたときに生じた熱を使ってボイラー中の水を水蒸気に変え、その水蒸気の力によって、発電機のモーターについているタービンを回転させて発電しています。水が100℃の水蒸気になったとすると体積はおよそ何倍になりますか。最も近い値を次のア～オから選び、記号で答えなさい。ただし、水１cm^3は１g、100℃の水蒸気１m^3は0.578kgとします。

ア．200　　イ．400　　ウ．850　　エ．1700　　オ．3500

問４　火力発電ではものを燃やしたときの熱を利用して発電しています。ものが燃えるときに必要な酸素は、オキシドール（過酸化水素水）に二酸化マンガンを加えると発生します。また、植物や水にある操作を２つ行っても酸素を発生させることができます。酸素を発生させるために、植物や水に行う２つの操作として適するものを次のア～コからそれぞれ２つ選び、記号で答えなさい。ただし、選択肢《せんたくし》は１度しか選ぶことができないものとします。

ア．鉄を加える　　イ．光をあてる　　ウ．電気を流す
エ．熱を加える　　オ．塩酸を加える　　カ．砂糖を加える
キ．食塩を加える　　ク．石灰石を加える　　ケ．水と二酸化炭素を与える
コ．水酸化ナトリウム水よう液を加える

問５　天然ガスの主成分は、メタンという気体です。この気体はよく燃え、メタン16gが完全に燃焼すると、二酸化炭素が44gと水が36g生じます。このとき、次に示すような変化が起こります。

メタン　＋　酸素　→　二酸化炭素　＋　水

（１）　メタン12gが完全に燃焼するために必要な酸素の質量は何gですか。

（２）　メタン56gが完全に燃焼すると、二酸化炭素は何g生じますか。

（３）　メタンと酸素が混ざっている気体を用意して完全に燃焼させました。燃えた後に残ったものを調べると酸素と二酸化炭素と水があり、その重さの合計は15gでした。15gのうち二酸化炭素の重さが5.5gだったとすると、はじめに用意したメタンと酸素の合計の重さは何gですか。

問６　2020年10月、日本政府は□年までに、カーボンニュートラルを目指すことを宣言しました。カーボンニュートラルの実現に向け、これまでにはない技術革新が必要とされています。そのひとつとして注目されているのが、排出した二酸化炭素を回収して地下深くに貯留する技術である「CCS（二酸化炭素の回収・貯留技術）」とよばれているものです。日本では2016年４月から2019年11月までの間で、北海道苫《とま》小《こ》牧《まい》市《し》の沖合で、大規模な実証実験が行われ、30万トンもの二酸化炭素を貯留することができました。現在は、その経過観察をおこなっています。アメリカでは205,000百万トン、オーストラリアでは16,600百万トンもの二酸化炭素がCCSの技術により貯留されているといわれています。

（１）　空欄《くうらん》に適する年号を、西暦《せいれき》で答えなさい。

（２）　カーボンニュートラルの説明として正しいものを次のア～エから選び、記号で答えなさい。

ア．温室効果ガスの排出量をゼロにする取り組み。
イ．地球上にある温室効果ガスを宇宙空間に運び出し、地球上にある温室効果ガスを減らす取り組み。
ウ．温室効果ガスの排出量は国ごとに決め、それ以上の排出を抑えてもらう。しかし、決められた排出量以上の温室効果ガスを排出してしまう国は、排出量の上限に達していない国にお金を支払い排出量を買い取ることで、地球全体で温室効果ガスの上昇を食い止めようとする取り組み。
エ．温室効果ガスの排出量から植物、森林などによる温室効果ガスの吸収量を差し引いて、合計を実質的にゼロにする取り組み。

（３）　CCSは、二酸化炭素をすき間の多い砂岩の地層内に貯留しますが、そのままではその地層から出てきてしまいます。それを防ぐためには貯留する地層の上に二酸化炭素を通しにくい地層がある場所を探さなくてはいけません。二酸化炭素を通しにくい地層として正しいものを次のア～ウから選び、記号で答えなさい。

ア．れき岩　　イ．でい岩　　ウ．ぎょう灰岩

2　図1はヒトの全身の骨格、循環《じゅんかん》器官を示したものです。ヒトのからだは、さまざまな形をした200個ほどの骨が組み合わさって骨格をつくることで、その形を保っています。骨格には骨格筋とよばれる筋肉がついていて、筋肉が縮んだり、緩《ゆる》んだりすることで骨格を動かします。筋肉には骨についているもの以外に、内臓につくものもあります。内臓はそれぞれに役割があり、内臓で処理された後のさまざまな物質は循環器官を通って全身に運ばれ、からだをつくったり、からだの調子を整えたりするために用いられます。

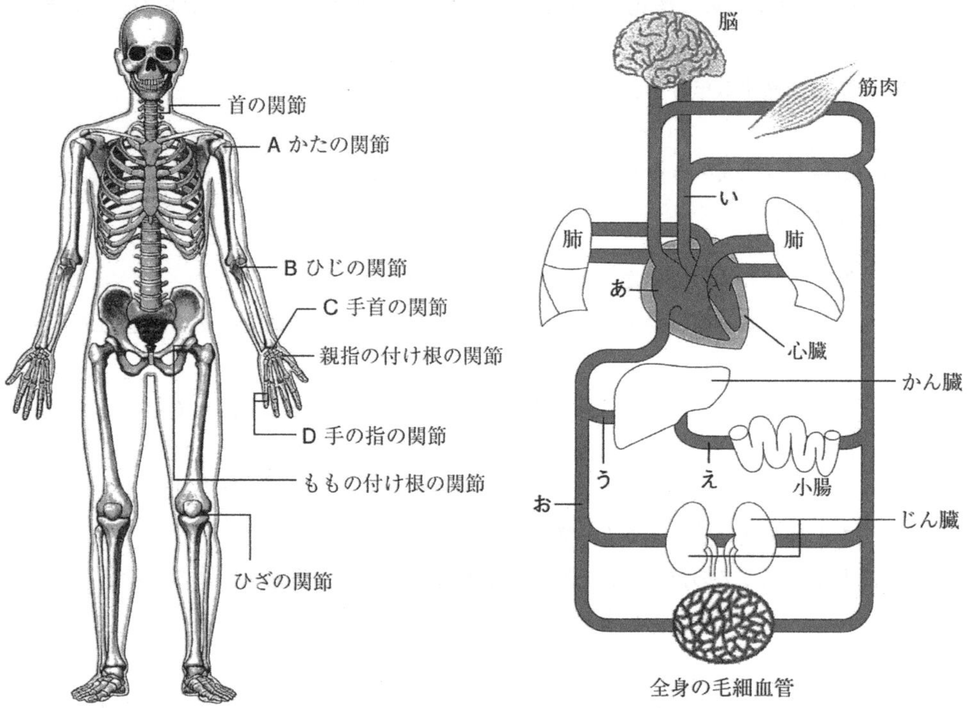

図1

問1　動物にはヒトのように背骨がある動物と背骨がない動物がいます。背骨がない動物を次のア～オからすべて選び、記号で答えなさい。

ア．トンボ　　イ．カエル　　ウ．カメ　　エ．ネコ　　オ．ザリガニ

問2　問1のア～オに示した動物のうち、親と子で形が異なる動物を2つ選び、記号で答えなさい。

問3　骨格筋の端《はし》は、白く、光たくがあります。この部分の名まえを答えなさい。

問4　内臓のはたらきについて述べた文として正しいものを次のア～エから選び、記号で答えなさい。

ア．心臓は心室と心房が同時に縮むことで、全身に血液を送る。
イ．じん臓はトリプシンやリパーゼを含む消化液をつくる。
ウ．かん臓は有害な物質であるアンモニアをにょう素に変える。
エ．すい臓はからだに不要なにょう素などをこしとってにょうをつくる。

問5　図1の循環器官には心臓と動脈、静脈、毛細血管が示されています。このうち動脈と静脈は、内部のある構造の有無で区別することができます。このことについて述べた文の空欄に適する文または語句を答えなさい。

静脈には(　1　)ための(　2　)がある。

問6　循環器官を血液が流れる順番として正しいものを次のア～エから選び、記号で答えなさい。

ア．左心房　→　左心室　→　肺　→　右心房　→　右心室　→　全身　→　左心房
イ．左心室　→　左心房　→　肺　→　右心室　→　右心房　→　全身　→　左心室
ウ．右心房　→　右心室　→　肺　→　左心房　→　左心室　→　全身　→　右心房
エ．右心室　→　右心房　→　肺　→　左心室　→　左心房　→　全身　→　右心室

問7　図1の**あ**～**お**の血管から栄養分を一番多く含《ふく》む血液が流れる血管を選び、記号で答えなさい。

関節をつくる骨はほとんどが、一方が凸《とつ》で、他方が凹《おう》になっています。関節の動きは、図2に示すように、凸側の骨の形状によって決まり、それにもとづいて分類されています。凸側の骨の形状が球形をしている球関節は、前後左右に動くことに加え回転することもできるため、最も可動性が高い関節です。だ円形のだ円関節や鞍《くら》状のあん関節は、前後左右には動きますが、回転運動はできません。円柱形のちょうばん関節は一方向の運動しかできません。平面になっている平面関節はわずかにずれる動きができるのみで、ほとんど可動性はありません。

図1に示したももの付け根の関節は球関節、親指の付け根の関節はあん関節、ひざの関節はちょうばん関節、首の関節の一部は平面関節です。

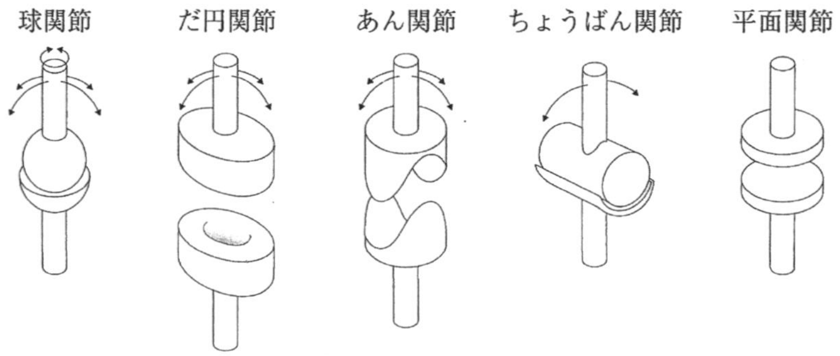

図2

問8　凸側の骨がももの付け根の関節と同じ動きをする関節を図1のA～Dから選び、記号で答えなさい。

骨格を動かすための骨格筋に指令を出すのは主に脳です。脳からの指令は神経を通って骨格筋に伝えられます。神経は神経細胞とよばれる細胞でできており、脳からの指令は神経細胞内を電気刺激として伝えられます。神経と神経のつなぎ目や神経と筋肉とのつなぎ目には隙間《すきま》があり、この部分での指令は化学物質によって伝えられます。神経細胞内で指令が伝わる速さとつなぎ目で脳からの指令が伝わる速さは、それぞれ異なることが知られています。

神経が指令を伝える速さを調べるために、図３のようにカエルのふくらはぎの筋肉を、神経をつけたまま取り出し、実験を行いました。実験はすべて20℃の室温で行い、温度が一定のとき、神経細胞内で指令が伝わる速さとつなぎ目で脳からの指令が伝わる速さは、それぞれ一定であるものとします。なお、図３のａ～ｄの間に神経と神経のつなぎ目はないものとします。また、１ミリ秒は $\frac{1}{1000}$ 秒です。

実験１　筋肉と神経のつなぎ目ａ点から３mm離れたｂ点に電気刺激を加えたところ、1.2ミリ秒後に筋肉が収縮しました。

実験２　実験１と同様にａ点から30mm離れたｃ点に電気刺激を加えたところ、2.1ミリ秒後に筋肉が収縮しました。

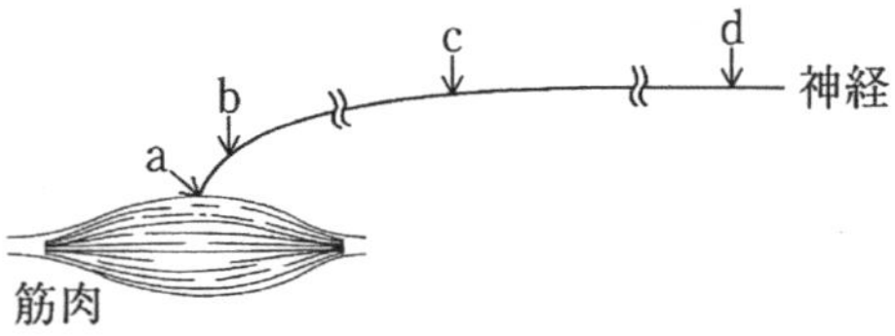

図３

問９　実験１、２で用いた神経細胞内を指令が伝わる速さは秒速何mですか。

問10　実験１と同様に、ａ点から60mm離れたｄ点に電気刺激を加えたら、何ミリ秒後に筋肉が収縮しますか。

3 **いろいろなものの速さを求めてみましょう。**

問1　2021年6月6日、山縣《やまがた》 亮《りょう》太《た》選手は100mを9.95秒で走り、日本新記録を樹立しました(2022年4月現在)。このとき、100mを一定の速さで走っていると仮定すると、山縣選手の走る速さは秒速何mですか。小数第三位を四捨五入して、小数第二位まで答えなさい。

打ち上げ花火を少し離れた所から見ると、打ちあがった花火が見えた後に、「ドンッ！」という音が聞こえます。この現象を利用し、音の速さを測定してみましょう。

問2　打ち上げ場所から離れた地点で花火を見ているとき、打ち上げ花火が見えてから、5秒後に音が聞こえました。花火と見ている人の距離が1.7kmであるとき、空気中を伝わる音の速さは秒速何mですか。

海などの水深を測定するとき、音の反射を利用する方法があります。

図1のように船Aと船Bが距離1.8km離れて停泊しています。船Aが水中に向かって音を発生させました。このとき音は四方八方に同じ速さで伝わります。船Bは、船Aが音を鳴らしてから1.2秒後と2秒後の2回、音を観測しました。このとき、空気中には音が伝わらないものとします。

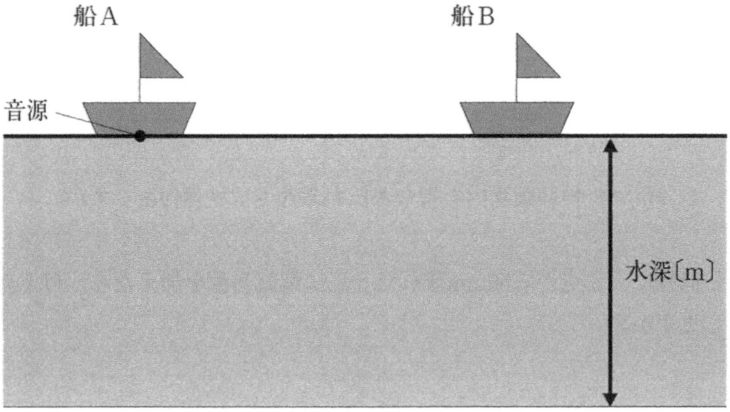

図1

問3　水中での音の速さは秒速何mですか。

問4　図1の水深は何mですか。なお、図1の水深は常に一定であるものとします。

東京農業大学第一高等学校中等部　令和五年度入学試験（二月一日実施）国語　解答用紙

氏名

受験番号			

↓ここにシールを貼《は》ってください↓

※100点満点
（配点非公表）

23020113

一

①	セイジ	
②	ウナガ	す
③	ガンヤク	
④	カダイ	
⑤	煮沸	
⑥	湯治	
⑦	人家	
⑧	恒久	

※

二

問一

A	B	C	D

問二

問三

a	b

※

m	分速 m	分 秒後

(4)

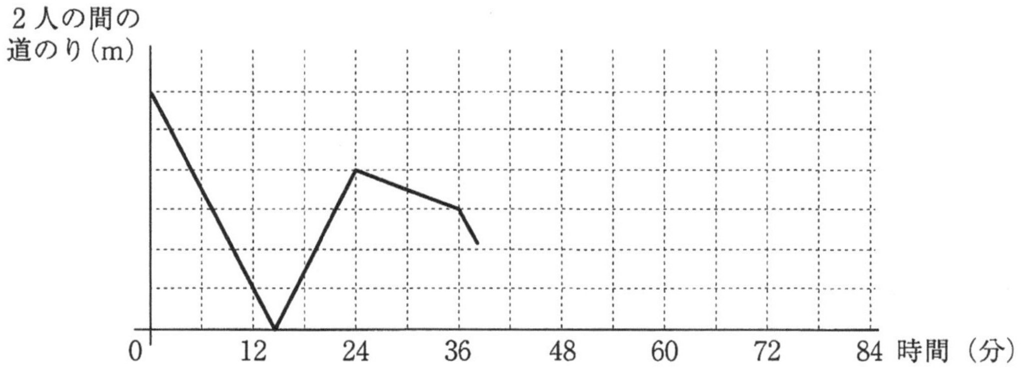

↓ここにシールを貼《は》ってください↓

※100点満点
（配点非公表）

受験番号	氏　　名

23020111

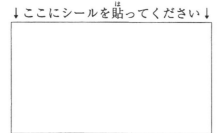

	秒速　　m		秒速　　m		秒速　　m

問4	m	問5	3番目	5番目	問6	問7	
問8	秒速　　km	問9	km				
問10	届かなくなる： 秒速　　回転	再び届く： 秒速　　回転					

4

問1	2番目	3番目	問2				
問3	cm	問4	億km^3	問5		問6	
問7		問8		問9			
問10	m	問11	℃	問12	℃		

↓ここにシールを貼《は》ってください↓

※100点満点
（配点非公表）

受験番号	氏　　名

23020112

東京農業大学第一高等学校中等部

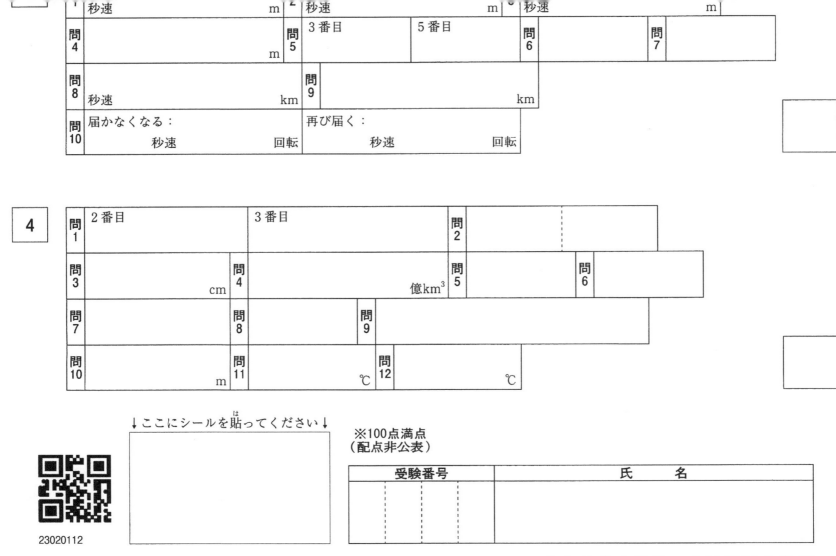

令和5年度　入学試験（2月1日実施）理科　解答用紙

1

問1	猛暑日　日	熱帯夜　日					
問2	(1) A　発電	B　発電	C　発電	(2)　発電			
問2	(3)	問3		問4	植物		水
問5	(1)　g	(2)　g	(3)　g				
問6	(1)	(2)	(3)				

2

問1		問2			
問3		問4			
問5	1	2			
問6		問7		問8	
問9	秒速　m	問10	ミリ秒後		

【解答

令和５年度　入学試験（２月１日実施）算数　解答用紙

1

(1)	(2)	(3)	(4)

2

(1)	(2)		
	①	②	③
			個

3

(1)	(2)
点	

4

(1)	(2)	(3)	(4)
%	円	m	個
(5)	(6)		
通り	°		

【解答用

問四

問五

問六

↓

↓

↓

↓

問七

問八

問九

問十

※

三

問一

問二

問三
X
Y

※

問四

問五

※

問六
3番目
5番目

問七

問八

問九

※

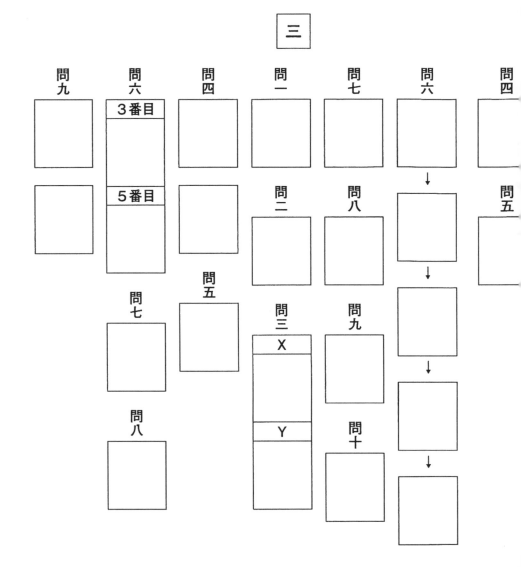

問5　以下のア～カを速さが速いものから順番に並べたときに、３番目と５番目になるものを、それぞれ選び、記号で答えなさい。

ア．空気中での音　　イ．水中での音　　ウ．固体中での音
エ．山縣亮太選手の走り　　オ．新幹線（時速300km）　　カ．空気中での光

光の速さは１秒間の間に地球を７周半することが知られています。そのように速く進む光の速さを実際に測る方法を考えてみましょう。

光の速さを測るために、図２のような装置を考えます。観測者の近くで発せられた光は図２の歯車の歯の間を通過することができ、その入射した光は鏡に反射して戻ってきます。観測者はこの鏡に反射した光を観測します。なお、光が歯車の歯とぶつかると、それ以上光は進むことができません。

歯が250個付いている歯車を、反時計回りに回転させます。回転の速さは自在に変えることができます。また、歯車から鏡までの距離は３kmでした。

最初、歯車は止まっており、少しずつ回転速度を上げていきました。するとあるとき、観測者には反射した光が届かなくなりました。更に、回転速度を上げていくと、再び観測者に反射した光が届くようになりました。このときの歯車の回転速度は、秒速200回転でした。

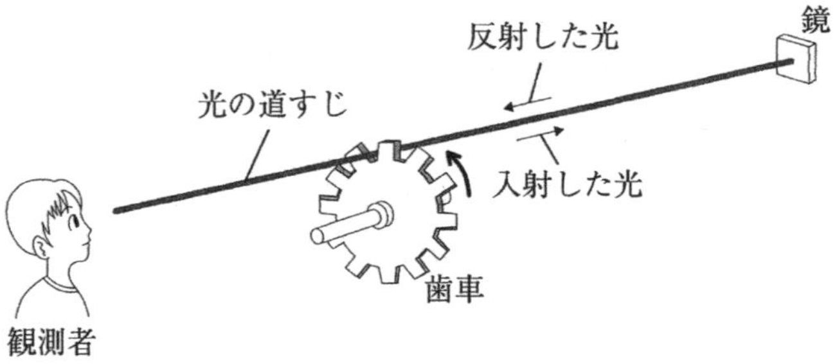

図２

問６　歯車の回転速度が秒速200回転している状態で、図３のように歯Ａ、歯Ｂの間を通過した光が鏡に反射して歯車まで戻ってきたとき、歯車の歯の位置はどのようになっていますか。次のア～ウから選び、記号で答えなさい。

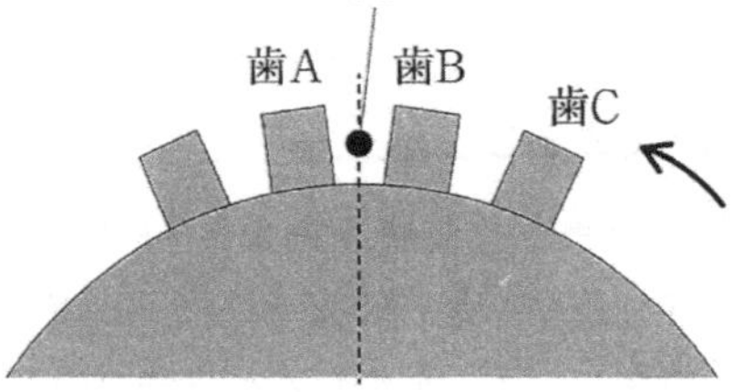

図3

ア

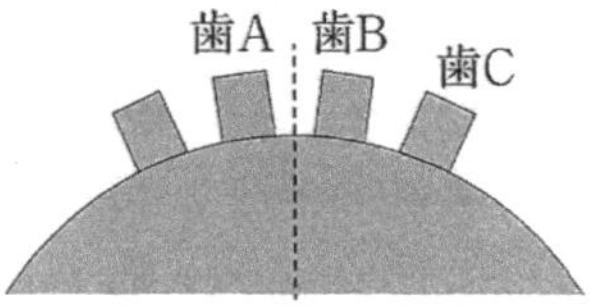

イ

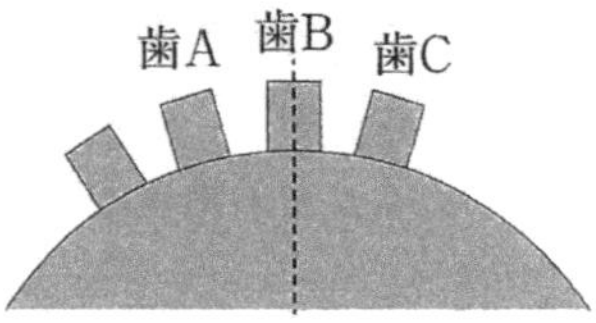

ウ

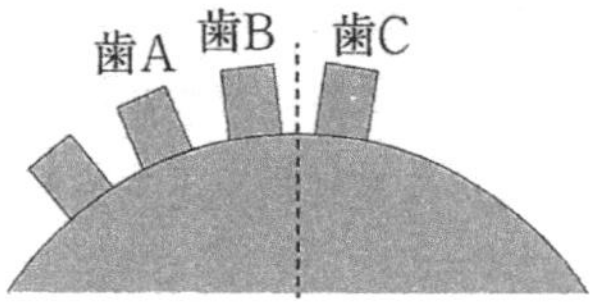

問７　図３の状態で、歯Ａの位置に歯Ｂが到達するには何秒かかりますか。次のア～クから選び、記号で答えなさい。

ア．0.05秒　　イ．0.005秒　　ウ．0.0005秒　　エ．0.00005秒
オ．0.02秒　　カ．0.002秒　　キ．0.0002秒　　ク．0.00002秒

問８　光の速さは秒速何kmですか。

問９　この実験結果をもとに考えると、地球の半径は何kmですか。小数第一位を四捨五入し、整数で答えなさい。なお、地球は球体であり、円周率は3.14とします。

図２の装置を歯が500個付いた歯車に取り換え、歯車から鏡までの距離を５kmとし、同様の実験を行いました。

問10　初めて観測者に反射した光が届かなくなったとき、歯車の回転速度は秒速何回転ですか。また、その後、再び光が観測者に届くようになったとき、歯車の回転速度は秒速何回転ですか。問８で求めた光の速さを用いて答えなさい。

4 宇宙から見る地球は、青く美しい惑星《わくせい》です。その地球の表面で青く光る薄《うす》い層が地球の大気圏《たいきけん》です。大気とは、地球をとりまく気体のことで、そのほとんどは高度50kmまでの範囲《はんい》にあり、最下層の対流圏では、大気中の水が大きな役割を果たしています。毎日の天気の変化は、対流圏での大気の運動の影響《えいきょう》によるもので、風はその運動そのものです。大気中の水は気体・液体・固体と状態を変えて雲・雨・雪となり、その過程で大きなエネルギーを吸収したり、放出したりしています。

では、大気はなぜ宇宙に逃《に》げてしまわないのでしょうか。それは地球の重力のおかげです。重力とは、簡単にいうと、地球の中心に向かって引っ張られる力のことで、重力があるから、手に持っていたリンゴを離《はな》すと地面に落ち、人間が宇宙に飛ばされることもありません。大気も同じで、重力により地球の中心に引きつけられています。

問1　私たちが暮らしている地表付近の大気の組成(水蒸気以外)として、２番目と３番目に多く存在するものをそれぞれ答えなさい。

問2　高いところでは上空の空気が少なくなるので、気圧が低くなります。高い山に登ったときに気圧が低くなったことがわかる例として正しい文章を次のア～エから２つ選び、記号で答えなさい。

ア. 沸点が高くなる。
イ. 沸点が低くなる。
ウ. お菓子の袋がふくらむ。
エ. お菓子の袋がしぼむ。

問3　直径30cmの地球儀《ちきゅうぎ》に、対流圏をつけて表現した場合、対流圏の厚さは何cmになりますか。ただし、地球の直径をａ〔km〕とし、対流圏は地表から高度11kmまでの部分とします。

地球は水の惑星とよばれており、地球上には14億km^{3}の水が存在しているといわれています。地球に存在する水のうち、海水などの塩水が97.5%、淡水《たんすい》が2.5%の割合になっています。淡水は70%が南極・北極等の氷や氷河として存在しており、残りのほとんどは地下水です。つまり、私たちが普段利用している河川や湖沼《こしょう》の水として存在する淡水はごくわずかなのです。

地球表面の水は太陽からのエネルギーをうけて、固体・液体・気体へと状態を変えながら自然界を循環しています(図1)。図1の数値は、1000km^{3}を1として表しており、海の水の量を1365000としたときの、いろいろな場所にある水の存在量の内訳と、循環する水の収支を示したものです。また、矢印の向きは水が移動する向きを表しています。図1の中の□の水の量は変わらないものとして、次の各問いに答えなさい。

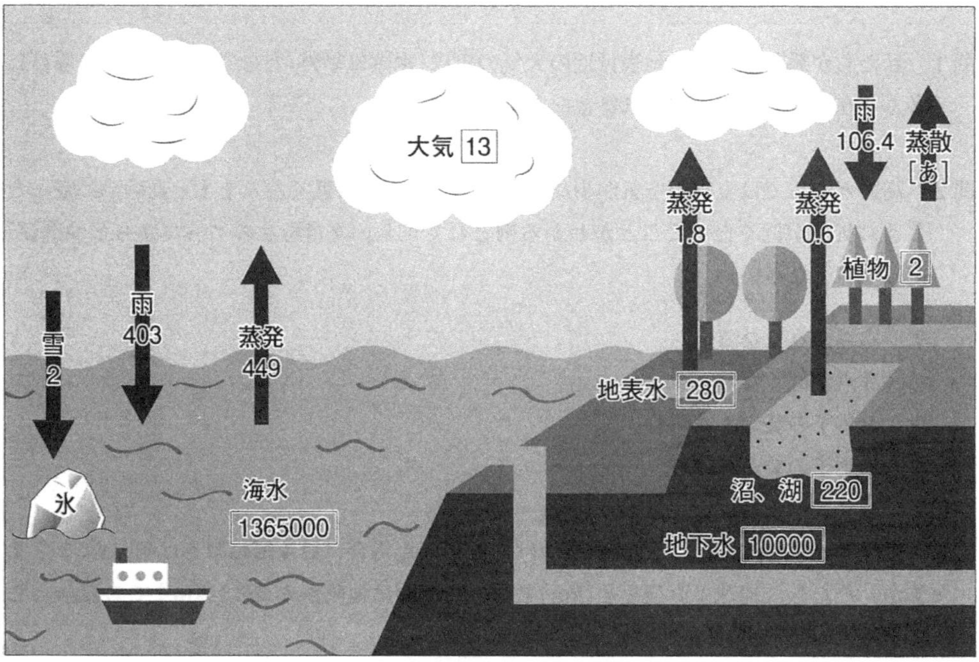

図1　地球上の水の循環

問4　南極・北極等の氷や氷河として存在する水は何億km^{3}ですか。

問5　海上での蒸発量と降水量は異なっています。この差に関する説明として正しいものを次のア～オから選び、記号で答えなさい。

ア．降水量が多いので、海の水はどんどん増えていく。

イ．蒸発量が多いので、海の水はどんどん減っていく。

ウ．降水量が多いので、氷の量が増えて、海の水の量は変わらない。

エ．蒸発量が多いので、水蒸気や雲として陸上に運ばれ、降水となって陸地に達して陸に蓄《たくわ》えられ、海の水はどんどん減っていく。

オ．蒸発量が多いので、水蒸気や雲として陸上に運ばれ、降水となって陸地に達して河川などの流水となって再び海に戻《もど》り、海の水の量は変わらない。

問6　図１の[あ]にあてはまる数字を答えなさい。

空気中に含むことのできる水蒸気の量には限度があり、その量は温度によって変化します。ある温度で空気 1 m^3中に含むことのできる水蒸気の最大量をその温度での飽《ほう》和《わ》水《すい》蒸《じょう》気《き》量《りょう》といいます。図 2 は温度と飽和水蒸気量の関係を示したものです。

飽和していない空気は、標高が100m上昇するごとに 1 ℃温度が変化します。ある高さで空気は飽和し、さらに空気が上昇を続けると、空気中の水蒸気は雲となります。雲がつくられているときの空気が上昇すると、標高が100m上昇するごとに0.5℃温度が変化します。

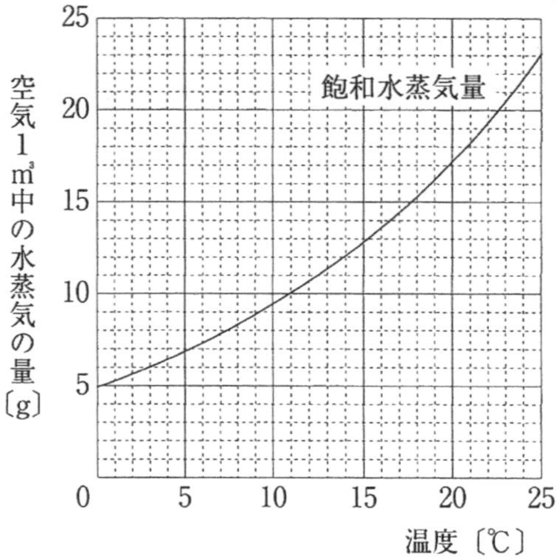

図 2　温度と飽和水蒸気量の関係

また、湿度《しつど》〔%〕は次のように求められます。

$$湿度〔\%〕= \frac{空気 1\,m^3中の水蒸気の量〔g〕}{その温度での飽和水蒸気量〔g〕} \times 100$$

問 7　飽和水蒸気量は温度が低くなるにつれて減少します。よって空気が冷えて、空気に含まれている水蒸気量が飽和水蒸気量を超《こ》えると、余分な水蒸気が水滴《すいてき》になります。このときの温度を何といいますか。

問 8　次の①と②の空気のうち、1 m^3中の水蒸気の量が多いものを番号で答えなさい。

①　10℃で湿度80％の空気　　　②　20℃で湿度50％の空気

問9　湿った空気が山に沿って上昇し、山頂まで上昇した空気が風下側に下降していくとき、風下側地域の空気は上昇する前の空気に比べて、高温で乾燥《かんそう》したものとなります。この現象の名まえを答えなさい。

問10　風上側の山のふもと(標高0m)に、温度25℃、湿度56%の空気があります。この空気が山に沿って上昇していくと、ある高さで雲ができ始めました。その地点の標高は何mですか。

問11　**問10**の空気が山に沿ってそのまま上昇を続けたとき、標高1600mの山頂では、空気の温度は何℃ですか。

問12　**問11**の空気が山頂を越《こ》えて、山の斜面《しゃめん》を下りました。風下側の山のふもと(標高0m)では、空気の温度は何℃ですか。ただし、山頂をこえたあとから山のふもとまでは、雲は見られませんでした。

令和４年度　入学試験（２月１日実施）

国　語

［40分］

［注意事項］

1. 試験開始の合図があるまで、この問題用紙は開かないでください。
2. 試験開始後、解答用紙にシールを貼《は》ってください。
3. 解答は、すべて解答用紙に記入してください。
4. 解答は鉛筆《えんぴつ》などで濃《こ》く記入してください。
5. 問題は１ページ～12ページの合計12ページあります。
   ページが抜《ぬ》けていたら、すみやかに手を挙《あ》げ、監督《かんとく》の先生に申し出てください。
6. 解答の際、句読点、括弧《かっこ》などの記号は字数に含《ふく》むものとします。

東京農業大学第一高等学校中等部

2022(R4) 東京農業大学第一高中等部　第１回
K 教英出版

一 次の①～④の傍線部のカタカナを漢字に直し、⑤～⑧の傍線部の漢字の読みをひらがなで答えなさい。また、送り仮名が必要な場合は送り仮名を付しなさい。

① 気を整えて、拝み、祈り、カマエて、突く。
② 先生の説明でガテンがいった。
③ 和歌ではしばしばケイショウチについて詠まれます。
④ 友達が「カイシンの一撃」と叫びながら叩いてきた。
⑤ 中一の芸能鑑賞は寄席に行きます。
⑥ 本の装丁にはことさらうるさい編集者。
⑦ 藤井くんの攻め手は定石の裏をかく。
⑧ 怠惰な日を送らないようにした。

二 次の文章を読んで、後の問に答えなさい。

個人と個人でも、集団と集団のあいだでも、紛争があり、利害対立があからさまになる。民法であれば、対等個人や集団のあいだでの紛争だし、刑法であれば、国の法律を個人が犯したというかたち、すなわち、原告（検事）と被告（容疑者）のあいだの紛争になります。古代や中世では、この区別がはっきりしませんでした。民法と刑法は、近代法では分けるのですが、それ以前はあまり区別がなかったのです。[1]そういう場合にはどうなるか。調停とか、仲裁などのやり方で紛争を収めようとしますが、最後は力ずくの闘争になります。そして決着する。

最後は力ずくでもいいというところが法律なのですが、これは、場合によっては自分が、力ずくで、法律によって取り締まられてしまうということを意味します。自分が嫌でも、法律には従わなくてはならない。法律は、誰でも同じように扱います。ルールにはそういう特徴があります。

どうしてこのことを、みんなが受け入れるのだろうか。たとえば、誰だって死にたくない。でも、人殺しの嫌疑をかけられて、間違えて死刑にされてしまうということも、ないとは言えない。そんな嫌なこと、そんな I なことを、法律は含みうるのだけれど、それでもいいとどうやって認めることができるのだろうか。これが次の問題です。

それは[2]法律が、必ず背後に「正しさ」を含んでいるからだと思います。法律は、誰でも同じように扱うという点で、公平である。つまり「正義」なのです。正義なんだから、正義を貫くために、ある個人が事後的に文句を言っても、最初からそういう約束だったのです。借金のカタは取り立てていい、殺人犯であれば死刑にしていい。そうみんなが思っている。みんながそれでいいと思うという点が、「無理やり」という物理力の背景になっている。

死刑を執行するときには、いまだったら死刑執行官が四、五人いて、本人がじたばたしても死刑を執行してしまいますけれども、それは五対一の多勢に無勢だからそうなってしまうということではありません。死刑制度を認めている議会があり、裁判所があり、それから新聞にも報道される。それを不思議なこととは思わない一般の人びとが大勢いるわけです。そういう人びとの［　Ⅱ　］があるからこそ、執行官はそういう強制をしているわけです。

強制力、執行力の根源は、法律をそういうものだとして受けとめているすべての人びと、と考えられると思います。「一般意志」とルソーがよんでいるものが、だいたいこれにあたると思うのですが、一般意志が正義や公正を［　Ⅲ　］しているのです。それが強制力、物理力を生み出していて、法律の根拠をあらしめている。

法律の正しさが疑われるようになると、それは法律ではなくなってしまい、混乱状態が生まれます。ですから法律は、内容的にも正しく、人びとを公平に扱っているという点が大事なのです。

法律はこのように、「強制をともなうルール」でした。

すると、法哲学者が出てきて、法律の本質とはなんだろうかと考えます。法律には、強制とルールのふたつの要素があるので、強制が本質だという考え方と、ルールが本質だという考え方の、ふたつの考え方ができます。

近代の初期には、「法の理性説」がとられていました。これは実は、現在でも有力な考え方なのですが、人間には理性があるから、何が正しいか、冷静に考えれば認識できる。その認識を文字に書きあらわし、立法化したのが法律だ、という考え方です。啓蒙思想は、だいたいこういうふうに考えます。この考え方だと、理性がもとで、強制やルールはそこから［　Ⅳ　］することになります。言ってみれば、素朴に理性を信じる考え方です。

十九世紀になって、「法の強制説」が出てきました。これは、イギリスのジョン・オースティン（John Austin 一七九〇―一八五九年）という人が唱えたものです（このオースティンは、二十世紀の言語哲学者のJ・L・オースティン〈John L. Austin 一九一一―一九六〇年〉とは別人です）。

法の強制説とは、法律はルールの外見をとっているけれど、その本質は強制にあるのだ、という考え方です。あるところに王様がいて、権力を持っていて、命令を発して、それをみんなに押しつけたので、法律になりました。法律になったので、仕方なくみんなが従い、だんだんルールになったけれども、もともとは強制である。無理やり人に言うことを聞かせることである。このような学説です。

多少とっぴな学説に聞こえないこともないですが、このオースティンの学説は、日本ではあんまり知られていません。でも、これとそっくりの考え方の学説が、日本では非常に有名で、流布しています。それが、マルクス、レーニンの法律の考え方です。

マルクスは『共産党宣言』という本を書きましたが、マルクスによると、人間が平等に扱われるなんて真っ赤な嘘であって、どんな社会にも階級がある。※1搾取階級と被搾取階級が、階級闘争をくり返している。この社会もそうです。法律は、その闘争の外見を覆い隠すためにある、というわけです。

たとえば、法律では所有権を認めています。

A

無理やり取り返そうと思うと革命になり、革命は刑法に違反してしまい、警察が出てきたり軍隊が出てきたりして、刑法犯にして革命を弾圧する。だから法律は、階級闘争を隠蔽しているのであり、資本家とその代表者である国家が、資本家に都合がよいように発した命令である。労働者、人民は、この法律に従う必要がない。従っていたら革命はできないわけで、これがマルクスの考え方です。

この考えは、『国家と革命』という本を書いたレーニンに受け継がれます。毛沢東も、この考え方を受け継いでいる。レーニンは、鉄砲から政権が生まれると言いました。[3]政権が生まれると、法律も生まれるわけです。ということで、オースティンの学説は、マルクス、レーニンの学説とだいたい同じではないかと思います。

マルクス主義の考え方は、皆さんご存じのように、戦前・戦後の日本に、かなり大きな影響を及ぼしました。そこで、このように法律を理解する人もいるのです。このように理解したのでは、法律を一生懸命研究しようとか、よりよい法律をつくろうとか、法律の正義とはなんだろうかと哲学的に考えるとか、そういうことはバカバカしくてやってられません。むしろ経済学を勉強したり、革命の戦略戦術を考えることが知識人の役割である、ということになる。当然、法律をそれ自体として研究するという熱意、エネルギーは下火になってしまいます。そこで、マルクス主義系の、あるいは左翼系の人びとは、[4]よい法律をつくろうという動機が少なかった。

私も昔は、どちらかと言えば、そんな感じだった。でも、その後考えてみると、よりよい法律をつくる努力、よりよい制度をつくる努力は大切である。どうしてかと言うと、どんな社会にも制度や法律はあるので、よりよい法律をつくろうと提案しないのは、現状のままでいいと言っていることと同じだということに気がついたからです。何も提案しなければ、現状のままです。どんなにズタボロのひどい制度であっても、それでいいと言っているのと同じです。法律や制度はこんなものだ、とあきらめてしまえばこの世の中はよくならない。制度、法律は、われわれの生活に日々直結することですから、やはり、初めから投げてしまわないで、関心を持とうではないか。そう考えた。

それには[5]「法の強制説」に立っていたらダメなのです。どうしても「法のルール説」に立たないといけない。強制というのは外見であり、私たちが自分を守るためにルールに自ら従っているのだ、という考え方に立たないとダメなんです。

そこで、マルクスやレーニン、オースティンみたいな考え方ではなくて、法律に対する別の考え方はないだろうかと探したところ、英米法の伝統のなかに（オースティンもイギリスの人なんですが）ハート（H. L. A. Hart）という人がいることがわかった。

ハートは、『法の概念』という本を出しています。みすず書房から翻訳が出ています。わかりにくい法律の本なのですが、これを読んでいたら、オースティンと論争しているのです。法律がいかに強制ではないかということが、その本の半分以上をつかって、延々と書いてある。はじめ、なんでそんなに熱をこめて議論をしているのかわからなかったのですが、法律が強制ではなく、ふつうの人民、市民が自然に生み出した、自生的な秩序であるとするならば、それこそ民主主義の根源です。このことを証明できなかったら、[6]民主主義社会は存立できない。だからそれを一生懸命証明しようとしているのだ、ということがわかりました。

（橋爪大三郎『人間にとって法とは何か』ＰＨＰ研究所による）

※1　搾取……階級社会で、生産手段の所有者が生産手段を持たない直接生産者を必要労働時間以上に働かせ、そこから発生する剰余労働の生産物を無償で取得すること。

問一　空欄［Ⅰ］～［Ⅳ］にあてはまる語句を、次のア～クの中からそれぞれ選び、記号で答えなさい。

ア　大げさ　　イ　派生　　ウ　順当　　エ　理不尽
オ　拒絶　　カ　承認　　キ　欲求　　ク　体現

問二　傍線部1「そういう場合」とありますが、どういう「場合」のことですか。最もふさわしいものを次のア～オの中から選び、記号で答えなさい。

ア　民法や刑法などの区別がなかった時代に、様々な対立が起きた場合。
イ　民法や刑法が人々に受け入れられず、改正しようという運動が起きた場合。
ウ　民法だけでは解決できないような、国家と個人との争いが起きた場合。
エ　原告と被告に分かれて争っていたが、結局解決できなかった場合。
オ　民法と刑法だけでは解決できない個人同士の紛争が起きた場合。

問三　傍線部2「法律が、必ず背後に「正しさ」を含んでいるからだ」とありますが、「正しさ」の根拠となっているものは何ですか。最もふさわしいものを次のア～オの中から選び、記号で答えなさい。

ア　法学者や哲学者が作り出した法律には決して間違いなどないと世の中の人は信じているということ。
イ　法律は人間を平等に扱い、罪を犯した者にはそれに応じた罰が与えられることにみんなが納得するということ。
ウ　法律が間違っていて自分が逮捕されてしまう可能性もあるかもしれないが、それでも法を守るべきだということ。
エ　法律が私たちの身を守ってくれるものだということを世の中の人は信じて疑わないということ。
オ　法律が間違っていても正しい行動をとっていれば法を犯すことなどないと多くの人が信じているということ。

問四 空欄［A］には次のア～オの文が入ります。適切な順番に並べた際に、二番目と四番目にくる文として最もふさわしいものを次のア～オの中からそれぞれ選び、記号で答えなさい。

ア いっぽうに、そういう無産階級の人びとがいる。

イ 労働者は、その財産を取り返すことができない。

ウ でも、何も所有していなければ、所有権など無意味です。

エ 誰の所有権も平等に保護されるという。

オ 資本家が財産を持っているのは搾取の結果で、泥棒のようなものなのに、それを、正当に持っている、と法律はいう。

問五 傍線部3「政権が生まれると、法律も生まれる」とはどのようなことですか。最もふさわしいものを次のア～オの中から選び、記号で答えなさい。

ア 法律を生み出すためには民衆が自ら銃をとり、政権を奪う必要があるということ。

イ 人間の理性が法律をつくったため、理性に反する革命は弾圧すべきということ。

ウ 政府が自分に都合の良い命令を発し、それを無理やり民衆に従わせるということ。

エ 法律は、政府の支配に不満を持つ民衆の革命から生まれるものであるということ。

オ 法律は政府の強制から生まれたが、それでは民主主義が機能しないということ。

問六 傍線部4「よい法律をつくろうという動機が少なかった」とありますが、それはなぜですか。最もふさわしいものを次のア～オの中から選び、記号で答えなさい。

ア 法律はもともと知識人の理性から生まれたものであるため、理性に従えば自然とよい法律ができるから。

イ 左翼系の知識人がよい法律を求めたところで、その意見は反映されずに搾取階級に都合の良い法律しかつくられないから。

ウ 資本家人民の代表者である政治家がよい法律をつくったところで、民衆は必ず反発し、結局は従わないことになるから。

エ 人間の理性によってつくられた法律を改正しようとすることは、革命と同義であり、警察や軍隊に制圧されてしまうから。

オ 資本家や国家がよい法律を整備したところで搾取階級と、被搾取階級の闘争は終わることがないから。

問七　傍線部５「「法の強制説」に立っていたらダメなのです」とありますが、それはなぜですか。最もふさわしいものを次のア～オの中から選び、記号で答えなさい。

ア　法律は結局政府による強制であるため、国家からの支配から抜け出すためにはよい法律をつくろうと提案しなければならないから。

イ　資本家や国家に都合の良い法律しかつくられない世の中に対して、反対運動を起こさなければ階級闘争は終わらないから。

ウ　自分たちが主体的に政治に参加しなければ、民主主義は成り立たず、政府に都合の良い世の中になってしまうから。

エ　自分たちの生活に直結する法律に対して、強制だから仕方ないとあきらめることが社会主義の始まりになるから。

オ　強制されるから仕方なく政府に従っているだけでは、素晴らしい政策であってもその意味が分からないままになってしまうから。

問八　傍線部６「民主主義社会は存立できない」とありますが、それはなぜですか。最もふさわしいものを次のア～オの中から選び、記号で答えなさい。

ア　たとえ法律のできた経緯が権力者による強制であったとしても、民衆が納得することが民主主義社会の前提であるから。

イ　権力者が一方的に法律をつくることによって、民衆が革命を起こすが、それこそが民主主義の象徴であるから。

ウ　権力者からの一方的な押し付けではなく、法律は民衆の方からおのずと生み出されるものであるから。

エ　民主主義は、搾取階級と、被搾取階級の闘争を終わらせることを目的として民衆がつくり出したものだから。

オ　法律は民衆と権力者が協力して作る必要があり、どちらか一方の意見だけで決めてしまうことはできないから。

問九　本文の内容と合致するものとして最もふさわしいものを次のア～オの中から選び、記号で答えなさい。

ア　法律はこの世界に生きる人間にとって、なくてはならないものであるため、法学者たちの考えに従うことが大切である。

イ　法学者たちは人間が持っている理性についてまるで考えていないため、民衆が革命を起こすことなど考えてもいない。

ウ　法律は、もともと権力者の強制であったが、いつのまにか民衆が自分たちで作るものとなった。

エ　人々の行動からよりよい法律を生み出し、よりよい世の中にするためには、民衆が政治に興味を持つ必要がある。

オ　民衆の日々の努力がよりよい法律をつくることにつながり、その法の精神を次の世代が守り続けることが大切である。

三　次の文章を読んで、後の問に答えなさい。

工業化が進んだ現代日本においては、[※1]在来工法もなくては困るのは事実だ。伝統木造を建築できるほど、家にこだわれる人も少ない。祖父母の家と異なり、両親が建てた二棟の家は、在来木造である。私も在来木造の中で育った一人だ。

これまでに、伝統木造（伝統構法）は、実物大の建築を用いたものを含め、様々な実験がされている。現実に観測された大地震の地震波を入れて、耐震性も検証された。その結果、地震に強い木造（構法）であることが分かってきた。日本人として、我が国の木造の伝統構法が、これだけ地震に強いことが、うれしく、そして誇りに思う。

しかし伝統構法が制度的に優遇されることはなく、官が積極的に推し進めることもない。何かが優遇されれば、優遇されない方が不利になる。安全な木造に住める可能性を、国民の選択肢から結果的に遠ざけてしまっていていいのだろうか。本来ならば、[X]大手を振って建てられるようにすべきであろう。[A]万が一、実験で不具合が見つかるようなことがあったとしても、それを補う工夫をしてでも、[1]伝統木造は、我が国が守り伝えていかなければならないものだ。我が国のみならず、木造のブームに沸く海外においても、そして、これからの木造の発展のためにも、日本の伝統木造の構法や技能を、[B]世界にアピールしたいものである。

[C]戦後に大量に植林した杉、檜は、建築に使うためだった。現代においても「伝統木造」に限っては、日本の製材業や林業の振興と、その先にある山村や山林の発展に直結している。日本の山林、林業や製材業、そして地域社会と深く結びついているのだ。

法隆寺と薬師寺で宮大工を務めた西岡常一氏は「[2]木を買わずに、山を買え」と伝えている。今でも宮大工は、山に入って立木から選ぶか、市場で原木を自分の目で確かめて買う。都心で現在建設中の三重塔を手がける宮大工も、原木から選んでいる。住宅でさえも「伝統木造」を手がける大工棟梁は、自分で原木市場へ行く。自分で木材をストックしている人もいる。

「伝統木造」は、構造から化粧（人の目に見える所）まで、ありとあらゆる所に木材、それも白木を使い、空間を創り上げることに長けている。材料である木材の耐久性、そのありのままの美しさは重要である。このため同じ気候風土で育った日本の木が良く、それも一番質の良い材、つまり高い材を求める。「伝統木造」は、日本の木の性質を最も生かす建築であり、とても多くの木を使う。真っ当なお金が山林や山村に還り、山を守り、木を仕立てる技能の発展、その地域の産業や文化の継承に繋がる。

代々続く林業家で、丸太を砕いて、粉々にするために、木を植えて育てて来た人がいるだろうか。彼らが木を植え、手塩にかけて、木を育ててくれているのは、まずは建築などの用材として採るためだ。伐り倒した後も、何十年、何百年と使われる建築物に、自分の山林の木材を届けたい。そこに地域の林業が発達し、森林資源を持続的に回す仕組みも発展する。そして無垢材も伝統木造も、そこらの職人では扱えず、製材や建築の分野においても、技能が必要で継承されていく。

これは国内資源を建築で消費してもらいたいという「量」の問題ではない。むしろ資源と産業、文化、そして技能の「質」の問題である。林業でも製材業でも建築業でも、もっとも良い材が、そして、そのトップクラス技能を持つ人々が、結果的に不利に立たされている。どこでも、誰でも、同じようなモノを、大量に、早く、安く、作ることばかりを目指していては、瞬間的に成果が得られても、林業は持続性や競争力を失い、製材業や建築業も、長い目で見ると業界全体の停滞につながり、将来の財産となる建築さえも創り出せなくなっていく。

【中略】

「伝統木造」を作りあげる技能は、一つのピラミッドの頂点であり、ここが欠け始めている。「伝統木造」を設計し、建築できるだけの見識と技能を持つ大工棟梁も一握りである。むしろ「伝統木造」を建築するチャンスに巡り会える人は幸運である。

　これを認めたところで、他の工法を否定するわけではない。工業化住宅と競合するものでもない。不利益を被る者は、誰一人としていない。これは[3]量の問題ではなく、質の問題であると前にも述べた。建築現場におけるトップクラス技能が欠け始め、業界全体の職能の低下に及び、その不安が、多くの建築工事現場に暗い影を落とす。視野が[※2]狭隘化《きょうあいか》すると、自分の組織や業界の将来を見誤る。大工を始め、職人の社会的役割を法制度上明記し、守り育てることは、業界全体の発展につながり、国益につながっていく。

　2010年には、大工棟梁達が「伝統木造建築の危機」を訴え、19万7217人の署名を集め、国会請願までした。そして2020年12月には、関係者の根強い努力により「日本伝統建築工匠の技」がユネスコの無形文化遺産に登録された。それでもなお、[4]伝統木造に関わる人たちの苦境は続いている。

　これに対してドイツやフランスでは、日本で言う建築大工技能士（大工）などの職人の存在が、社会制度において、明確な位置づけを得て、しっかり社会に根を下ろしている。志ある者は、その中で学び、技能を磨き、独り立ちすることができる。

　職人はドイツではマイスター、フランスではコンパニオンと呼ばれる。フランスでは、見習や徒弟のことを、アポルンティと言う。2014年にフランスの職人を育てる学校を訪問した。真新しい施設であった。職人の学校を卒業すると、各地を周り、働きながら、さらに各地の職人の学校に通う。技術を修めたフランスのコンパニオンは、大手の[※3]ゼネコンにも勤務し、管理職同等の高給取りにもなるそうだ。

　筆者の所には、新年になると、棟梁や宮大工から、彼らの見事な建築作品の写真を用いた年賀状や手製の木版画の年賀状が送られてくる。彫刻や家具を制作するのも、彼らは、[Y]お手の物である。地方にはまだ、大工をはじめ職人の集まりが、かろうじて存続している地域がある。職人がソフトな[※4]インフラを担う町は、安心である。災害の際にも彼らがいる。

　何代と続く宮大工、家大工、林業家たちは土地の長い歴史の中で、志を受け継いでいる。自分の地域に対する思いは格別である。大工をはじめ職人も、そしてその土地で山林を所有する林業家も、山林や木材、木造に関わる人達は、地域社会を維持する重要な役目も担っている。

　そして家を建て、ビルを建設し、その連なりが町になり、地域の景観になる、どの現場にも職人がいる。実体を手がけているのは彼らである。誰が一番手を抜くと危険な建築ができるか。

現場の手である。これ以上、現場で実体を扱う職人と、その職能を軽視した法律や制度を継ぎ足し、作り続けることは危険である。

いくらあらゆることの自動化が進んでも、建築は、建築家と構造家の図面と計算だけで建てることはできない。現場で、実物を手がけるのは、建築家でも構造家でもない。紙に書いた通りに、建てることができなければ、それは虚事《そらごと》である。建築の可否は、現場の職人の見識と技能にかかっている。

グローバル化に応えるには、まず多様性を受け入れることが求められる。それ自体は否定されるものではない。

しかしそれは誰もが抗いにくい、誰にも分かり易い「多様性」という言葉を旗にして振り、何でも同調させ呑ませることではないだろう。多様性を受け入れる代償として、自分達が本来、守り、大事にしなければならないものを見失うことでもない。自国や地域社会が固有に受け継いできた文化や伝統を、今の時代には、そぐわない、グローバルマーケットでは計れない、競えないと、安易に捨てることでもない。むしろ逆に、5意識して、これまで以上に目をかけるものだ。

大工棟梁は「いかに手間をかけるか」、材木商は「いかに良い在庫を持つか」が彼らにとって、いい仕事の基準である。

彼らは社会に逆行しているのではない。自分の仕事が、社会から求められ、社会で果たすべき役割を大事にしている人達である。そんな彼らが仕事を成し遂げることを困難にし、生活していくことさえ難しくしている社会の方に問題がある。

レジリエントな（粘り強い）多様性を包容する世界は、主体性を帯びた自立した強い個があって成り立つものである。山中で質の高い木を育て、その立木から無垢の木材を挽き、伝統木造を設計し、建てる。それぞれに関わる人々の個は強く、自分の仕事に強い自負を持つ。その最たる者は大工棟梁である。欧州の職人も、日本の大工の技能、木造を高く評価する。6大工棟梁の職能、その所作、その生き方は、我が国がグローバル化する世界へ、我が国の強さとして打ち出せるものの一つであろう。

（白井裕子『森林で日本は蘇る』新潮新書刊による）

※1　在来工法……文明開化で導入された洋風木造を土台に政府主導で体系化された技術。
※2　狭隘化……せまくなること。
※3　ゼネコン……工事全体のとりまとめを行う建設業者。
※4　インフラ……インフラストラクチャの略称。日々の生活を支える基盤のこと。

問一　空欄 A ～ C に入る語句として最もふさわしいものを次のア～カの中からそれぞれ一つ選び、記号で答えなさい。

ア　おおいに　　イ　しばらく　　ウ　とうてい
エ　そもそも　　オ　かりに　　カ　たやすく

問二　傍線部X「大手を振って」、Y「お手の物」の本文中での意味として最もふさわしいものを次のア～オの中からそれぞれ選び、記号で答えなさい。

X「大手を振って」

ア　能力や技能を十分に発揮して
イ　多くの人々が協力して
ウ　遠慮せず堂々とふるまって
エ　費用を気にしないで
オ　気前よく盛大にものを与えて

Y「お手の物」

ア　本業の合間にする簡単な仕事
イ　慣れていてたやすくできる事柄
ウ　ないがしろにできない収入源
エ　正当に評価されるべき技量
オ　ひときわ目立った成果

問三　傍線部1「伝統木造は、我が国が守り伝えていかなければならないものだ」とありますが、筆者がこのように考えるのはなぜですか。ふさわしいものを次のア～オの中から**二つ選び**、記号で答えなさい。

ア　工業化が進んだことで注目された伝統木造という新しい建築技法を、日本固有の文化として定着させるべきだから。
イ　長い時間をかけて伝統木造と関わってきた人たちが、地域社会の文化や産業を維持してきたから。
ウ　世界中で木造がブームとなっており、日本で広く普及している伝統木造の技術を海外にも広めていくチャンスだから。
エ　伝統木造が主流となれば、森林資源の消費が抑制され、山林の生態系を守ることが可能になるから。
オ　伝統木造を保護することによって、山林や山村での暮らしが豊かになり、国内の製材業や林業の発展に繋がるから。

問四　傍線部２「木を買わずに、山を買え」とありますが、どのようなことを言おうとしていますか。最もふさわしいものを次のア～オの中から選び、記号で答えなさい。

ア　伝統木造では、大量の木材を必要とするため、その都度木材を購入するよりも初めに山を購入したほうが、利益があるということ。

イ　伝統木造の建築を行うのに適した気候風土があるため、木材を用意する前に、建築物を建てるための土地を用意しなければならないということ。

ウ　伝統木造にこだわれる人は経済的に余裕があるため、自身のことだけでなく山林の保全まで気に掛ける義務があるということ。

エ　伝統木造では、同じ気候風土で育った木をそろえることが重要であるため、材料となる木材を自分の目で見て選んだほうがよいということ。

オ　伝統木造の建築では質の良い木材を消費することになるため、家を建てるだけでも山を買うほどの費用がかかってしまうということ。

問五　傍線部３「量の問題ではなく、質の問題である」とありますが、どのようなことですか。最もふさわしいものを次のア～オの中から選び、記号で答えなさい。

ア　短期的にどれほどの利益を生み出せるかではなく、利益を出せないとしても建築物の安全性を担保できるかが問題であるということ。

イ　一つの建築物につきどれだけ多くの職人を手配するかではなく、どれだけ手間をかけずに建築物を作れるかが問題であるということ。

ウ　建築にどれだけの国内資源を用いたかではなく、伝統木造を扱う職人の技能の高さに応じた木材を用いているかが問題であるということ。

エ　伝統木造を建築できる職人がどれだけいるのかではなく、実際にその職人に巡り会えるかどうかが問題であるということ。

オ　伝統木造の建築がどれだけ建てられたかではなく、工業化住宅と共存できるかどうかが問題であるということ。

問六　傍線部４「伝統木造に関わる人たちの苦境」の説明として**適当でないもの**を次のア～オの中から一つ選び、記号で答えなさい。

ア　伝統木造は様々な実験により耐震性が検証され、地震に強いとされているにも関わらず、制度的に優遇されないため職人たちの活躍の場が少なくなっている。

イ　建築するのに多大な手間のかかる伝統木造よりも、効率よく建築できる工業化住宅が主流となることで、林業や製材業の発展が妨げられている。

ウ　ドイツやフランスで働く職人には技能を修得し、生かす機会があるが、伝統木造を建築する日本の職人は仕事だけでなく生活することさえ困難になっている。

エ　伝統木造が法制度によって支えられず、地域社会が長い歴史の中で継承してきた文化や伝統を後世に引き継いでいくことが困難になっている。

オ　伝統木造に従事する職人たちが、製材業や林業などの他の業界で働く人々と協力することが不可能となり、建築業界全体の職能が低下してしまっている。

問七　傍線部5「意識して、これまで以上に目をかける」とありますが、どのようなことですか。最もふさわしいものを次のア～オの中から選び、記号で答えなさい。

ア　グローバル化の中で新たに入ってくる文化や価値観を否定することによって、現在に至るまで受け継がれてきた伝統文化をこれからも守り続けるということ。

イ　多様性がなければグローバルマーケットでの競争に勝つことができないため、自国の文化も他国の文化も等しく尊重するということ。

ウ　国内の各地域で大切にされてきた文化を、グローバル化に対応するために放棄するのではなく、世界でも評価されうるものだと考え守り伝えていくということ。

エ　国内において不遇な伝統文化も、海外からは物珍しく見えるため、国内での継承が難しければ海外への進出を視野に入れるべきだということ。

オ　グローバル化する社会の中で様々な文化を許容するためには、自国の文化に固執するのではなく、柔軟に対応していくことが求められるということ。

問八　傍線部6「大工棟梁の職能、その所作、その生き方」とありますが、どのような生き方ですか。最もふさわしいものを次のア～オの中から選び、記号で答えなさい。

ア　社会から求められているものを作るために、自らが納得できない仕事であっても任された業務を忠実に全うする生き方。

イ　良質な木の育成をはじめ、製材や設計、建築まですべて、自分一人で管理し仕事をこなしていく生き方。

ウ　卓越した技量によって、社会制度によって地位を保証されている外国の職人たちから尊敬される生き方。

エ　どれだけ質の高い建築を生み出せるかにこだわり、自身の仕事に対して責任感を持って取り組む生き方。

オ　日本が固有に受け継いできた文化や伝統を守り、他国の文化をも尊重し、多様性を包容する世界を成立させる生き方。

問九　本文の内容に合致するものを次の中から**すべて選び**、記号で答えなさい。

ア　海外の木造ブームの影響を受け、日本でも伝統木造に注目が集まっている。

イ　伝統木造は日本の製材業や林業の振興、地域社会と密接に関わっている。

ウ　伝統木造では人の目に見える所に高価な木材を集中的に使用する。

エ　建築の良し悪しは、建築家よりも現場の職人の見識と技能にかかっている。

オ　日本の職人の多くは伝統木造を建築できる技能を持っている。

令和４年度　入学試験（２月１日実施）

算　数

［40分］

［注意事項］

1．試験開始の合図があるまで、この問題用紙は開かないでください。
2．試験開始後、解答用紙にシールを貼《は》ってください。
3．解答は、すべて解答用紙に記入してください。
4．解答は鉛筆《えんぴつ》などで濃《こ》く記入してください。
5．問題は1～5まであります。ページが抜《ぬ》けていたら、すみやかに手を挙《あ》げ、監督《かんとく》の先生に申し出てください。

東京農業大学第一高等学校中等部

1 次の各問いに答えなさい。

（1） $\dfrac{3}{8} \div 0.125 - \left(3.6 - \dfrac{46}{15}\right) \times 3\dfrac{3}{4}$ を計算しなさい。

（2） $\dfrac{1}{3 \times 4} + \dfrac{2}{4 \times 6} + \dfrac{3}{6 \times 9} + \dfrac{4}{9 \times 13}$ を計算しなさい。

（3） $1 \div \{1 + 1 \div (1 + \square)\} + 1 = \dfrac{20}{13}$ のとき、□にあてはまる数を答えなさい。

（4） 1日－33分＋（2時間45分×5－4200秒×3）＝□分
のとき、□にあてはまる数を答えなさい。

2022(R4) 東京農業大学第一高中等部　第1回
教英出版

[2]　次の各問いに答えなさい。

（1）　5桁《けた》の整数の中で、0.3をかけても0.3で割っても答えが整数になるような数のうち、1番小さな数を答えなさい。

（2）　縮尺 $\frac{1}{2500}$ の地図上で、円の形をした土地の面積が 153.86 cm^2 でした。
実際の土地の半径は何 m ですか。ただし、円周率を 3.14 とします。

（3）　各位の数字をすべてかけた数を表す記号を≪≫とします。
例えば、≪ 2 ≫ = 2，≪ 34 ≫ = 3 × 4 = 12，≪ 567 ≫ = 5 × 6 × 7 = 210 となります。
このとき、≪[あ]≫ = 18 となる整数を考えます。

①　≪[あ]≫ = 18 となる 2 桁の整数[あ]は全部で何個考えられますか。

②　≪[あ]≫ = 18 となる 3 桁の整数[あ]は全部で何個考えられますか。

3　次の各問いに答えなさい。

（1）下の図のような正方形 ABCD があります。
P は正方形の辺上を A → B → C → D → A の順番に一定の速さで 1 周します。このとき、2 点 A，P の距離《きょり》と時間の関係を表すグラフとして正しいものを次の(ア)～(エ)の中から 1 つ選び、記号で答えなさい。

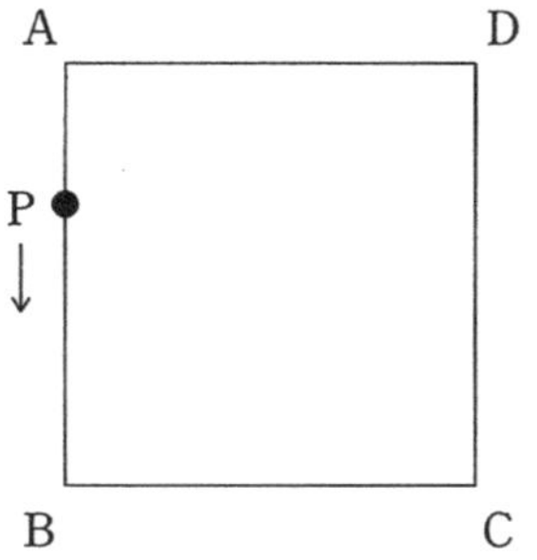

(ア)

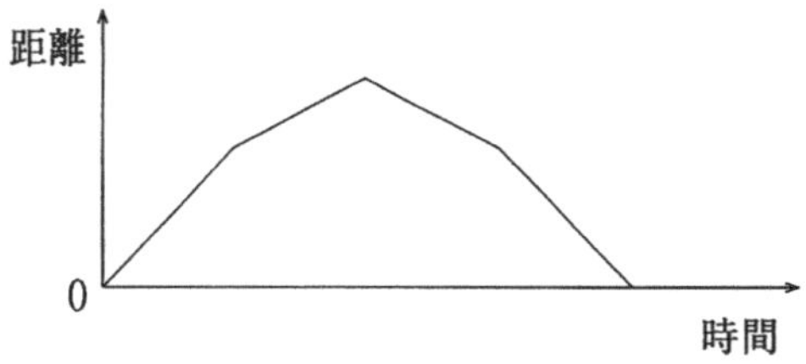

(イ)

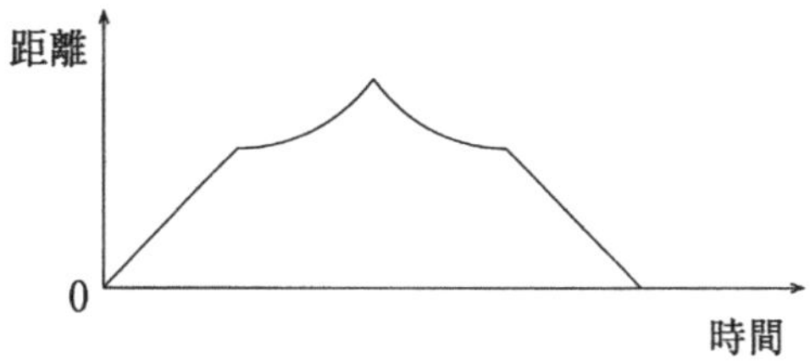

(ウ)

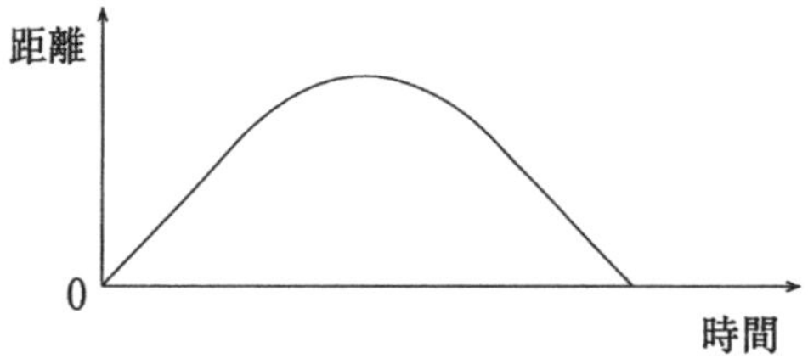

(エ)

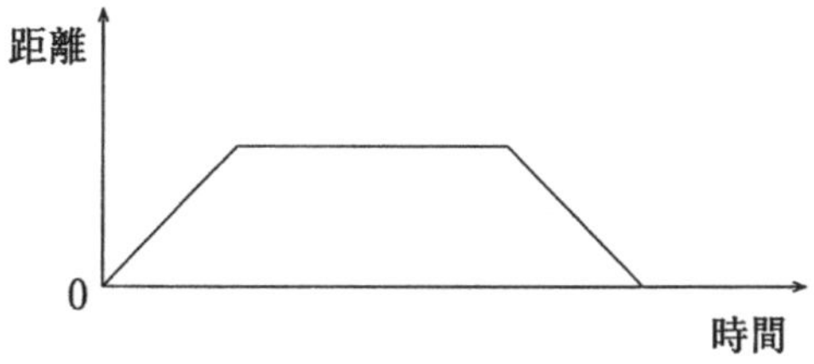

（２） 線から鉛筆を離《はな》さずに、同じ線を１回しか通らないで形をかくことを一筆書きといいます。例えば、下の図は点Ａから始めて点Ｂまで一筆書きすることができます。次の(ア)～(オ)の図の中から一筆書きできるものを２つ選び、記号で答えなさい。

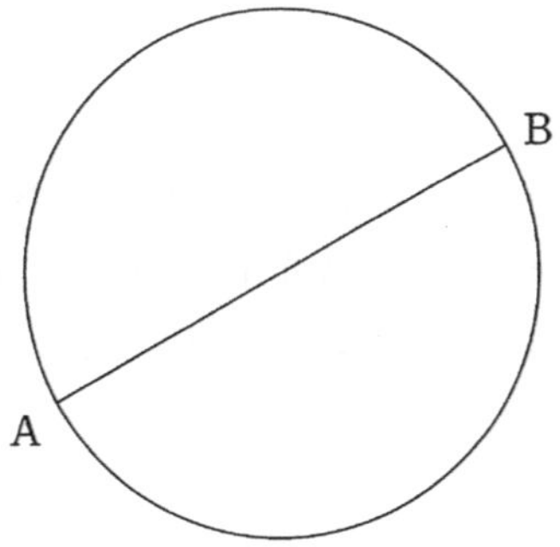

(ア)

(イ)

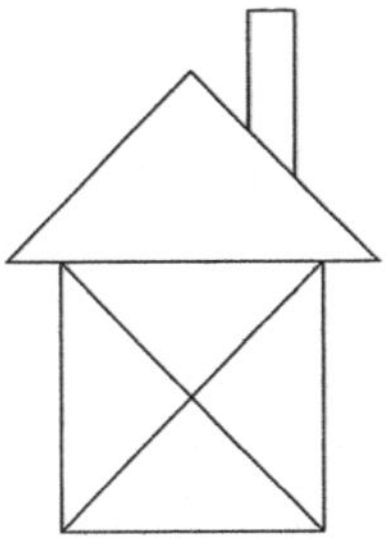

(ウ)

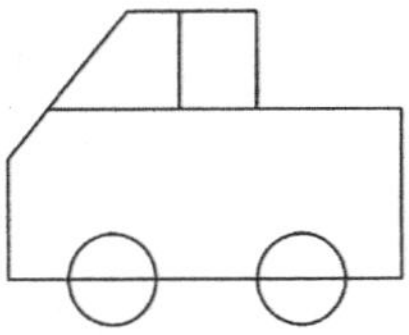

(エ)

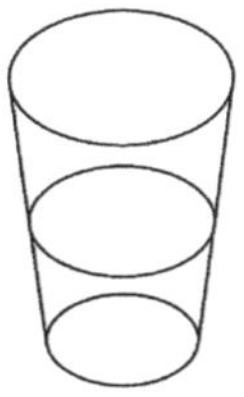

(オ)

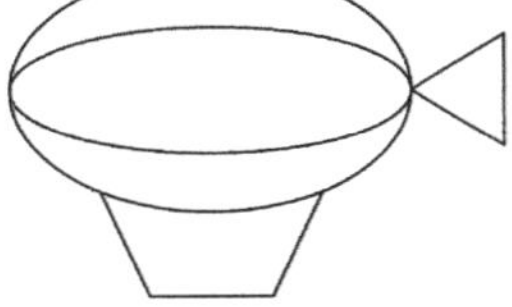

4　次の各問いに答えなさい。

(1)　新しいゲームソフトの発売日に、ある店の前にはすでに108人が並んでいます。さらに、この行列に毎分6人の割合で人が並んでいきます。3つのレジで対応すると、この行列は18分でなくなりました。4つのレジで対応すると、この行列は何分何秒でなくなりますか。

(2)　3種類の大根A，B，Cがあります。Aを1本、Bを2本、Cを3本買うと690円、Aを4本、Cを2本買うと660円、Aを1本、Bを4本、Cを1本買うと810円になります。このとき、大根Cの1本の値段は何円ですか。ただし、消費税は考えないものとします。

(3)　ある中学校には、16クラスあります。1クラスを1人で清掃《せいそう》するとき、太郎《たろう》君は12分、次郎君は15分、裕子《ゆうこ》さんは20分かかります。16クラスを3人で清掃するとき、何時間何分かかりますか。

(4)　4％の食塩水180gから水を蒸発させて6％の食塩水を作ります。蒸発させる水の重さは何gですか。

(5)　N中学校では、修学旅行で北海道に行きます。宿泊《しゅくはく》するホテルでは、1部屋に6人ずつ入れるとすべての部屋を使っても3人が部屋に入れません。また、8人ずつ入れると7人の部屋が1部屋できて、7部屋余ります。このとき、修学旅行に行く生徒の人数は何人ですか。

(6)　まっすぐな道路のA地点とB地点に旗を立て、その間に等間かくで旗を立てます。15mごとに旗を立てたときと12mごとに旗を立てたときでは、立てた旗に4本の差があります。このとき、16mごとに旗を立てるには、A地点とB地点を含《ふく》めて旗は何本必要ですか。

2022(R4) 東京農業大学第一高中等部　第1回
K 教英出版

（7） 下の図のように半円の中に直径を一辺とする２つの三角形がぴったりおさまっています。角 x の大きさを求めなさい。

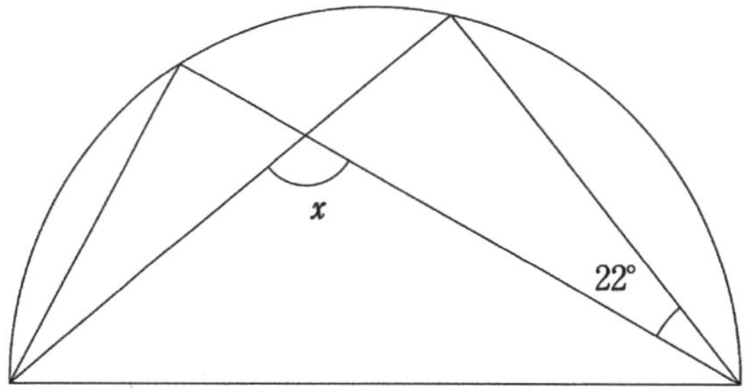

（8） 下の図のように高さ 22 m の１号館と高さ 16 m の２号館が並んで建っています。ある時刻に１号館の影《かげ》が、２号館の地上から 14 m のところまでできました。２号館の影は２号館から 23 m 離れた地点までできました。このとき、１号館と２号館の間の距離は何 m ですか。

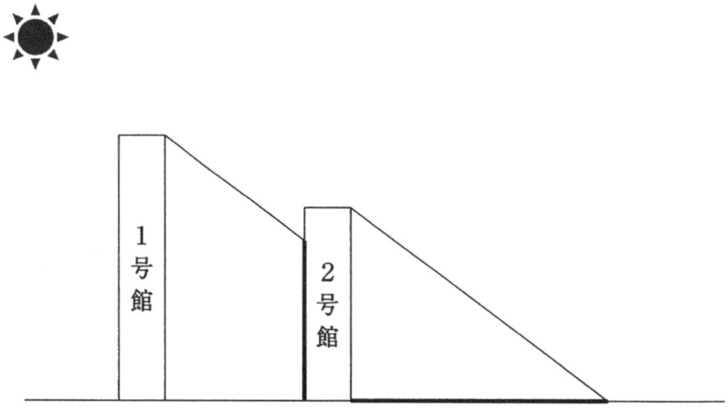

5　太郎君と次郎君が、公園と学校の間を 30 分間一定の速さで往復し続けます。太郎君と次郎君の走る速さはそれぞれ毎分 120 m と毎分 80 m です。太郎君と次郎君は同時に学校を出発し、12 分後にすれ違《ちが》いました。次の各問いに答えなさい。

（1）学校から公園までの道のりは何 m ですか。

（2）出発してから 30 分後までの太郎君と次郎君のそれぞれの位置と時間の関係を解答欄《らん》のグラフにかき込みなさい。

（3）太郎君と次郎君が 2 回目にすれ違うのは学校から何 m のところですか。

令和４年度　入学試験（２月１日実施）

理　科

［40分］

［注意事項］

1．試験開始の合図があるまで、この問題用紙は開かないでください。
2．試験開始後、解答用紙にシールを貼《は》ってください。
3．解答は、すべて解答用紙に記入してください。
4．解答は鉛筆《えんぴつ》などで濃《こ》く記入してください。
5．問題は１ページ～18ページの合計18ページあります。ページが抜《ぬ》けていたら、すみやかに手を挙《あ》げ、監督《かんとく》の先生に申し出てください。

東京農業大学第一高等学校中等部

1 図1は、あるほ乳類の心臓を正面から見た断面図で、心臓と心臓につながっている血管の内部を模式的に表したものです。

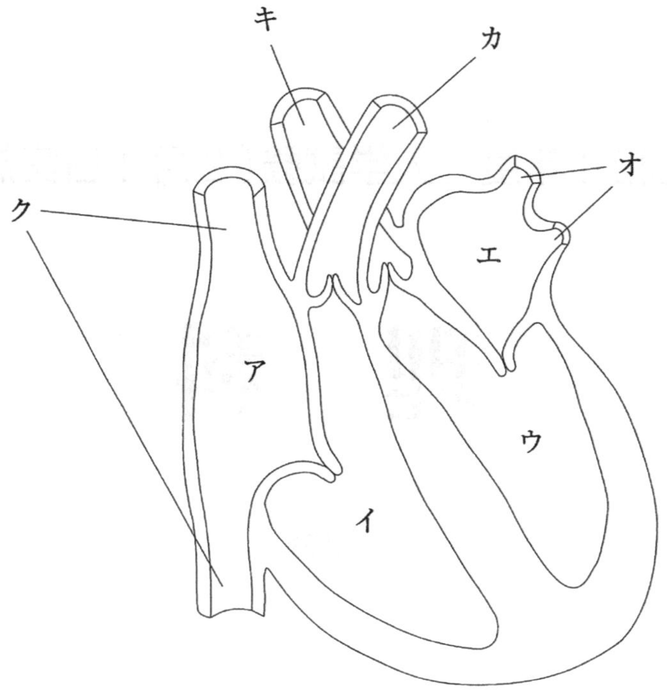

図1

問1　図1のア～エの部屋の名まえの組み合わせとして正しいものを、次の①～⑥から選び、番号で答えなさい。

	ア	イ	ウ	エ
①	右心房《うしんぼう》	右心室	左心房	左心室
②	左心房	左心室	右心房	右心室
③	右心室	右心房	左心室	左心房
④	左心室	左心房	右心房	右心室
⑤	右心房	右心室	左心室	左心房
⑥	右心房	左心室	右心室	左心房

問2　図1の血管オ～クのうち、動脈をすべて選び、記号で答えなさい。

問3　動物によって心臓の心房と心室の数が異なります。次の①〜⑤のうち、動物どうしで心房と心室の数が一致《いっち》するものを選び、番号で答えなさい。

①　フナ・カエルの成体　　②　ウシ・カエルの成体　　③　ニワトリ・トラ
④　ニワトリ・フナ　　⑤　ウシ・フナ

問4　血液の成分のうち、酸素を運ぶ役割をもつものの名まえを答えなさい。

問5　図1のイとウのうち、酸素をより多く含《ふく》んだ血液が入る部屋はどちらですか。記号で答えなさい。

問6　図1のウの部屋がふくらむと、同時にふくらむ部屋をア・イ・エから1つ選び、記号で答えなさい。

図2のように、心臓には弁A〜Dがあり、その役割は血液の逆流を防ぐことです。弁Aと弁D、弁Bと弁Cが同時に閉じます。また、聴診器《ちょうしんき》を用いると、心臓のはく動にともなう心音を聴《き》くことができます。心音は弁が閉じるときに生じる音で、主に2種類あり、それぞれⅠ音・Ⅱ音といいます。

図3は、左心室内の圧力と大動脈血流量と心音の関係を示したものです。左心室内の圧力は、左心室の血液を押し出す力と考えることができます。縦軸《たてじく》は左心室内の圧力と大動脈血流量を表します。縦軸の目盛りが上にいくほど、それぞれの値は大きくなっています。また、心音が波打っている部分は音が生じていることを示しています。

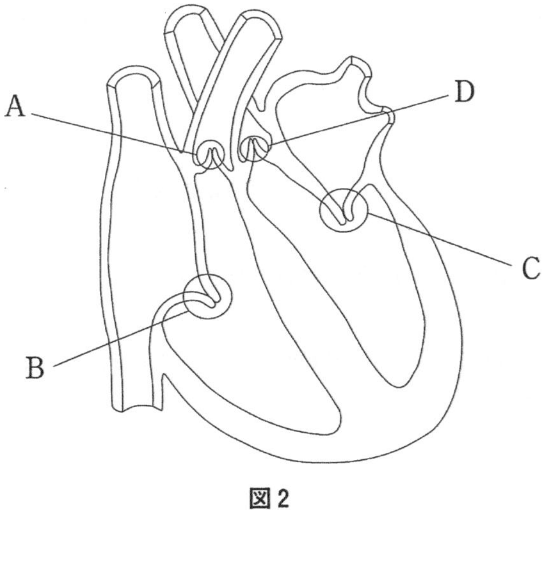

図2

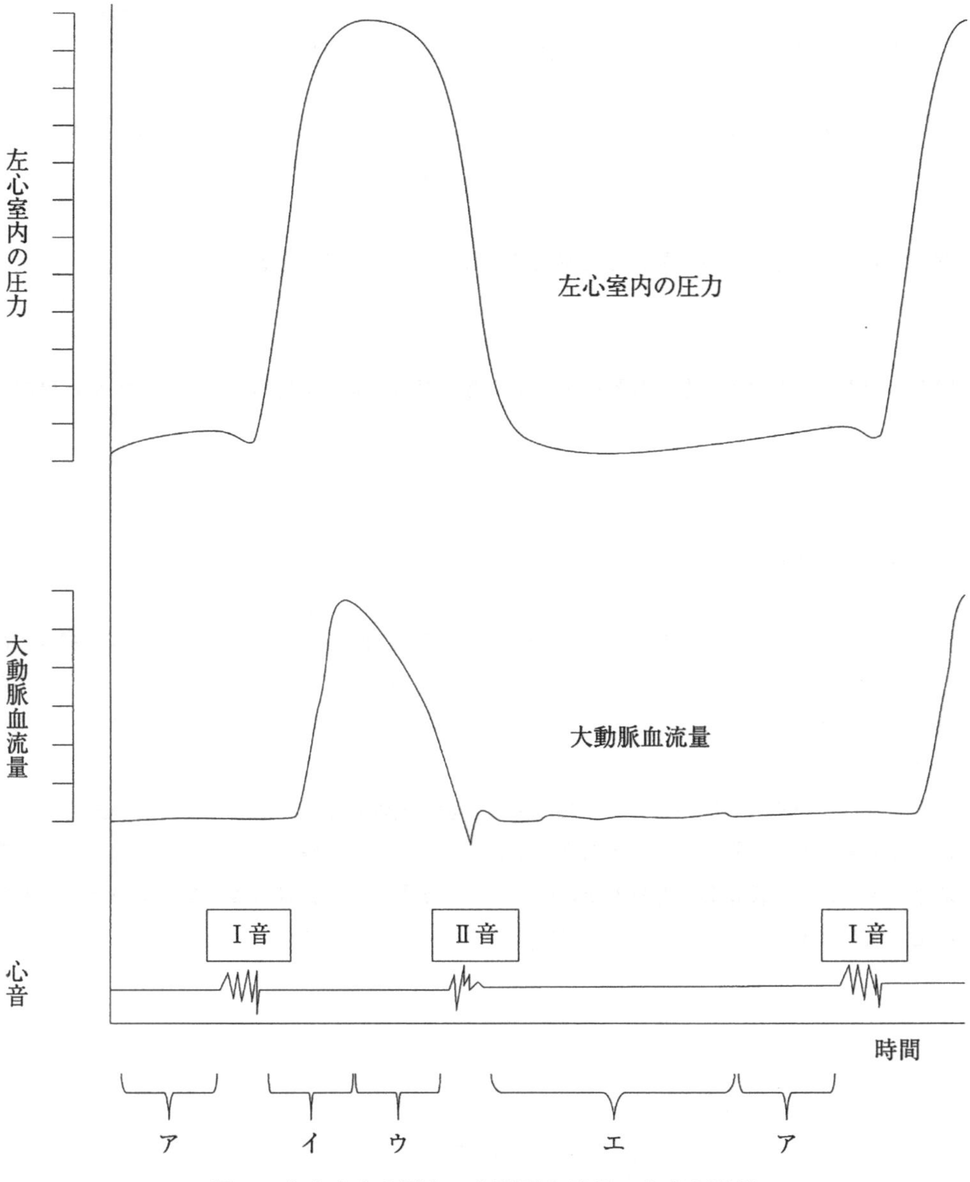

図3　左心室内の圧力・大動脈血流量・心音の関係

問7　図2と図3について、次の各問いに答えなさい。

（1）　弁C、Dについて、どちらの弁が閉じたときにⅠ音が生じると考えられますか。記号で答えなさい。

(2)　(1)の結果と図2より、聴診器で図4のXとYの部分においてI音を聴くとき、I音の大きさはどのように異なると考えられますか。次の文の①、②にあてはまる言葉として正しいものをそれぞれ選び、答えなさい。

弁の近くで聴くほど音は(① 大きく・小さく)なるので、心臓の(② X・Y)側のほうがI音が大きい。

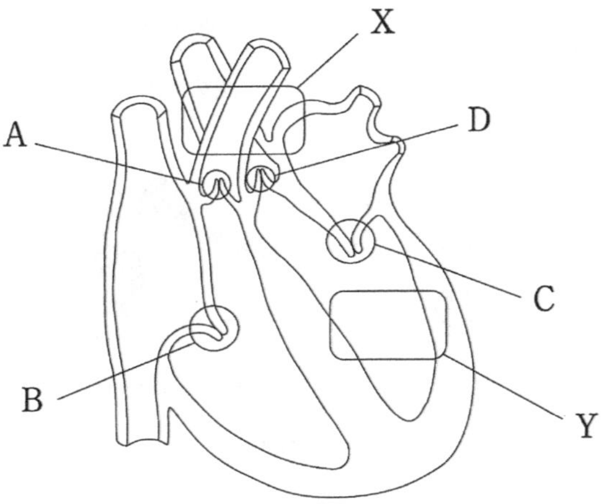

図4

(3)　心臓に異常があると、心臓の音を聴いたときに雑音が生じることがあります。例えば、弁が十分に開かないとそこを血液が通過するときに雑音が生じます。弁Dに異常があり、弁Dが十分に開かない場合、図3のア～エのどの期間に雑音が生じると考えられますか。2つ選び、記号で答えなさい。

(4)　弁Dに異常があるとき、弁Dと同じように機能する人工弁を心臓内に設置し、新たな弁とすることがあります。その方法では、カテーテルという細い管を用います。人工弁を先端《せんたん》につけたカテーテルを心臓につながる血管から入れ、心臓まで到達《とうたつ》させ人工弁を心臓まで運びます。このことについて、次の文章の①、②にあてはまる言葉として正しいものをそれぞれ選び、答えなさい。

カテーテルを(① 大静脈・大動脈・肺静脈・肺動脈)を経由して入れ、人工弁を弁Dの位置に設置する。この人工弁は、弁Cが開いているときは(② 開いて・閉じて)いる。

2 私たちの眼やカメラは、レンズを用いて物体を網膜《もうまく》やフィルムに像として映し出しています（図１）。

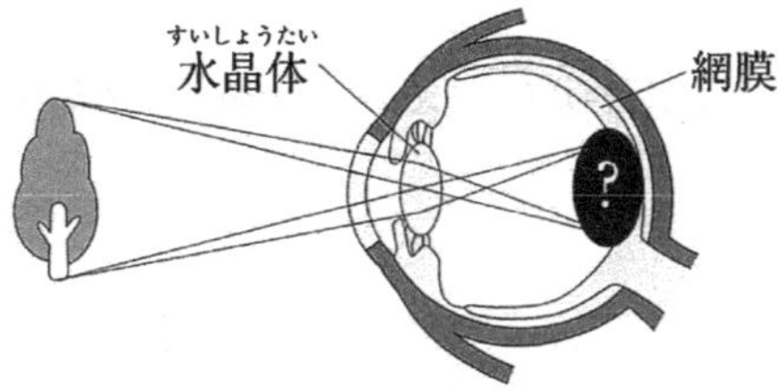

眼の仕組み

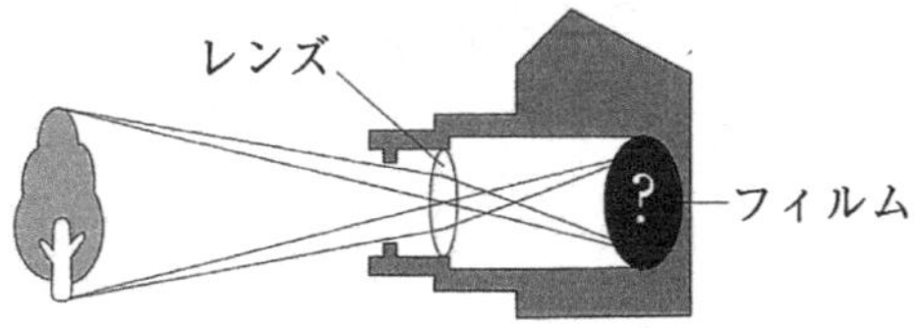

カメラの仕組み

図１

問１　光は直進する性質をもっています。しかし、光がレンズを通るとき、光の道筋が曲がることがあります。このような光が曲がる性質を何といいますか。次のア～エから選び、記号で答えなさい。

ア．反射　　イ．回折　　ウ．屈折《くっせつ》　　エ．拡大

問２　問１の性質に関係するものを、次のア～エからすべて選び、記号で答えなさい。

ア．空に虹《にじ》がかかって見えた。
イ．空が青く見える。
ウ．水中にある物体が実際よりも浅い位置にあるように見える。
エ．全身を映すのに必要な鏡の大きさは身長の半分である。

問3　図２で物体をスクリーンに映し出したとき、像は観測者から見てどのような形をしていますか。正しいものを以下のア～エから選び、記号で答えなさい。

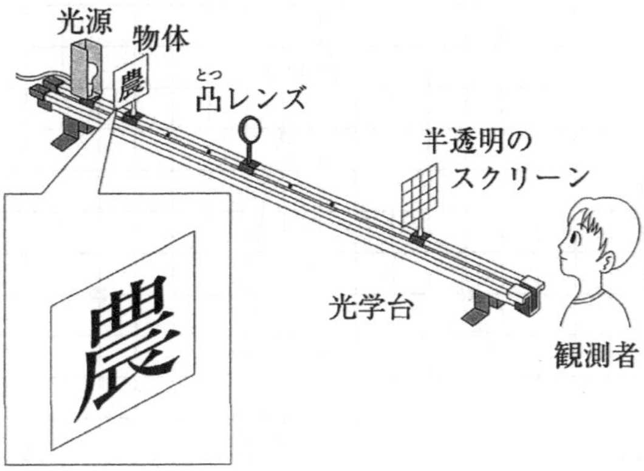

図２

ア

イ

ウ

エ

焦点距離《しょうてんきょり》が15cmの凸レンズを用意し、図３のように凸レンズの左側に物体を置いたとき、スクリーンにどのような像が映るかを調べました。なお、方眼の１マスは３cmです。

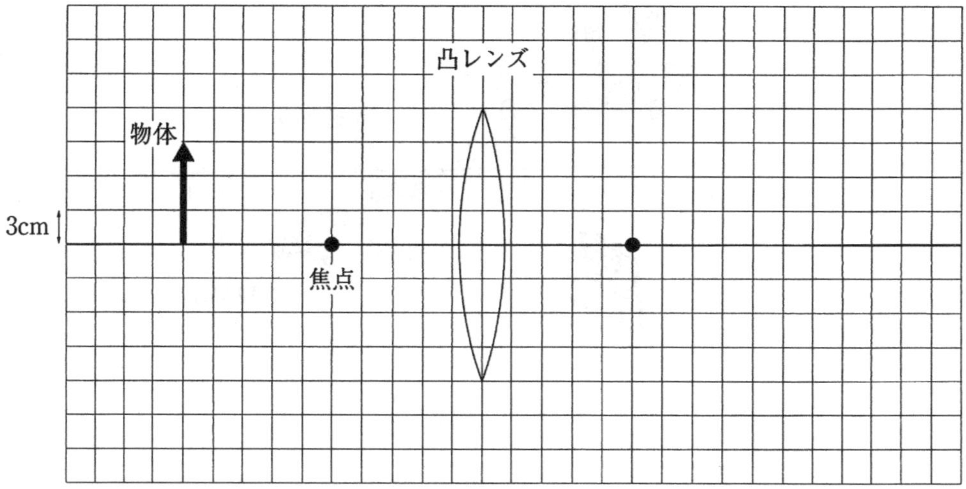

図３

問４　図３では、凸レンズから30cm離れたところに物体が置かれています。物体に左から光を当てたときの光の道筋と映し出される像を作図しなさい。また、映し出される像の大きさは物体の大きさの何倍か答えなさい。なお、作図の際には、光の道筋は少なくとも２本はかくこと。

問5　図3の凸レンズの下半分を、黒い板で覆《おお》ったときのスクリーンに映し出される像の説明として、正しいものはどれですか。次のア～カから選び、記号で答えなさい。

ア．像の下半分が消え、明るさは暗くなる。
イ．像の下半分が消え、明るさは変わらない。
ウ．像の上半分が消え、明るさは暗くなる。
エ．像の上半分が消え、明るさは変わらない。
オ．像の形は変わらず、明るさは暗くなる。
カ．像の形は変わらず、明るさも変わらない。

問6　図3の物体を凸レンズの左側20cmの位置へ移動させたとき、スクリーンに映る像の位置と大きさはどのようになりますか。次のア～コから選び、記号で答えなさい。

ア．凸レンズの右側15～30cmの間で見ることができ、像の大きさは大きくなる。
イ．凸レンズの右側15～30cmの間で見ることができ、像の大きさは小さくなる。
ウ．凸レンズの右側15～30cmの間で見ることができ、像の大きさは変わらない。
エ．凸レンズの右側30cmの位置で見ることができ、像の大きさは大きくなる。
オ．凸レンズの右側30cmの位置で見ることができ、像の大きさは小さくなる。
カ．凸レンズの右側30cmの位置で見ることができ、像の大きさは変わらない。
キ．凸レンズの右側30cmより遠くの位置で見ることができ、像の大きさは大きくなる。
ク．凸レンズの右側30cmより遠くの位置で見ることができ、像の大きさは小さくなる。
ケ．凸レンズの右側30cmより遠くの位置で見ることができ、像の大きさは変わらない。
コ．どこにも映らない。

問7　物体と凸レンズの距離を0～80cmの間で変えたところ、スクリーン上に像が映らない範《はん》囲《い》が存在しました。次の文の【①】、【②】にあてはまる数値を答えなさい。

物体と凸レンズの距離が【①】cm以上【②】cm以下のとき、スクリーン上には像が映らなかった。

視力を矯正《きょうせい》するために、眼鏡を使用する方法があります。眼鏡を使用したとき、物体からの光は眼鏡のレンズと水晶体《すいしょうたい》を通してスクリーン(網膜)に届きます。ここでは、物体とスクリーンの間に、２つの凸レンズが置いてある状態として考えることにします。

物体に近い凸レンズ(眼鏡の代わり)をレンズA、物体から遠い凸レンズ(水晶体の代わり)をレンズBとします。まず、物体側から出た光はレンズAを通って像Aをつくります。そして、レンズBはこの像Aを物体とみなして、像Bをつくります。

問８　図４のように、物体とレンズが置かれています。レンズAの焦点距離は15cm、レンズBの焦点距離は12cmです。レンズAの中心から左側30cmのところに物体を置いたとき、レンズBの中心から右側何cmのところに像Bができますか。また、できた像Bの大きさは元の物体の大きさの何倍ですか。

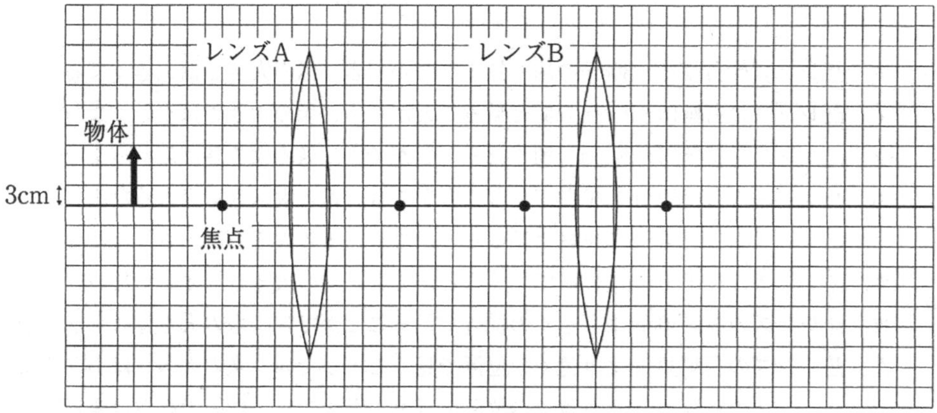

図４

東京農業大学第一高等学校中等部　令和四年度入学試験（二月一日実施）国語　解答用紙

氏名

受験番号

↓ここにシールを貼《は》ってください↓

※100点満点
（配点非公表）

22020113

一

①	カマエ
②	ガテン
③	ケイショウチ
④	カイシン
⑤	寄席
⑥	装丁
⑦	定石
⑧	怠惰

二

問一

Ⅰ

Ⅱ

Ⅲ

Ⅳ

問二

問三

問四

番目

番目

問五

m

(2)

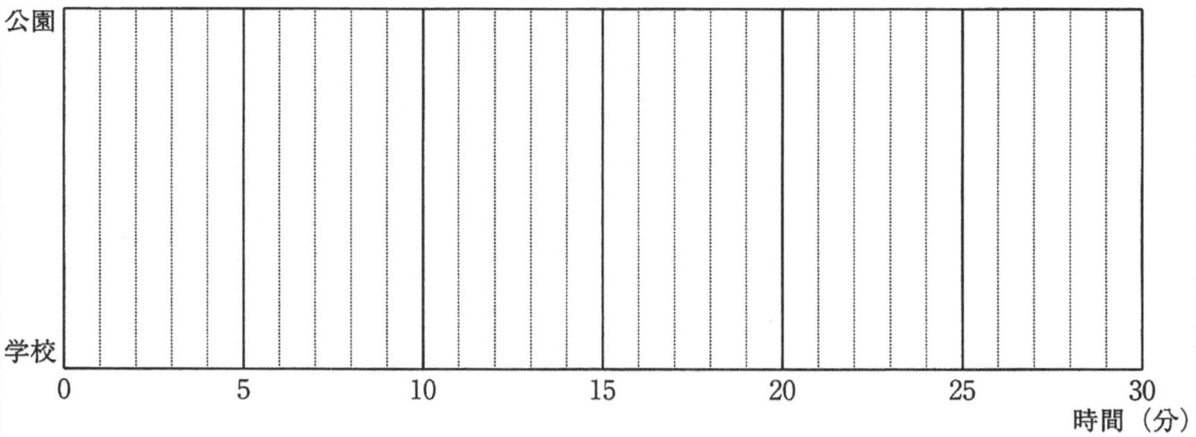

(3)

m

↓ここにシールを貼《は》ってください↓

22020111

※100点満点
（配点非公表）

受験番号	氏　　名

東京農業大学第一高等学校中等部

問3	アルミニウム　g	X液　cm^3	問4	g	
問5	g	問6	気体A　L	X液　cm^3	
問7	①	③	問8	(1) アルミニウム：鉄 ：	(2)　g

4

問1		問2	(1)	(2) A	B	C
問3	(1)	(2) 記号	名まえ		
問4	(1) 火さい流	土石流	(2)		
問5					

↓ここにシールを貼《は》ってください↓

22020112

※100点満点
（配点非公表）

受験番号	氏　　名

東京農業大学第一高等学校中等部

令和４年度　入学試験（２月１日実施）理科　解答用紙

1

問1		問2		問3		問4	
問5		問6		問7	(1)	(2)①	②
問7	(3)		(4)①	②			

2

問1		問2		問3	

問4

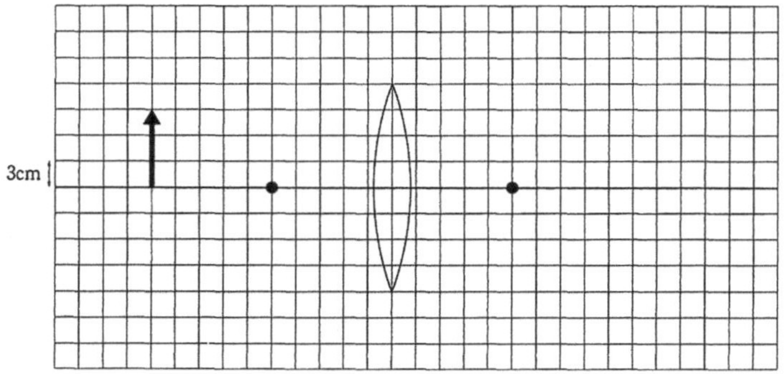

問4	像の大きさ　　倍
問5	
問6	
問7	①
問7	②

問8	像の位置　　cm	像の大きさ　　倍	問9	cm

【解答

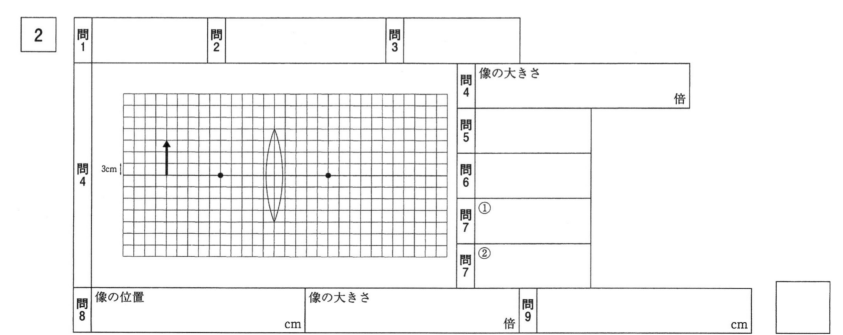

令和４年度　入学試験（２月１日実施）算数　解答用紙

1

(1)	(2)	(3)	(4)

2

(1)	(2)	(3)	
		①	②
	m	個	個

3

(1)	(2)
	と

4

(1)		(2)	(3)	
分	秒	円	時間	分

(4)	(5)	(6)	(7)	(8)
g	人	本	°	m

【解答

問六

問七

問八

問九

三

問一
A
B
C

問二
X
Y

問三

問四

問五

問六

問七

問八

問九

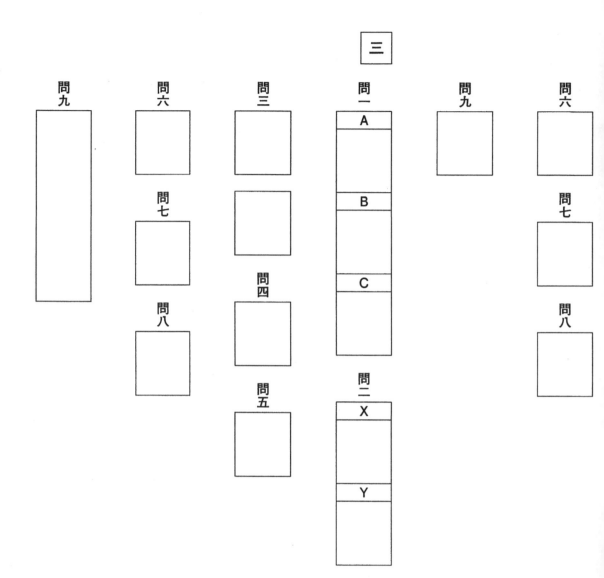

問9　レンズAを焦点距離のわからないレンズCに取り換《か》えたところ、レンズBの右側には像が映りませんでした。そこで、物体をいろいろな位置に移動させたところ、図5のように、レンズCの中心から左側45cmのところに物体を置いたとき、問8と同じ位置にレンズBによる像ができました。レンズCの焦点距離を求めなさい。

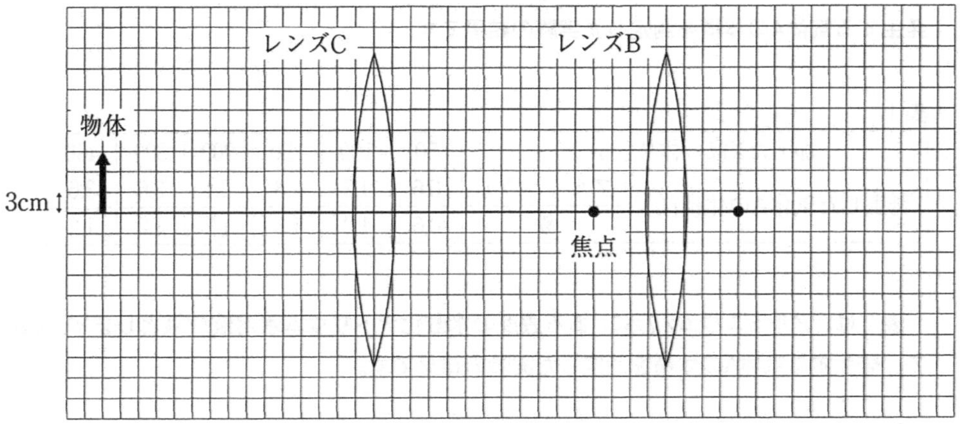

図5

3 アルミニウムや鉄は塩酸に溶《と》けて気体Aを発生します。また、アルミニウムは水酸化ナトリウム水溶液《すいようえき》に溶けて気体Aを発生しますが、鉄は水酸化ナトリウム水溶液に入れても溶けずに、気体Aを発生することはありません。

表1は、アルミニウム2.7gと鉄2.8gそれぞれにある濃度の塩酸(X液とします)を加えて、発生する気体Aの体積を測定した実験の結果です。

表1

加えたX液の体積〔cm^3〕		50	100	150	200	300	400
発生した気体Aの体積〔L〕	アルミニウム	0.6	1.2	1.8	2.4	3.6	3.6
	鉄	0.6	1.2	1.2	1.2	1.2	1.2

表2は、アルミニウム2.7gに、ある濃度の水酸化ナトリウム水溶液(Y液とします)を加えて、発生する気体Aの体積を測定した実験の結果です。

表2

加えたY液の体積〔cm^3〕	50	100	150	200	300	400
発生した気体Aの体積〔L〕	0.9	1.8	2.7	3.6	3.6	3.6

表3は、X液50cm^3に異なる体積のY液を加えて混合溶液をつくり、そこに鉄2.8gを加えたときに発生する気体Aの体積を測定した実験の結果です。

表3

加えたY液の体積〔cm^3〕	50	100	150	200
発生した気体Aの体積〔L〕	0.3	0	0	0

表4は、X液50cm^3に異なる体積のY液を加えて混合溶液をつくり、そこにアルミニウム2.7gを加えたときに発生する気体Aの体積を測定した実験の結果です。

表4

加えたY液の体積〔cm^3〕	50	100	150	200
発生した気体Aの体積〔L〕	0.3	①	②	③

問1 気体Aの名まえを答えなさい。

問2　気体Aの捕《ほ》集《しゅう》方法を、下のア～ウから選び、記号で答えなさい。また、気体Aの性質を、下のエ～コから2つ選び、記号で答えなさい。

【捕集方法】 ア．上方置《ち》換《かん》　　イ．下方置換　　ウ．水上置換

【性　　質】 エ．空気より軽い。
オ．空気より重い。
カ．水に溶けて酸性を示す。
キ．水に溶けてアルカリ性を示す。
ク．石灰水を白くにごらせる。
ケ．ものが燃えるのを助ける。
コ．火をつけると音を出して燃える。

問3　アルミニウムにX液を加えて、気体Aを10.8L発生させるためには、少なくとも何gのアルミニウムに少なくとも何cm^3のX液を加えればよいですか。

問4　**問3**と同じ体積のX液を用意しました。そのX液に30gの鉄を加えたときに、溶けずに残っている鉄の重さは何gですか。

問5　ある重さのアルミニウムにX液を少しずつ加えていきました。すると100cm^3加えたところでアルミニウムはすべて溶け、気体Aが発生しなくなりました。このときに用意したアルミニウムの重さは何gですか。

問6　ある体積のX液を用意しました。そのX液に鉄10gを加えたところ、気体Aが発生しました。また、溶液中に残った鉄があったので重さをはかったところ、3gでした。このとき発生した気体Aの体積〔L〕と用意したX液の体積〔cm^3〕をそれぞれ求めなさい。

問7　表4の①、③にあてはまる数値を答えなさい。

問8　アルミニウムの粉末と鉄の粉末が均一に混ざった混合物がありました。この混合物3gをY液100cm^3に入れたところ、2.1gの固体が残っていました。<u>また、この混合物3gをX液200cm^3に入れたところ、粉末はすべて反応して溶液中には何も残りませんでした。</u>

（1）　混合物中のアルミニウムと鉄の重さの比を、最も簡単な整数の比で表しなさい。
（2）　下線部の操作の後のX液には、最大で何gの鉄を溶かすことができますか。

4　災害大国とも言われる日本では、2021年にも多くの災害が発生しました。

例えば、7月3日に梅雨前線の影響《えいきょう》で非常に激しい雨が降り、ある地域で10棟《むね》以上の家屋が流される土石流が発生しました。さらに、8月中旬《ちゅうじゅん》には日本列島付近に前線が停たいし、川が氾濫《はんらん》したり、土砂災害が発生したりしました。

また、日本には多くの火山があり、私たちは温泉などで火山の存在による恩けいを受けています。一方で、ふん火が発生すると日常生活が一変してしまうこともあります。2021年は雲仙《うんぜん》普《ふ》賢岳《げんだけ》の火山活動によって40名を超える犠牲者《ぎせいしゃ》が発生してから30年という節目の年でもありました。

問1　上の文章に書かれている、7月3日に土石流が発生した地域を含んでいるものとして正しいものを、次の地図のア～オから選び、記号で答えなさい。

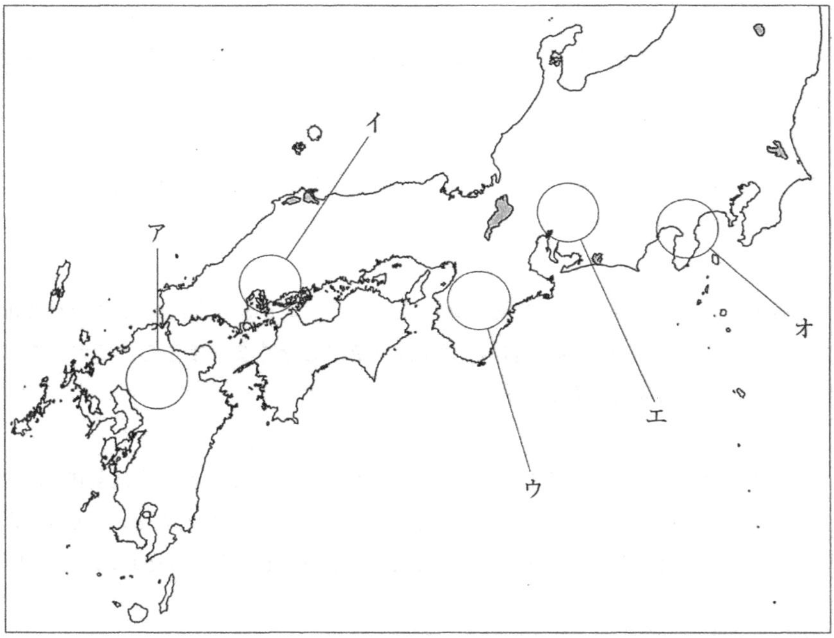

（引用：国土地理院）

問2　ふん火の様子は、おもにその火山からふん出するよう岩の性質によって決まり、火山の形、よう岩のねばりけ、ふん火の様子について、表1のようにまとめることができます。

表1

	A	B	C
火山の形	平たい形 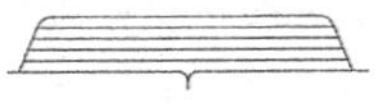	円すい形 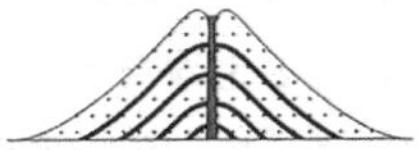	ドーム型 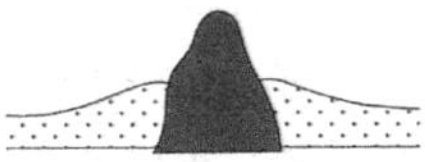
よう岩のねばりけ	弱くて流れやすい	←→	強くて流れにくい
ふん火の様子	比かく的おだやか	←→	比かく的激しい

（1）　雲仙普賢岳は、表1のどの火山にあてはまりますか。A～Cから選び、記号で答えなさい。

（2）　A～Cの代表的な火山として正しいものを、次のア～カからそれぞれ2つずつ選び、記号で答えなさい。

ア．キラウエア　　イ．浅間山　　ウ．桜島
エ．昭和新山　　オ．マウナロア　　カ．有珠山《うすざん》

問3　雲仙普賢岳と関係の深い火成岩のひとつに安山岩があります。

（1）　安山岩の色として正しいものを、次のア～ウから選び、記号で答えなさい。

ア．黒色　　イ．灰色　　ウ．白色

（2）　安山岩にみられる組織は、図1に示されている2つの組織のうちどちらですか。次のア、イから選び、記号で答えなさい。また、その組織の名まえも答えなさい。

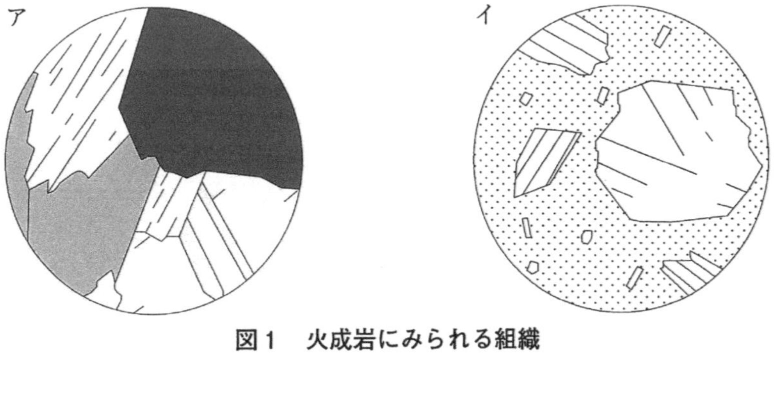

図1　火成岩にみられる組織

問4　平成時代に起こった雲仙普賢岳のふん火による災害は、火さい流や土石流により、多くのひ害をもたらしました。

（1）　火さい流と土石流の説明として正しいものを、次のア～オからそれぞれ1つずつ選び、記号で答えなさい。

ア．マグマが液体状のまま、地表に出ること。
イ．山の中腹などにある土砂などが雨によって一気に流れ下ること。
ウ．火山のふん火によって、山の形が大きくくずれること。
エ．高温の火山ガスやよう岩、火山灰などが混合して、高速で流れ下ること。
オ．雨によって、流木や土砂が川を流れること。

（2）　平成時代に起こった雲仙普賢岳のふん火による災害では、土石流が繰《く》り返し発生しました。一方で、2021年7月3日にも土石流が発生しましたが、このときは火山がふん火したわけではありませんでした。では、火山のふん火と土石流にはどのような関係があるのでしょうか。その説明として正しいものを、次のア～オから選び、記号で答えなさい。

ア．火山がふん火すると、数十年に1度しか発生しないような激しい雨が必ず発生するため、土石流が起こる。
イ．火山のふん火により、高温の火山ガスやよう岩、火山灰などが混合して、高速で流れ下り、土石流が起こる。
ウ．火山のふん火により、火山ふん出物が山に降り積もることで、土石流が起こりやすくなる。
エ．火山のふん火が収まれば、土石流もまったく発生しなくなる。
オ．火山のふん火により、火山ふん出物が川に降り積もり、川底が上がることで土石流が起こる。

問題は次のページに続きます

問5　雲仙普賢岳周辺では、1792年頃にも地しん・ふん火活動による災害が起こりました。中でも、1792年５月21日に起こったものは「島原大変《しまばらたいへん》肥《ひ》後《ご》迷惑《めいわく》」と呼ばれています。ここで、島原というのは雲仙普賢岳がある地域の地名、肥後というのは現在熊本県がある地域のことです。「島原大変」というのは、島原で起きたふん火活動や地しん活動などの天変地異を指しており、「肥後迷惑」というのは、島原の対岸にある熊本でもひ害を受けたことを表しています。実際に、「島原大変肥後迷惑」では、熊本でおよそ5000人、島原・天草でおよそ10000人の犠牲者が生まれています。島原で天変地異が起こったことで、熊本でも大きなひ害が生じたのはなぜでしょうか。次の資料から考えて答えなさい。

＜資料＞

・1792年５月21日、島原にある眉山《まゆやま》という山の東《ひがし》斜面《しゃめん》が大崩壊《だいほうかい》しました。地図に示されている「九《つ》十《く》九《も》島《じま》」という島々は、この大崩壊によってできました。

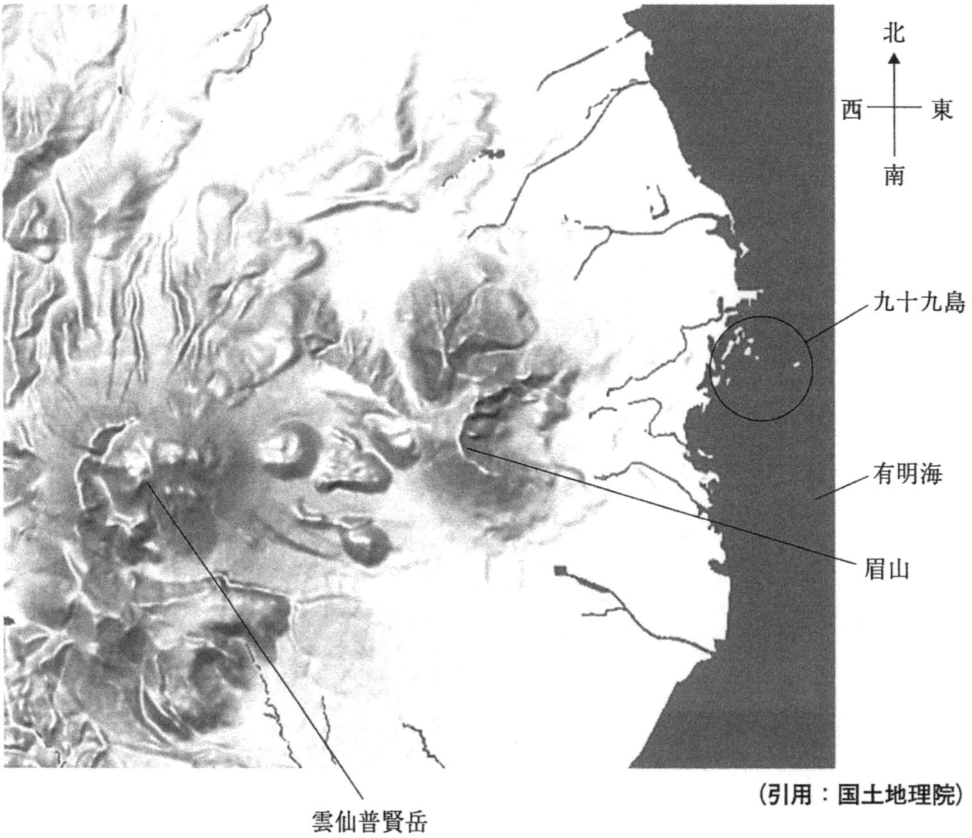

（引用：国土地理院）

・この災害での死者のために建立された供養塔《くようとう》が、今も各地に残されており、その中には「両肥溺死塔《りょうひできしとう》」と彫《ほ》られているものがあります。

・島原と熊本の位置関係は次のようになっています。

（引用：国土地理院）

令和３年度　入学試験（２月１日実施）

国　語

［40分］

［注意事項］

1. 試験開始の合図があるまで、この問題用紙は開かないでください。
2. 試験開始後、解答用紙にシールを貼《は》ってください。
3. 解答は、すべて解答用紙に記入してください。
4. 解答は鉛筆《えんぴつ》などで濃《こ》く記入してください。
5. 問題は１ページ～14ページの合計14ページあります。
   ページが抜《ぬ》けていたら、すみやかに手を挙《あ》げ、監督《かんとく》の先生に申し出てください。
6. 解答の際、句読点、括弧《かっこ》などの記号は字数に含《ふく》むものとします。

東京農業大学第一高等学校中等部

2021(R3) 東京農業大学第一高中等部　第１回
K 教英出版

一 次の①～④の傍線部のカタカナを漢字に直し、⑤～⑧の傍線部の漢字の読みをひらがなで答えなさい。また、送り仮名が必要な場合は送り仮名を付しなさい。

① ススキのグンセイする高原。

② 道に落ちていた定期券をシュウトクする。

③ 長く伸びた髪の毛をタバネル。

④ 歴史的にキチョウな資料が発見された。

⑤ 明治時代は養蚕が盛んだった。

⑥ 新しい土地で商いを始める。

⑦ 机上の空論を振りかざす。

⑧ 彼は、悪の権化のような人だ。

二 次の文章を読み、後の問いに答えなさい。（設問の都合上、本文の一部を省略してあります。）

改めて述べれば、パスカルは一七世紀フランスの思想家である。一六歳のときに「円錐《すい》曲線試論」を発表した[a]早熟の天才数学者であり、また、二度の「回心」を経て信仰に身を捧《ささ》げることを決意した宗教思想家でもある。

とはいえ、彼の名を世間に知らしめているのは、何よりも『パンセ』というその著作、そしてまたそのなかにある「考える葦《あし》※1」という有名な一節だろう。パスカルについては何も知らなくとも、「考える葦」という言葉を耳にしたことのある人は多いのではないか。「人間はひとくきの葦にすぎない。自然のなかで最も弱いものである。だが、それは考える葦である」。

この一節だけを読むと、パスカルはずいぶんとヒューマニスティック※2な思想家のように思われるかもしれない。人間の力を信じる、心熱く、優しい人物と思われるのではないだろうか。

実際に『パンセ』をひもとくと、[1]そういうイメージは吹き飛ぶ。パスカルは相当な[b]皮肉屋である。彼には世間をバカにしているところがある。そしておそらく、それが最もよくあらわれているのが、「気晴らし」についての分析である。

退屈と気晴らしについて考察するパスカルの出発点にあるのは次の考えだ。

人間の不幸などというものは、どれも人間が部屋にじっとしていられないがために起こる。部屋でじっとしていればいいのに、そうできない。そのためにわざわざ自分で不幸を招いている。

パスカルはこう考えているのだ。生きるために十分な食い扶持《ぶち》をもっている人なら、それで満足していればいい。でもおろかなる人間は、それに満足して部屋でゆっくりしていることができない。だからわざわざ社交に出かけてストレスをため、賭《か》け事に興じてカネを失う。

それだけならまだましだが、人間の不幸はそれどころではない。十分な財産をもっている人は、わざわざ高い金を払って軍職を買い、海や要塞《ようさい》の包囲線に出かけていって身を危険にさらす(パスカルの時代には、軍のポストや裁判官のポストなどが売り買いされていた)。もちろん命を落とすことだってある。なぜわざわざそんなことをするのかと言えば、部屋でじっとしていられないからである。

部屋でじっとしていられないとはつまり、部屋に一人でいるとやることがなくてそわそわするということ、それにガマンがならないということ、つまり、退屈するということだ。たったそれだけのことが、パスカルによれば人間のすべての不幸の源泉《げんせん》なのだ。

彼はそうした人間の運命を「みじめ」と呼んでいる。「部屋にじっとしていられないから」という実につまらない理由で不幸を招いているのだとしたら、[2]たしかに人間はこの上なく「みじめ」だ。

話を進めよう。ここからが[3]パスカルの分析のおもしろいところだ。

人間は退屈に耐《た》えられないから気晴らしをもとめる。賭け事をしたり、戦争をしたり、名誉ある職をもとめたりする。それだけならまだ分かる。しかし人間のみじめはそこでは終わらない。

おろかなる人間は、退屈に耐えられないから気晴らしをもとめているにすぎないというのに、自分が追いもとめるもののなかに本当に幸福があると思い込んでいる、とパスカルは言うのである。

どういうことだろうか? パスカルがあげる狩りの例を通して見てみよう。

狩りというのはなかなか大変なものである。重い装備をもって、一日中、山を歩き回らねばならない。お目当ての獲物《えもの》にすぐに出会えるとも限らない。うまいこと獲物が見つかれば、躍《やっ》起《き》になって追いかける。そのあげく、捕れた捕れなかったで［ X ］する。

そんな狩りに興じる人たちについてパスカルはこんな意地悪なことを考える。ウサギ狩りに行く人がいたらこうしてみなさい。「ウサギ狩りに行くのかい? それなら、これやるよ」。そう言って、ウサギを手渡すのだ。

さて、どうなるだろうか?

その人はイヤな顔をするに違いない。

なぜウサギ狩りに行こうとする人は、お目当てのウサギを手に入れたというのに、イヤな顔をするのだろうか?

答えは簡単だ。［ Y ］からだ。

狩りとは何か? パスカルはこう言う。狩りとは買ったりもらったりしたのでは欲しくもないウサギを追いかけて一日中駆けずり回ることである。人は獲物が欲しいのではない。退屈から逃れたいから、気晴らしをしたいから、ひいては、みじめな人間の運命から眼をそらしたいから、狩りに行くのである。

狩りをする人が欲しているのは、「不幸な状態から自分たちの思いをそらし、気を紛《まぎ》らせてくれる騒ぎ」に他ならない。だというのに、人間ときたら、獲物を手に入れることに本当に幸福があると思い込んでいる。買ったりもらったりしたのでは欲しくもないウサギを手に入れることに本当に幸福があると思い込んでいる。

パスカルは賭け事についても同じことを述べている。毎日わずかの賭け事をして、退屈せずに日々を過ごしている人がいるとしよう。「賭け事をやらないという条件つきで、毎朝、彼が一日にもうけられる分だけのカネを彼にやってみたまえ。そうすれば、君は彼を不幸にすることになる」。当然だ。毎日賭け事をしている人はもうけを欲しているのではないのだから。

パスカルが述べていることをより一般的な言い方で定式化してみよう。それを、〈欲望の対象〉と〈欲望の原因〉の区別として説明することができるだろう。

〈欲望の対象〉とは、何かをしたい、何かが欲しいと思っているその気持ちが向かう先のこと、〈欲望の原因〉とは、何かをしたい、何かが欲しいというその欲望を人のなかに引き起こすもののことである。

ウサギ狩りにあてはめてみれば次のようになる。ウサギ狩りにおいて、〈欲望の対象〉はウサギである。たしかにウサギ狩りをしたいという人の気持ちはウサギに向かっている。

しかし、実際にはその人はウサギが欲しいから狩りをするのではない。対象はウサギでなくてもいいのだ。彼が欲しているのは、「不幸な状態から自分たちの思いをそらし、気を紛らせてくれる騒ぎ」なのだから。つまりウサギは、ウサギ狩りにおける〈欲望の対象〉ではあるけれども、その〈欲望の原因〉ではない。それにもかかわらず、狩りをする人は狩りをしながら、自分はウサギが欲しいから狩りをしているのだと思い込む。つまり、〈欲望の対象〉を〈欲望の原因〉と取り違える。

賭け事でも同じように〈欲望の対象〉と〈欲望の原因〉を区別できる。賭け事をしたいという欲望はもうけを得ることを対象としている。だがそれは、賭け事をしたいという欲望の原因ではない。繰り返すが、「毎日カネをやるから賭け事をやめろ」と言うなら、あなたはその人を不幸にすることになるのだ。その人はもうけが欲しいから賭け事をしているわけではないのだから。

どちらの場合も、〈欲望の原因〉は部屋にじっとしていられないことにある。退屈に耐えられないから、人間のみじめさから眼をそらしたいから、気晴らしがほしいから、汗水たらしてウサギを追いもとめ、財産を失う危険を冒して賭け事を行う。それにもかかわらず、人間は〈欲望の対象〉と〈欲望の原因〉を取り違える。ウサギが欲しいからウサギ狩りに行くのだと思い込む。

こう考えてくると、気晴らしは要するに何でもよいのだという気すらしてくる。退屈を紛らしてくれるなら何でもいい。あとは、選択可能な気晴らしのなかから、個人個人にあったものが選ばれるだけである、と。

だが、たしかに何でもよいのかもしれないとはいえ、条件はある。簡単だ。気晴らしは熱中できるものでなければならない。気晴らしは騒ぎを引き起こすものでなければならないのである。なぜ熱中できるものでなければならないのだろうか？　熱中できなければ、ある事実に思い至ってしまうからである。気晴らしの対象が手に入れば自分は本当に幸福になれると思い込んでいるという事実、もっと言えば、自分をだましているという事実のことだ。

　パスカルははっきり言っている。気晴らしには熱中することが必要だ。熱中し、自分の目指しているものを手に入れさえすれば自分は幸福になれると思い込んで、「4自分をだます必要があるのである」。

　〈欲望の対象〉と〈欲望の原因〉の区別を使って次のように言い換えてもいい。人は、自分が〈欲望の対象〉を〈欲望の原因〉と取り違えているという事実に思い至りたくない。そのために熱中できる騒ぎをもとめる。

　自分をだますといっても、そこには深刻な趣《おもむき》などすこしもないことにも注意しておこう。人間は部屋にじっとしていられず、必ず気晴らしをもとめる。つまり、退屈というのは人間がけっして振り払うことのできない〝病〟である。だが、にもかかわらず、この避けがたい病は、ウサギ狩りとか賭け事のような熱中できるものがありさえすれば、簡単に避けられるのだ。ここに人間のみじめさの本質がある。人間はいとも簡単に自分をだますことができるのである。

　さて、いま私たちはパスカルの手を借りながら、人間のおろかさのようなものを取り上げて論じている。まるでそれが人ごとであるかのように。

　先に〈欲望の対象〉と〈欲望の原因〉とを区別したけれども、これは実に便利な区別であるから、日常生活で応用したいと思う人もいるかもしれない。たぶん、「君は自分の〈欲望の原因〉と〈欲望の対象〉とを取り違えているな」と指摘できる場面は日常生活のなかに数多く存在しているだろう。

　だが、もしあなたが、ウサギ狩りや賭け事のたぐいの気晴らしに熱中している人に向かってそのようなことを述べ立てて、いい気になっていたとしたら、あなたはパスカルから次のように言われてしまうに違いない。

　　5そんな風にして〈欲望の原因〉と〈欲望の対象〉の取り違えを指摘しているだけの君のような人こそ、もっともおろかな者だ。

　パスカルはこう言っているのだ。

　人間はつまらない存在であるから、たとえば台の上で玉突きするだけで（ビリヤードのこと）十分に気を紛らわせることができる。なんの目的でそんなことをするのかと言えば、翌日、友人たちにうまくプレーできたことを自慢したいからだ。

　同じように学者どもは、いままでだれも解けなかった代数の問題を解いたと他の学者たちに示したいがために書斎に閉じ籠もる。

　そして最後に——ここ！——こうしたことを指摘することに身を粉にしている人たちがいる。それも「そうすることによってもっと賢くなるためではなく、ただ単にこれらのことを知っているぞと示すためである。この人たちこそ、この連中のなかでもっともおろかな者である」。

　狩りや賭け事は気晴らしである。そして、「君は、自分がもとめているものを手に入れたとしても幸福にはならないよ」などと訳知り顔で人に指摘して回るのも同じく気晴らしなのだ。
しかもその人は、先に見た取り違えのことを知ったうえで、自分はそこには陥《おちい》っていないと思い込んでいるのだから、こういう人はもっともおろかだとパスカルは言うのである。

（國分功一郎『暇と退屈の倫理学』朝日新聞出版による）

※1 葦……イネ科の植物で、折れやすくもろい。
※2 ヒューマニスティック……人間性・人間愛を肯定《こうてい》する立場。

問一 二重傍線部a「早熟」、b「皮肉屋」の本文中での意味として、最もふさわしいものを次のア～オの中からそれぞれ選び、記号で答えなさい。

a「早熟」

ア 例外的に、生まれつき手に入れていること。
イ 急速に発達し、その後成長がゆるやかになること。
ウ 平均値よりもゆっくり成長すること。
エ 通常の場合よりも早く身につくこと。
オ 予想よりも早く失われること。

b「皮肉屋」

ア はっきり口に出し否定する人。
イ 遠まわしに相手を非難する人。
ウ マイナス志向で感情がない人。
エ 言いたいことを隠さず言う人。
オ 相手を見下す発言をする人。

問二 傍線部1「そういうイメージ」とありますが、どのようなイメージのことですか。最もふさわしいものを次のア～オの中から選び、記号で答えなさい。

ア 人間の考える力を認め、葦のような弱さを克服することに価値を置く、人間を称賛する優しいイメージ。
イ 人間の葦のような弱さを積極的に賞賛することで、考える力を尊重し、人間の可能性を信じるイメージ。
ウ 人間の考える力に価値を見い出し、葦のような折れることのない力強さも、人間の良いところとして尊重するイメージ。
エ 人間と葦の優劣を比べることで、人間の考える力を特筆すべきものと捉え、人間のすばらしさを肯定するイメージ。
オ 人間は一本の葦のようにか弱き存在だとした上で、人間の持っている考える力を尊重する、人間愛にあふれるイメージ。

問三　傍線部2「たしかに人間はこの上なく「みじめ」だ」とありますが、なぜ「みじめ」なのですか。**誤っているもの**を次のア～オの中から一つ選び、記号で答えなさい。

ア　部屋でじっとできないのは人間の宿命であり、気張らしを求めて不幸な状況を自ら招いているから。

イ　人間は部屋でじっとできないという理由だけで、戦争や重職に就くといった大変な状況に身を投じようとするから。

ウ　退屈に耐えられない人間は、身の丈に合わない重要な仕事を自分から選ぶことで、大失敗を招くから。

エ　人間は簡単に自らをあざむき、単なる気晴らしの中にも本当の幸福があると思い込んでいるから。

オ　人間は生きるための条件を満たしていても、外に出ることを我慢できず、自ら危険にさらされようとするから。

問四　傍線部3「パスカルの分析のおもしろいところ」とありますが、どのような点で「おもしろい」と言えるのですか。その説明として最もふさわしいものを次のア～オの中から選び、記号で答えなさい。

ア　人間性に対する肯定的な評価をしているはずのパスカルが、実は人間ぎらいの一面を持っている点。

イ　ウサギ狩りや賭け事という具体例を通して、人間のおろかしさについて、あえて肯定的な考察を行っている点。

ウ　ウサギ狩りや賭け事では人間は絶対に幸せになれないことを、自分の失敗談を用いて説明している点。

エ　人間は、自分が間違えていても、自分だけは間違っていないと思い込んでしまうことを指摘する点。

オ　人間は、どんなに偉くなっても他人に何かを自慢したいという子どもらしい一面を持つことを発見した点。

問五　空欄［X］に入る四字熟語として最もふさわしいものを次のア～オの中から選び、記号で答えなさい。

ア　一朝一夕

イ　一喜一憂

ウ　破顔一笑

エ　一気呵成

オ　一長一短

問六 空欄 Y に入る文として、最もふさわしいものを次のア〜オの中から選び、記号で答えなさい。

ア ウサギ狩りで得るはずの興奮を先取りされてしまった
イ ウサギ狩りに行く人はウサギが欲しいのではない
ウ 手に入れたウサギは好みのウサギではなかった
エ ウサギ狩りに行くことでウサギを手に入れたかった
オ 手に入ったウサギは思ったより小さいウサギだった

問七 傍線部4「自分をだます必要がある」とありますが、なぜですか。その理由として**誤っているもの**を次のア〜オの中から一つ選び、記号で答えなさい。

ア 退屈をなくすには楽しい気晴らしへの熱中が必要である上、退屈する本当の理由に気がつくことを恐れるから。
イ たとえ気晴らしをしたところで、本当の幸福は手に入らないという残酷な事実に思い至りたくないから。
ウ 気晴らしに熱中しさえすれば、自分の退屈が解消し、真の幸福が手に入ると思い込む必要があるから。
エ 気晴らしがなければ退屈に耐えることができないため、熱中できる気晴らしが不可欠であるから。
オ 幸福感を得るためには気晴らしが必要だと思うことで、自らの退屈を帳消しにできると考えるから。

問八 傍線部5「そんな風にして〈欲望の原因〉と〈欲望の対象〉の取り違えを指摘しているだけの君のような人こそ、もっともおろかな者だ」とありますが、なぜですか。その理由として最もふさわしいものを次のア〜オの中から選び、記号で答えなさい。

ア 他者の気晴らしを批判する人は、自分もいずれその気晴らしに熱中する可能性について思い至っていないから。
イ 他者の気晴らしについて否定する人は、自分だけがその行為の無意味さに気づいていると勘違いしているから。
ウ 気晴らしの無意味さを指摘するだけの人は、なぜ人間に気晴らしが必要なのかを根底から考えることをしないから。
エ 気晴らしが本質的にみじめな行為であることを知る人は、それに気づかないふりをして自分をだましているから。
オ 他者が楽しむ気晴らしについて批判する人は、自身の行動もまた気晴らしにすぎないことに気づいていないから。

問九　本文の内容および筆者の主張としてふさわしいものを次のア～カの中からすべて選び、記号で答えなさい。

ア　賭けごとをする人が求めているのは、もうけを得ることではなく、退屈な気持ちを紛らわせてくれる騒ぎにすぎない。

イ　人間は〈欲望の原因〉と〈欲望の対象〉をしばしば混同するが、そのことに思い至りたくないために気晴らしを求める。

ウ　パスカルによればもっともおろかな人とは、他者の気晴らしを指摘し、自分は何も気晴らしを持っていない人のことである。

エ　気晴らしとは夢中になれる対象のことであり、自分の真の幸福とは何かを気づかせるようなもののことを言う。

オ　人間の不幸は、「家でじっとしていられない」という理由から気晴らしを求めてしまうことで引き起こされる。

カ　人間のおろかさを自覚していれば、〈欲望の原因・対象〉を取り違えることがなくなり、気晴らしを求めないようになる。

三　**次の文章を読んで、後の問に答えなさい。（設問の都合上、本文を一部省略してあります。）**

「科学的」と言うとき、私たちはそこに、客観的で揺るぎないものである、というイメージを持ちます。学校でも、理科が好きな人は「答えが一つに決まるから」「理屈で考えられるから」という理由をあげます。しかし、そうした科学への信頼を利用して人を信じ込ませようとする人たちもいます。代表的なものが「[1]疑似科学」です。

「疑似」とは「似ているけど違う」という意味で、「ニセ」と言い換えてもいいかもしれません。「科学もどき」と呼んでもいいでしょう。

科学的な手法で証明されたように見えますが、よく検討すると科学的根拠がないもの、あやしい仮説に科学者が[a]お墨付きを与えてそれらしく見せているものなどがあり、科学に詳しくない人にとっては、見分けるのがやっかいです。

二〇年ほど前、『水からの伝言』というタイトルの写真集がベストセラーになりました。各地の水道水や湖の水を凍らせ、できた氷の結晶をカラー写真で紹介したものです。

日本で初めて雪を人工的に作ることに成功した物理学者の中谷《なかや》宇吉郎《うきちろう》が「雪は天から送られた手紙」（『雪』、岩波文庫）という言葉を残したように、雪や氷の結晶が見せる表情はどこか神秘的で、眺《なが》めるだけでも心がいやされるものです。

さて、この写真集は「水は言葉を理解する」という仮説に基づいています。その主張や実証方法に私は当初から違和感を覚えたのですが、まずは彼らの手法を紹介します。

透明な瓶《びん》に水をいれ、日本語で「ありがとう」と書いた紙を瓶の内側に向けて張ります。しばらくして瓶の中の水のしずくをガラス板の上に垂《た》らして凍らせます。すると、きれいな結晶ができます。

いっぽう、「ばかやろう」とか「ムカツク」といった否定的な言葉を書いた紙を張った瓶の中の水は、結晶にならなかったり、整っていない結晶になったりするといいます。

英語やハングルなどの外国語で試した実験でも、同様の結果が得られたそうです。

言葉ではなく、さまざまな音楽を「聴かせた」水を凍らせてみる実験も紹介されています。クラシック音楽や仏教のお経では、きれいな結晶になり、悲しい歌詞の民謡や、攻撃的な歌詞とリズムが特徴のヘビーメタル音楽は、結晶ができない、という結果が紹介されています。

水が文字を認識し、意味を理解する能力を持っている、ということだけでも天地がひっくり返るような発見ですが、聴覚まであるとは初耳です。あとがきには「ひとりよがりの本になるのではなく、みなさんからご意見をいただいて、この研究を科学的、哲学的な意味合いに引き上げていく方向に向かうことを願っています」と著者のコメントがありました。

みなさんはどう受け止めましたか。カガク力が少々身についた私からすれば、これは典型的な疑似科学です。

そう結論付ける理由を説明する前に、[2]科学のお作法について理解しておく必要があります。ここでは、有名な「万有引力の発見」を例に説明しましょう。

イギリスの科学者にアイザック・ニュートンがいます。「ニュートンのリンゴ」のエピソードで知っている人も多いでしょう。一六六五年、すべての物体がお互いに引っ張りあっている、とする「万有引力の法則」を発見しました。いまなおイギリス人が尊敬する有名人ベスト一〇に入ってくる偉人です。

熟したリンゴの実が枝から落ちるのも、うっかり手を滑らせたコップが床に落ちるのも、経験的には同じ現象です。ニュートンはこうした観察から「全ての物質には地球の引力が働いている」と考えました。

ニュートンはさらに「引力が存在するならば、地球の周りを回っている月はなぜ落ちてこない?」という謎にも取り組みました。考え続けた結果、「月も地球の引力に支配されている。だから地球から離れず、周りを回り続けるのだ」という結論に至り、この現象を説明する単純な公式を考え出しました。

距離こそ違え、月もリンゴも地球の引力の作用を受け、同じ法則で運動しているというニュートンの発見は画期的なものでした。彼は成果を『プリンキピア』(『自然哲学の数学的諸原理』の略称)という書物にまとめ、世に問います。太陽の周りを回っている惑星の振る舞いにも、この法則はぴたりと当てはまり、その後の科学の発展を支えました。

このように観察から仮説を導き、その仮説を第三者によって検証し、正しさを確かめる。仮説通りにならなければ再考を重ねてより確かなものへと鍛《きた》えていく、それが科学です。

【中略】

さて、「水からの伝言」は、表向きは「実験」の体裁を取っていますが、[3]さまざまな点で科学的とは言えません。

まず、「水が言葉を理解する」という、常識を超えた仮説に基づいていることに注意が必要です。突飛《とっぴ》な仮説であればあるほど慎重な検証が必要ですが、この写真集では、仮説通りになった事例だけが紹介され、「どのように言葉を理解するのか」という、最も知りたいメカニズムについてまったく言及していないことに疑問を感じます。また、論文の形で実験手法が紹介されていないため、第三者が同じ実験をして再現することも不可能です。

「再現性」は、科学のプロセスではとても大切なことです。誰がやっても、どこでやっても、同じ方法なら同じ結果が出ることを意味します。

たとえば、「水が言葉を理解する」という仮説に興味を持った人物が、自分の実験室で実験を繰り返したとしましょう。「ありがとう」の文字を「見せた」水を一〇〇回凍らせて、きれいな(というのも判断が難しいですが)結晶になった回数が五〇回、そうでない回数が五〇回だった、という結果を得たとしても、実験手法が公開されていなければ、仮説の提唱者は「それは実験のやり方がまずいからだ。私は一〇〇回やって一〇〇回、きれいな結晶をつくれる」と言い逃れることができます。「誰がやっても、同じ条件ならば同じ結果がでる」という原則が守られていない以上、科学的な議論ができないのです。

この状態を、科学の世界では「※1反証可能性がない」と言います。これも、科学と疑似科学を見分ける大切なポイントです。「誰かが主張する仮説を反証できるとき、それは科学である。」言い換えると、「第三者が追試して反証できるだけの材料を提唱者が提示しないとき、その行為や成果は科学とは呼べない」ということです。

こうして、長い時間をかけて、本人以外の多くの人が検証し、「ウソではない」と合意された知識の集まりが科学です。「観察する→仮説を立てる→結果を予測し、実験をする→成功、失敗を含め結果を公表する→第三者によって追試され、議論される(検証)」という作業のくり返しによって、[4]科学は精度を高めていきます。

【中略】

「オッカムの剃刀《かみそり》」という言葉があります。一四世紀の哲学者、オッカムが残した言葉で、「[5]ある事柄を説明するためには、必要以上に多くを仮定すべきではない」というものです。言い換えると「たくさんの仮定が必要な理屈は、屁理屈《へりくつ》とみなせる」ということでしょうか。そういえば、くり返し検証され確からしさを増した科学の法則は、[b]往々にして単純明快です。

一方、「水からの伝言」に置き換えて考えてみると、「水は言葉を理解する」という仮説を認めるために、かなり無理のある仮定(水には目や耳に代わる感覚器がある)を受け入れなければなりません。そこがあいまいなので「「ありがとう」ではなく「サンキュー」は分かるのか」「善悪をどう判断するのか」「音楽が分かるのか」など、つっこみどころが満載《まんさい》なのです。

[6]皮肉なことにこの写真集は、外国語に翻訳されて人気を呼びました。もう一つ「心配だな」と思ったことがありました。学校の道徳の授業でこの仮説が紹介されたと聞いたからです。授業では、「人間の体の七割は水、これは科学的な事実です。この本で実験が示したように、水は言葉を理解します。だから友達に悪口を言うと体の中の水が汚れます」と教えられたといいます。「水は言葉を理解する」という、実証されていない仮説が、科学的な事実のように先生から生

徒に伝えられれば、誤解される恐れがあります。そもそも「友達に悪いことばを投げつけるな」ということを教えるのに、[7]科学を持ち出す必要はないでしょう。

さらにこれを利用したビジネスも広がりました。「お宅の水が汚れているかどうかを判定してあげます」と持ちかけ、悪い結果を示して高額な浄水器を売りつける手法です。こういう業者にお金をだましとられないためには、［X］＝カガク力が必要です。

「水からの伝言」を批判する記事を書いたら、反響が来ました。「知り合いが似た商法に巻き込まれて損をした」というものもあれば、「これを疑似科学というなら、［Y］を証明すべきだ」という反論もありました。

疑似科学を信じる人からの代表的な反論は、「批判するならニセモノであることを証明しろ」というものですが、証明の責任は、提唱する側にあります。本人たちが、万人を説得できるデータやメカニズムを示さない限り、第三者が検証することは不可能です。

（元村有希子『カガク力を強くする!』岩波ジュニア新書による）

※1　反証……ある主張が誤りであることを証明すること。

問一　傍線部1「疑似科学」の説明として、最もふさわしいものを次のア〜オの中から選び、記号で答えなさい。

ア　一般的な科学の知識がない人でもすぐに見抜けるような、非科学的な実験を信じてしまうようなもの。

イ　科学的な見方をしているにもかかわらず、実証した側の主観が入ってしまい、考え方がかたよっているもの。

ウ　科学的な実験結果によって根拠を示しているにもかかわらず、科学者たちからは信用されていないもの。

エ　実証されていないにもかかわらず、いかにも科学的な根拠が存在するかのように見せているもの。

オ　科学的に正しいということを証明する実証実験で、仮説通りの結果が得られずに中止されたもの。

問二　二重傍線部a「お墨付き」b「往々にして」の語句の意味として最もふさわしいものを、次のア〜オの中からそれぞれ選び、記号で答えなさい。

a　お墨付き
ア　賞賛　イ　保証　ウ　危害
エ　許可　オ　同調

b　往々にして
ア　絶対に　イ　しつこく　ウ　ごくまれに
エ　限られて　オ　たびたび

問三 傍線部2「科学のお作法」とありますが、どのようなことですか。最もふさわしいものを次のア～オの中から選び、記号で答えなさい。

ア 全ての結果が同じになるような実験方法を見つけられるまでは、仮説を世間に公表しないこと。

イ 自分が打ち出した仮説が、先人の研究と同じだった場合、実証そのものを諦めなくてはならないということ。

ウ 観察から仮説を立て、実験や検証を繰り返すという過程を踏んで、ごまかしがないものにしていくこと。

エ 仮説が正しいものと判断できるようになるまでは、第三者に反証されないように別の仮説を用意しておくこと。

オ 自分の打ち出した仮説が、第三者の実験や検証によって反証できなければ、間違いであると認めること。

問四 傍線部3「さまざまな点で科学的とは言えません」とありますが、なぜですか。その理由としてふさわしいものを次のア～カの中から**すべて選び**、記号で答えなさい。

ア 「水が言葉を理解する」という仮説が、第三者の検証や結果によって証明されてしまう可能性があるから。

イ 同じ実験手法で第三者が検討する必要があるにもかかわらず、実験手法を提示していないから。

ウ 今までの常識を大きく覆《くつがえ》す仮説であるにもかかわらず、「水が言葉を理解する」ための仕組みについて説明を避けているから。

エ 教員が、「水が言葉を理解する」という仮説をたくみに利用して、生徒からの信頼を得ようとしているから。

オ 「水が言葉を理解する」という仮説が追試されないまま、仮説通りになった事例だけが都合良く紹介されているから。

カ あとがきで謙虚《けんきょ》な姿勢を見せることで、科学の知識がない人たちの支持を得ようとしているから。

問五　傍線部4「科学は精度を高めていきます」とありますが、どういうことですか。最もふさわしいものを次のア～オの中から選び、記号で答えなさい。

ア　最初は疑似科学だと言われていた仮説も、第三者による反証を繰り返していけば、科学的であると認められること。

イ　ある仮説が、第三者による追試によって検証されていくことで、信頼できるものになっていくということ。

ウ　「水が言葉を理解する」という奇抜な仮説は、慎重に実証を行っていく必要があるということ。

エ　科学の知識を身につけることで、疑似科学と本当の科学を見分ける力を養っていくということ。

オ　誰もが同じ結果になる実験を提示し、反証を繰り返すことで、仮説が有名になっていくということ。

問六　傍線部5「ある事柄を説明するためには、必要以上に多くを仮定すべきではない」とありますが、どういうことですか。その説明として最もふさわしいものを次のア～オの中から選び、記号で答えなさい。

ア　ある仮説に対して考えうる仮定が多ければ多いほど立証が難しくなること。

イ　複数の情報を正しく処理していくために情報の真偽の判断が難しくなること。

ウ　ある仮説に対して仮定の数が多い場合に、反証に時間をかけること。

エ　ある現象を説明するために一つの仮定だけでは真実に近づけないと考えること。

オ　ある物事を考えるために余計な情報は極力削ぎ落としていくこと。

問七　傍線部6「皮肉なこと」とありますが、筆者がそう感じる理由として最もふさわしいものを次のア～オの中から選び、記号で答えなさい。

ア　筆者は、疑似科学が、科学の知識がない人々に広まり、科学に対する印象が悪くなるかもしれないと不安に思っていたから。

イ　筆者は、疑似科学を批判した内容を記事にすることで世間からの反感を買うことを恐れていたにも関わらず、現実になってしまったから。

ウ　筆者は、科学的とは言えないこの仮説に対して疑問を抱きながらも、どこかで常識が覆ることを期待していたから。

エ　筆者は疑似科学であることを見抜き、人々に広まることを恐れていたが、教育現場にまで受け入れられてしまったから。

オ　筆者は、疑似科学に対して理解を示しているものの、疑似科学が道徳の授業で採用されたという事例に心を痛めているから。

問八　傍線部7「科学を持ち出す必要はない」とありますが、なぜですか。理由として最もふさわしいものを次のア～オの中から選び、記号で答えなさい。

ア　友達を攻撃してはいけないという倫理《りんり》観は、社会の中で守るべき行動の基準として教えていくものだから。

イ　生徒を納得させるために、無理やり疑似科学を持ち出していること自体が、道徳に反したものであるから。

ウ　体の中の水が汚れるという疑似科学で説明するのではなく、しっかりとした科学的根拠を示して説明するべきだから。

エ　体の中の水が悪口を言うだけで汚れてしまうという仮説は、科学的根拠となる数値だけでは説明できないものだから。

オ　道徳的な内容に科学的根拠が加わることで説得力があるように聞こえ、間違った情報を信じてしまうから。

問九　空欄 X ・ Y に入る文として最もふさわしいものを次のア～キの中からそれぞれ選び、記号で答えなさい。

ア　水が言葉を理解しないこと

イ　興味を持ち、挑戦する心

ウ　実証されていない仮説

エ　知識を使い、攻撃する態度

オ　水には聴力もあること

カ　正しく疑い、反論する知恵

キ　水が言葉を理解するメカニズム

問十　本文の内容と合致するものを次のア～オの中からすべて選び、記号で答えなさい。

ア　否定的な言葉が書かれた紙を瓶の中に入れると、うまく結晶にならないという結果から、水が文字を認識していることがわかる。

イ　より科学的真実に近づくためには、その仮説を提唱した本人が反証可能性を見つける責任を負うべきである。

ウ　疑似科学が持つでたらめな数値に惑わされないためには、その数値が正しいという実験方法を見つけるしかない。

エ　アイザック・ニュートンの仮説のように、検証を繰り返して再考するプロセスが「カガク力」の一つである。

オ　ある仮説を実証するためには、誰が実験しても結果が同じになるような実験方法を、詳細に提示するべきである。

令和３年度　入学試験（２月１日実施）

算　数

［40分］

［注意事項］

1．試験開始の合図があるまで、この問題用紙は開かないでください。
2．試験開始後、解答用紙にシールを貼《は》ってください。
3．解答は、すべて解答用紙に記入してください。
4．解答は鉛筆《えんぴつ》などで濃《こ》く記入してください。
5．問題は1～5まであります。ページが抜《ぬ》けていたら、すみやかに手を挙《あ》げ、監督《かんとく》の先生に申し出てください。

東京農業大学第一高等学校中等部

1　次の各問いに答えなさい。

（１）　$2.25 \times 2\frac{2}{9} \div 2\frac{5}{8} \times \left(\frac{1}{8} + 0.375\right)$　を計算しなさい。

（２）　$\frac{3}{10} \times \left(1 - \frac{4}{9}\right) - \frac{3}{10} \times \frac{4}{9} \times \frac{5}{8} - \frac{3}{10} \times \frac{4}{9} \times \frac{5}{8} \times \frac{6}{7}$　を計算しなさい。

（３）　$(0.125 \div \square + 14) \div 0.0625 = 256$　のとき、□にあてはまる数を答えなさい。

（４）　$4.567\,\mathrm{a} - 123\,\mathrm{m}^2 + 13000\,\mathrm{cm}^2 = \square\,\mathrm{m}^2$　のとき、□にあてはまる数を答えなさい。

2 次の各問いに答えなさい。

（1） $\frac{7}{13}$をかけても、$\frac{7}{13}$で割っても答えが整数になる数のうち、2021に最も近い整数を求めなさい。

（2） ある2けたの数を9倍して36を引くと、百の位は「7」、一の位は「1」となった。もとの数を求めなさい。

（3） 次の A にあてはまる数を求めなさい。

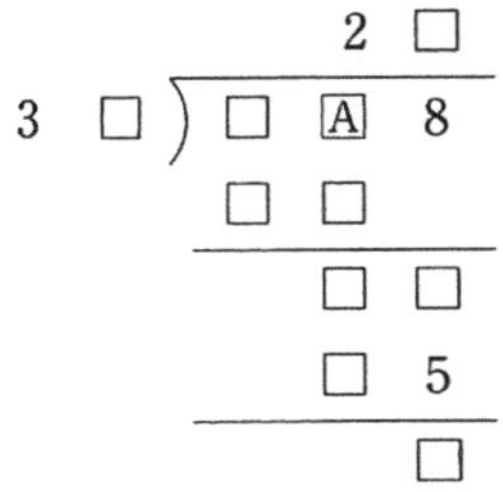

3　次の各問いに答えなさい。

（1）図1のような円すいに一定の割合で水を入れます。グラフは、水を入れ始めてからいっぱいになるまでの（a）と（b）の関係を表したものです。
（a）と（b）に当てはまるものの組合わせとして正しいものを、次の(ア)～(カ)の中からすべて選び、記号で答えなさい。

図1

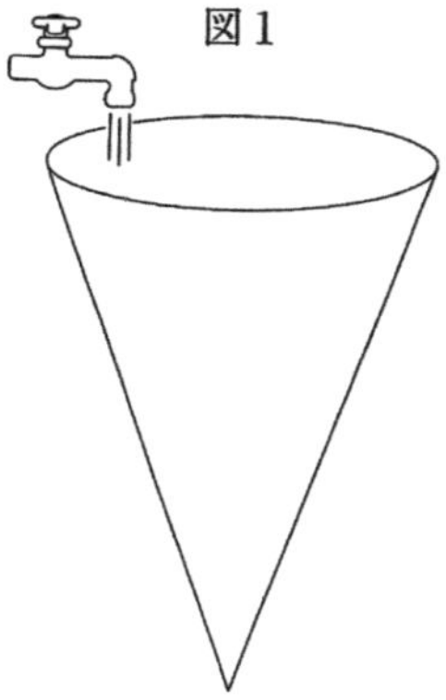

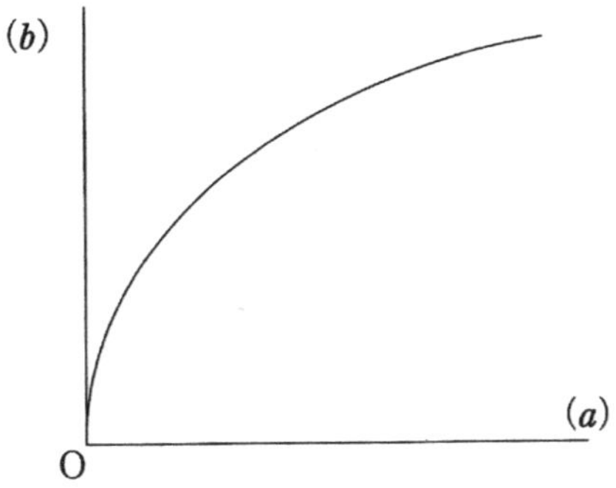

（ア）（a）時間　（b）高さ
（イ）（a）時間　（b）体積
（ウ）（a）高さ　（b）体積
（エ）（a）体積　（b）高さ
（オ）（a）高さ　（b）水面の面積
（カ）（a）水面の面積　（b）高さ

（2） 図のように、正六角形を直線上ですべることなく時計回りに転がします。正六角形を1周させるとき、正六角形の頂点Aが動く様子として最も適するものを、次の(ア)～(カ)の中から選び、記号で答えなさい。

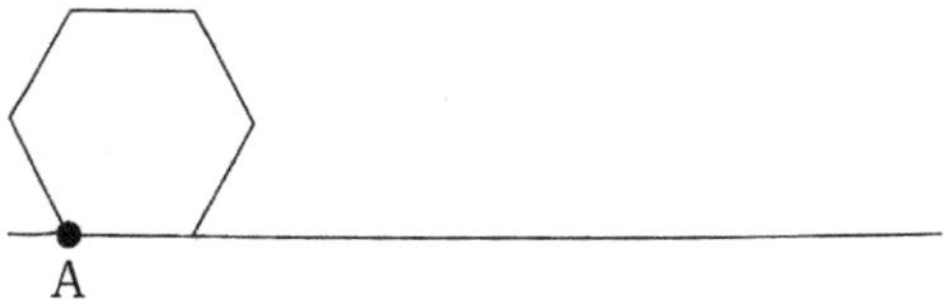

（ア）

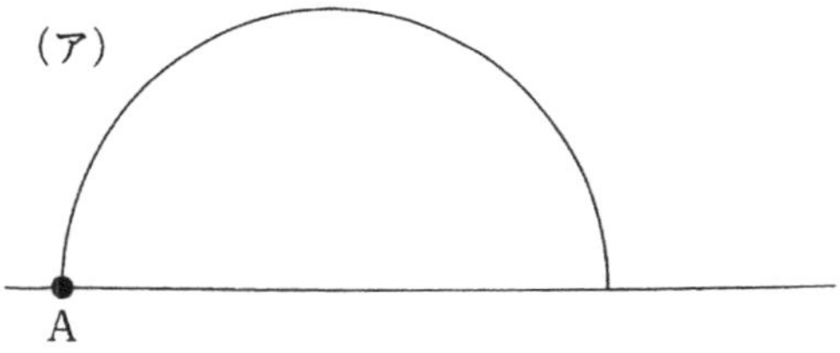

（イ）

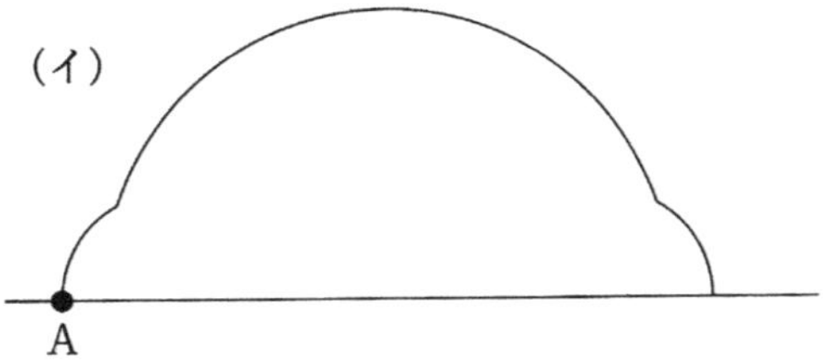

（ウ）

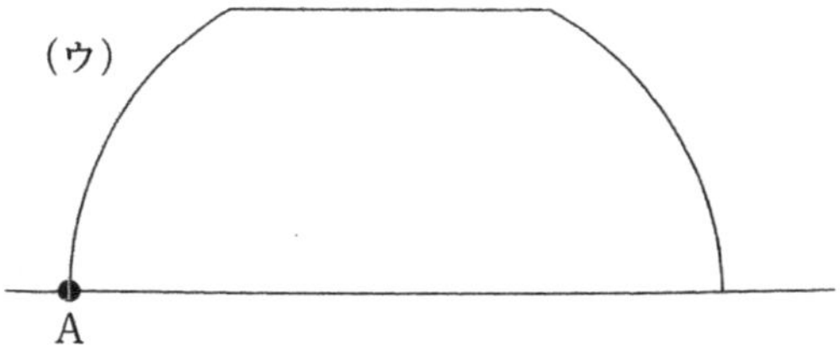

（エ）

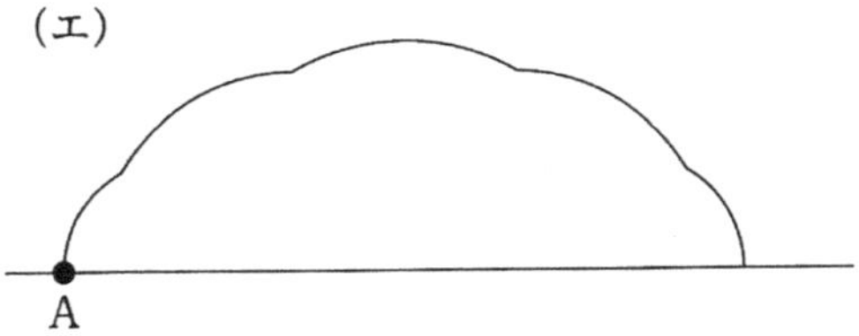

（オ）

（カ）

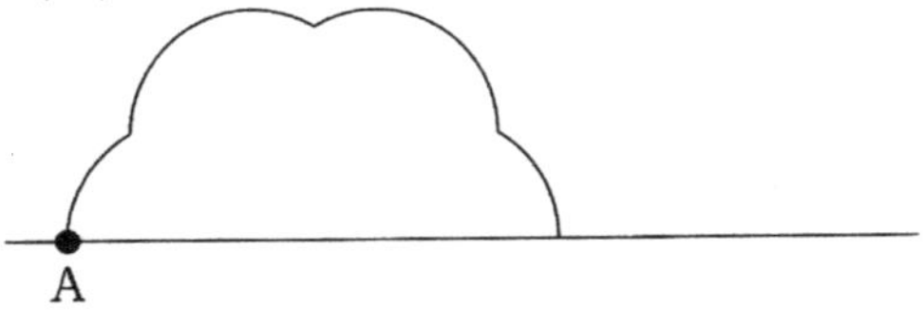

（3） 図1の立体の展開図として正しいものを、次の(ア)～(オ)の中からすべて選び、記号で答えなさい。

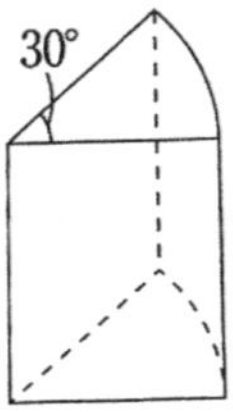

図1

(ア)

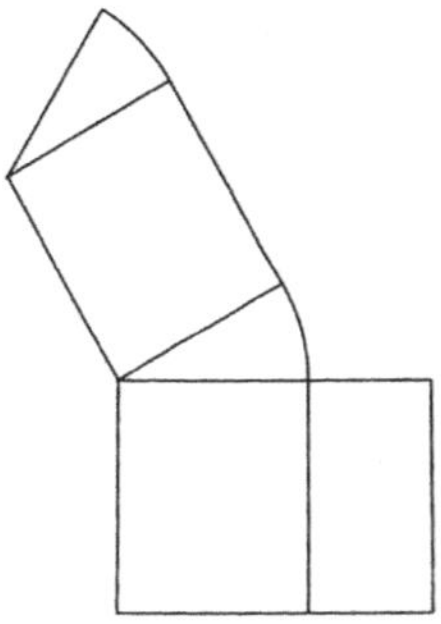

(イ)

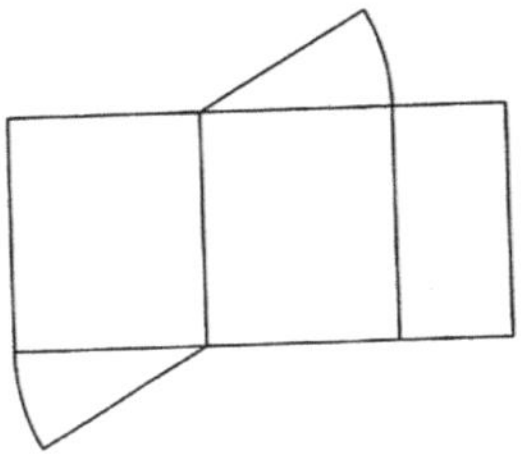

(ウ)

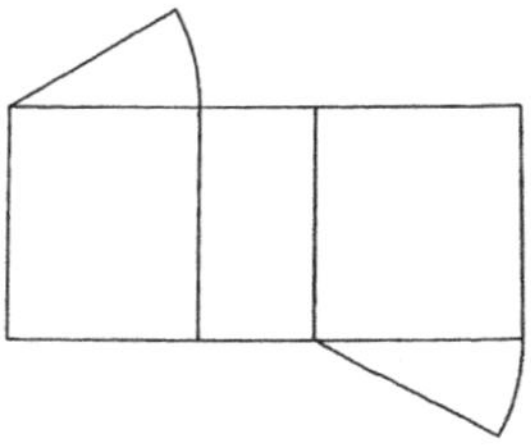

(エ)

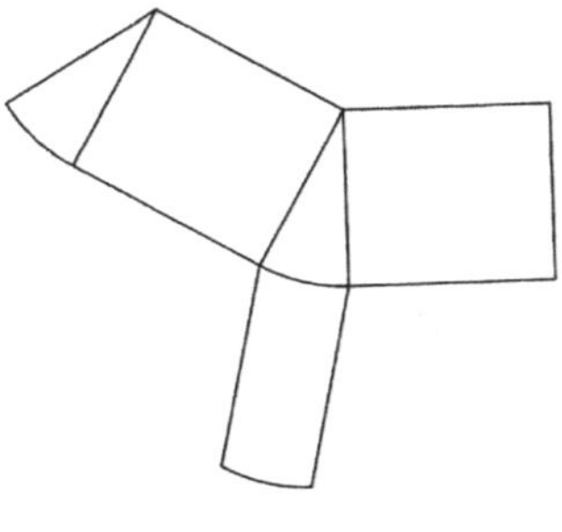

(オ)

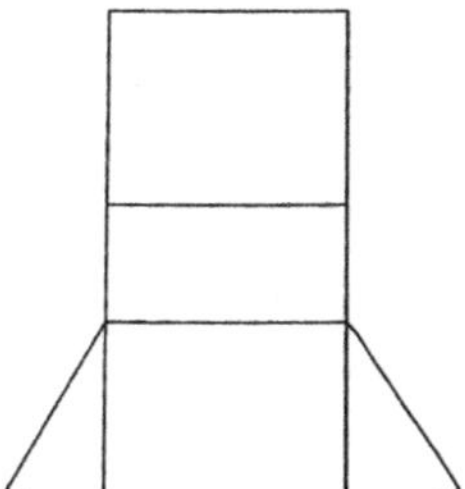

4　次の各問いに答えなさい。

（1）　はじめ君は自宅の庭のプールに大、中、小の３種類のバケツを使って水を入れます。はじめ君は次の３通りの入れ方をしたところ、どの入れ方でもプールの容積の８割となりました。

・大１杯，中６杯
・中４杯，小８杯
・大３杯，中２杯，小４杯

このとき、大のバケツの水の量は小のバケツの水の量の何倍か、答えなさい。

（2）　Ａ君の家から学校までの道のりは1400ｍです。家から学校に向かって、はじめは分速120ｍで走り、途中から分速70ｍで歩きます。家を出てから15分で学校に到着《とうちゃく》するとき、分速120ｍで走る道のりは何ｍですか。

（3）　図のように、半径６cmの円の中に、半径が１cm，２cm，３cmの円を並べました。
　このとき、図の斜線《しゃせん》部分の面積と、斜線を引いていない部分の面積の比を、最も簡単な整数比で答えなさい。

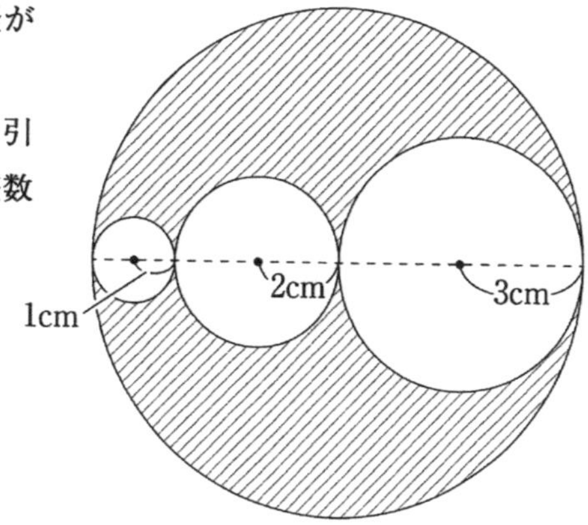

（4） a ▽ b は、a を b で何回割り切れるかを表すものとします。

例えば、75 ▽ 5 は

$75 \div 5 = 15$

$15 \div 5 = 3$

となるので、75 は 5 で 2 回割り切ることができます。

したがって

75 ▽ 5 = 2

となります。

このように考えると、

24 ▽ 2 = 3， 8 ▽ 3 = 0

となります。

ただし、a，b はともに 2 以上の整数とします。

① 144 ▽（144 ▽ 3） を求めなさい。

② （1000 ▽ ㋐）▽ 3 = 1 のとき、㋐にあてはまる数をすべて求めなさい。

（5） 下の図は、長さの等しい棒《ぼう》を何本か用意し、それらをつなぎ合わせて立方体が 100 個できるように並べたものです。このとき、使用した棒の本数を求めなさい。

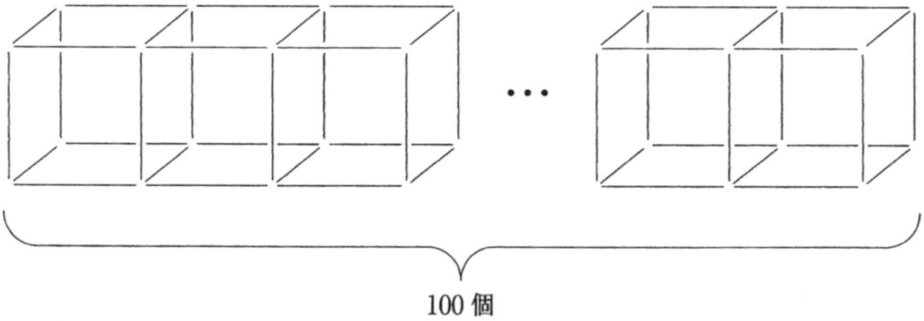

（6） 花子さんと姉の所持金の比は最初 5：11 でしたが、姉が花子さんに 250 円わたしたため、5：7 になりました。花子さんのもとの所持金は何円ですか。

5　大きな水そうに水が400 g 入っています。この水そうに2つの蛇口《じゃぐち》A，Bから食塩水を入れます。蛇口A，Bから出る食塩水の量はそれぞれ一定です。最初の30秒間は蛇口AとBの両方から、次の50秒間は蛇口Aのみから、次の10秒間は蛇口Bのみから食塩水を入れます。下のグラフは、時間と水そうの中の食塩水の量の関係を表しています。蛇口Aから出る食塩水の濃度《のうど》は、蛇口Bから出る食塩水の濃度の2倍です。また、90秒後の水そうの中の食塩水の濃度は2.1％でした。

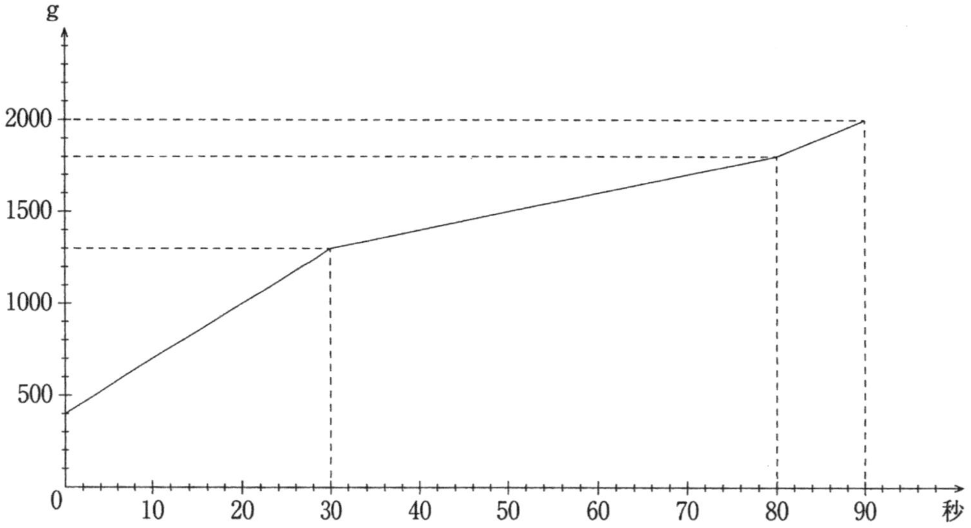

（1）　蛇口AとBから出る食塩水の量はそれぞれ毎秒何 g ですか。

（2）　蛇口Aから出る食塩水の濃度を求めなさい。

令和３年度　入学試験（２月１日実施）

理　科

［40分］

［注意事項］

1．試験開始の合図があるまで、この問題用紙は開かないでください。
2．試験開始後、解答用紙にシールを貼《は》ってください。
3．解答は、すべて解答用紙に記入してください。
4．解答は鉛筆《えんぴつ》などで濃《こ》く記入してください。
5．問題は1ページ～17ページの合計17ページあります。ページが抜《ぬ》けていたら、すみやかに手を挙《あ》げ、監督《かんとく》の先生に申し出てください。

東京農業大学第一高等学校中等部

1　ある夏の夜に農《のう》太《た》郎《ろう》君が家族で手持ち花火をしているときの様子です。

農太郎君は、花火のために外に出て準備をしていました。その日は風の強い日で、ろうそくで種火を用意しましたが、すぐに風で消えてしまいました。そこで、お父さんが風をよけるために何種類かの容器を持ってきてくれました。

問１　ろうそくが長い時間燃え続けると考えられるものはどれですか。次のア～キからすべて選び、記号で答えなさい。ただし、風の影響《えいきょう》はないものとします。

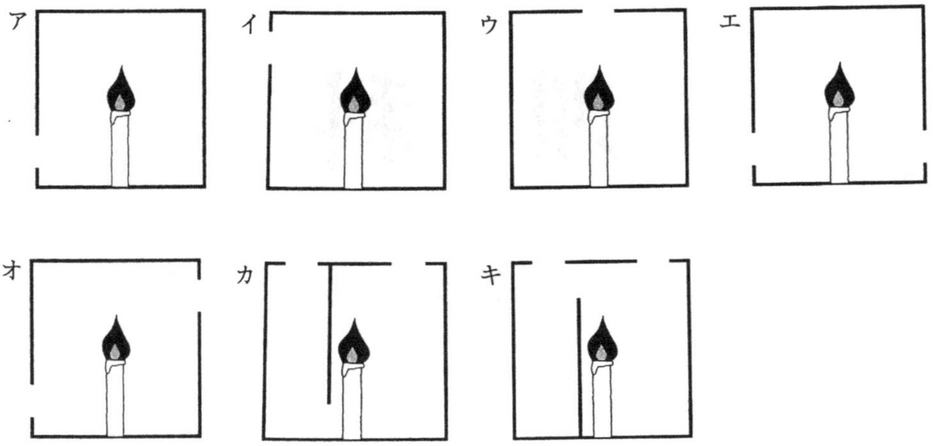

問２　ろうそくの中にある太い糸（芯《しん》）の主な役割として正しいものを、次のア～エから選び、記号で答えなさい。

ア．ろうが勢いよく燃えないようにする。
イ．ろうが溶《と》けたときに、形がくずれないようにする。
ウ．溶けたろうを気体にしやすくする。
エ．ろうを液体にしやすくする。

問３　ろうそくの炎《ほのお》は３つの部分からできています。最も温度の高い部分の名まえを答えなさい。

問4　宇宙ステーションで行われたろうそくの燃焼実験で、無重力状態でもろうそくが燃えることが確認されました。ただし、激しく燃えることはなく、炎の色はほとんど見えないほどの透明な青で、形も地上の場合とは違っていました。このときの炎のおおよその形を解答用紙に記しなさい。なお、点線で書かれたものは地球上でろうそくを燃焼させた場合の炎の様子です。

問5　下記の文章の(A)、(B)に当てはまる言葉の組み合わせとして正しいものを、次のア～カから選び、記号で答えなさい。

ろうそくの炎とアルコールランプの炎を比べると、(　A　)の炎の方が暗い。これは(　B　)ためである。

	A	B
ア	ろうそく	ろうそくの炎の方が温度が高い
イ	ろうそく	アルコールの方が炭素を含《ふく》む割合が多い
ウ	ろうそく	ろうそくの方が炭素を含む割合が多い
エ	アルコールランプ	ろうそくの炎の方が温度が高い
オ	アルコールランプ	アルコールの方が炭素を含む割合が多い
カ	アルコールランプ	ろうそくの方が炭素を含む割合が多い

お父さんが持ってきてくれた容器では花火に火がつけられなかったので、困った農太郎君は陶器《とうき》でできたコップにろうそくを立てて、花火をすることにしました。

農太郎君はたくさんの花火をしているうちに、なぜ炎は赤色なのに、いろいろな色の花火があるのだろうかと疑問に思い、お父さんに尋《たず》ねました。すると、お父さんは「花火はナトリウムやカルシウム、銅などの元素を含んでいるものや、その水溶液《すいようえき》を炎の中に入れるとそれぞれの元素に特有の色を示す炎色反応《えんしょくはんのう》という反応を利用したものなんだよ。」と教えてくれました。

そして、次の花火に火をつけると、今までの花火とはくらべものにならないくらい強い光を放って燃える花火がありました。お父さんがそれはマグネシウムという金属が燃えているのではないかと教えてくれました。

問6　マグネシウムという金属が燃えるときには、マグネシウムと「何か」が結びつき、まぶしい光と熱を出しながら、別のものに変化します。「何か」の名まえを答えなさい。

問7　1.2gのマグネシウムを蒸発皿に入れて完全に燃やしたあとに、固体の重さをはかると2.0gでした。その固体を十分な量の塩酸に加えると、気体の発生は見られませんでした。また、1.2gのマグネシウムを十分な量の塩酸に加えて、発生した気体の体積をはかったところ、1Lでした。

（1）　発生した気体の名まえを答えなさい。

（2）　1.2gのマグネシウムを燃やしている途中《とちゅう》でやめて、その固体を十分な量の塩酸と反応させたところ、0.36Lの気体が発生しました。1.2gのマグネシウムのうち、燃やすのをやめるまでに何gのマグネシウムが反応していたと考えられますか。

（3）　1.2gのマグネシウムをはかり取り、1年間空気中にそのまま置いた後に十分な量の塩酸を加える実験をしました。このとき、発生した気体の体積は1Lと比べてどうなりますか。理由とともに答えなさい。

農太郎君は最後に線香花火をはじめました。線香花火の様子を観察すると、先端《せんたん》にできる火の玉から火花が飛び出しています。不思議に思った農太郎君がお父さんに尋ねると、「火の玉の中でできた気体が膨《ふく》らみ、破裂《はれつ》して火の玉の一部を吹き飛ばすためだよ。これは、炭酸飲料で浮《う》かんでくるあわがはじけてしずくをとばすのと同じしくみだよ。」と教えてくれました。

問8　この線香花火の火薬の原料には、硝酸《しょうさん》カリウムや硫黄《いおう》、炭素が含まれています。火の玉の中でできた気体として考えられるものの名まえを1つ答えなさい。

問9　炭酸飲料に含まれている気体は以下のどの方法で作ることができますか。次のア～エから選び、記号で答えなさい。

ア．過酸化水素水に二酸化マンガンを加える。
イ．水酸化ナトリウム水溶液にアルミニウムを加える。
ウ．塩酸に石灰石を加える。
エ．塩酸にくぎを加える。

問10　花火が終わったあとにコップに入ったろうそくの火を消す場合は、息を吹《ふ》きかける、空気や風を送る、水をかける以外の方法でどのようにすれば火を消すことができますか。

（次のページにも問題が続きます）

2 ものの重さのかかる点のことを重心《じゅうしん》といいます。棒《ぼう》の重心の位置に糸をつけてつるすと水平につりあいます。図１のように、同じ厚さで長さ120cm、重さ200gの長方形の板ABを用いて、糸で水平になるようにつるすと、糸の位置は板ABの中央になりました。このとき、糸の真下の線上に板の重さ200gがあると考えることができ、糸でつるしたものが水平になることで重心の位置を確かめることができます。

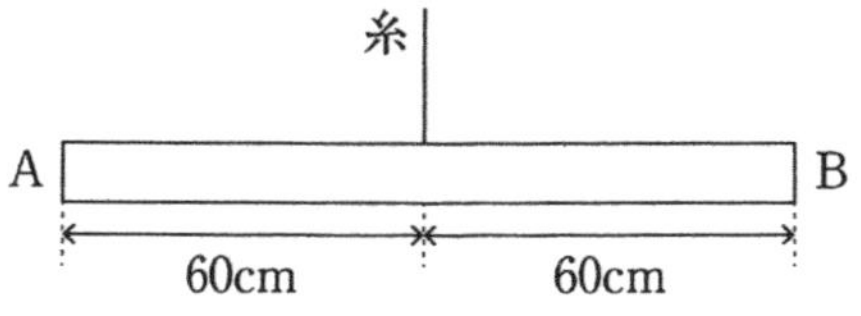

図１

問１　図１の状態から端《はし》Bの位置に100gのおもりをつるすとき（図２）、端Aから30cmの位置に何gのおもりをつるすと板ABは水平になりますか。

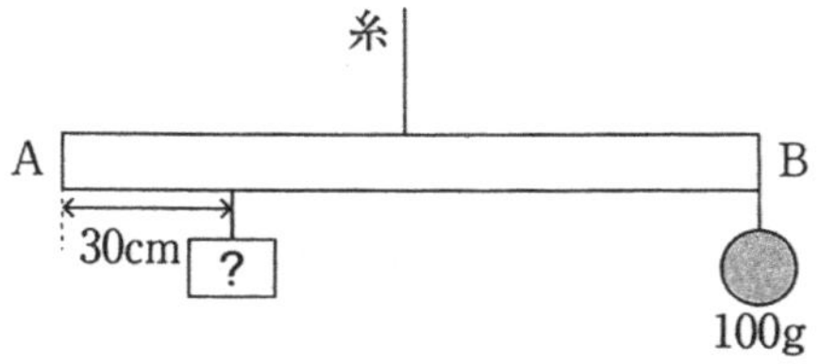

図２

問２　図３のように、端Bの位置に100gのおもりをつるすとき、糸の位置を端Aから何cmのところに移動すれば板ABは水平になりますか。

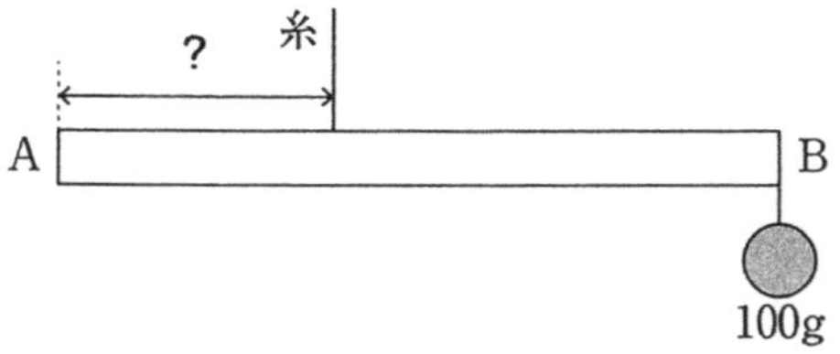

図３

問３　図４のように、端Aから15cmのところに糸を移動し、ひもを使って板ABが水平になるように支えています。このとき、糸には重さ75gのおもりをつるしたときと同じ大きさの力がかかっていました。ひもの位置は端Aから何cmですか。また、ひもには重さ何gのおもりをつるしたときと同じ大きさの力がかかっていますか。

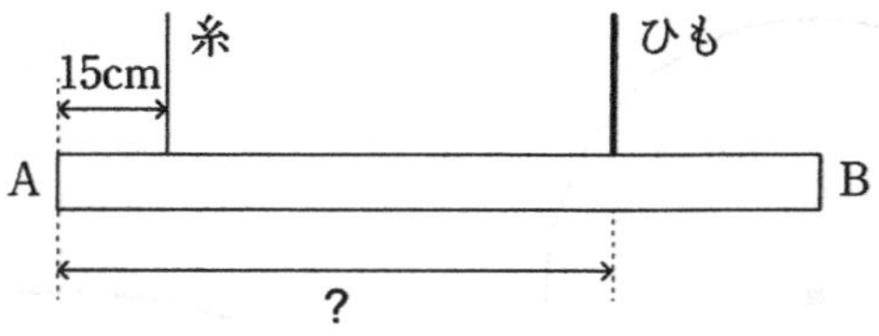

図４

ものの厚さや形が変わっても重心の位置を求めることができます。長さが80cmで重さ1500gの大根の重心の位置を求めてみましょう。図５のように大根を２本のひもでつるし、その先に２つのばねはかりをつけました。重心の位置を求めやすくするために大根の形は円すいとして考えます。このとき、ばねはかり１は900g、ばねはかり２は600gを示していました。

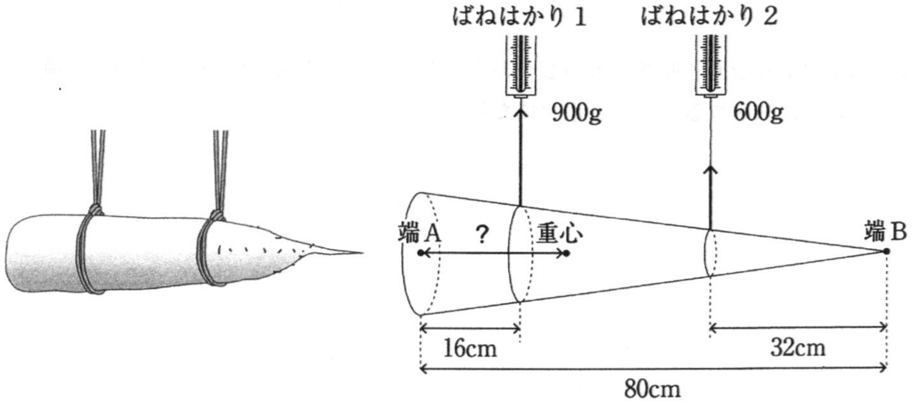

図５

問４　１本のひもで大根を水平につるすには、端Aから何cmのところにひもをつるせばよいですか。

重心の位置は棒のような形でなくても糸でつるして確かめることができます。図6のような同じ厚さの円板の重心の位置は円の中心にあります。重心の位置に糸をつけてつるすと、円板を水平につるすことができます。

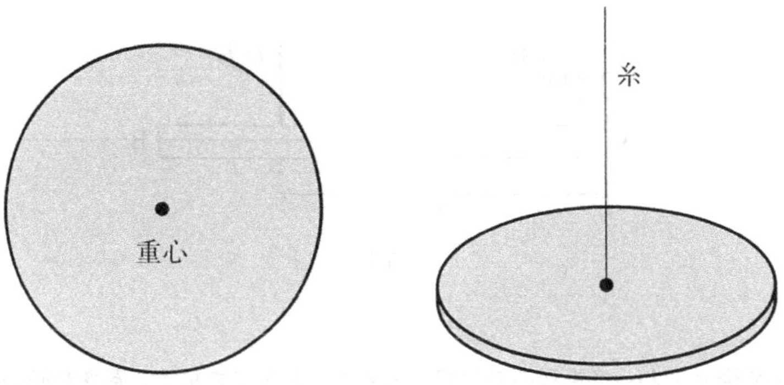

図6

複雑《ふくざつ》な形の重心の位置は、重心の位置がわかりやすい形に分けて考えることで求めることができます。分けた部分の重心と重さをそれぞれ考えると、今までと同じように求めることができます。図7の板の重心を求めてみましょう。

問5　図７のような同じ厚さで大小２つの正方形をつないだ板について、点Oから横に何cmのところに糸をつるすと板は水平になりますか。

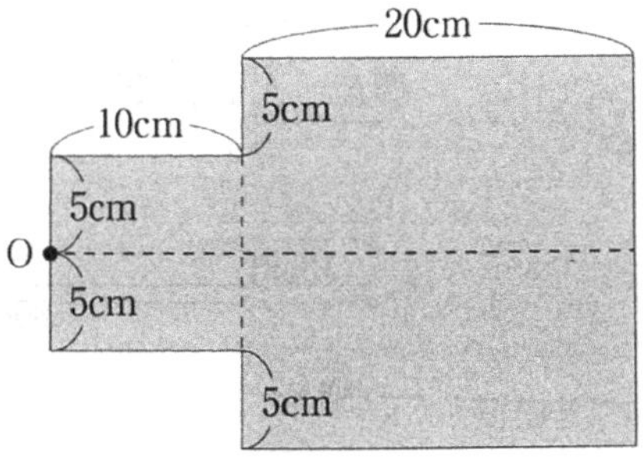

図７

図８のような同じ厚さで半径が18cmの円板から半径９cmの円板Ａを切り取った板Ｂの重心の位置を求めたいときには、円板Ａがついていた元の円板の重心の位置と円板Ａの重心の位置を考えることで、求めたい重心の位置を考えることができます。

問６　円板Ａと板Ｂの重さの比を最も簡単な整数比で答えなさい。

問７　点Ｏから横に何cmのところに糸をつるすと板Ｂは水平になりますか。

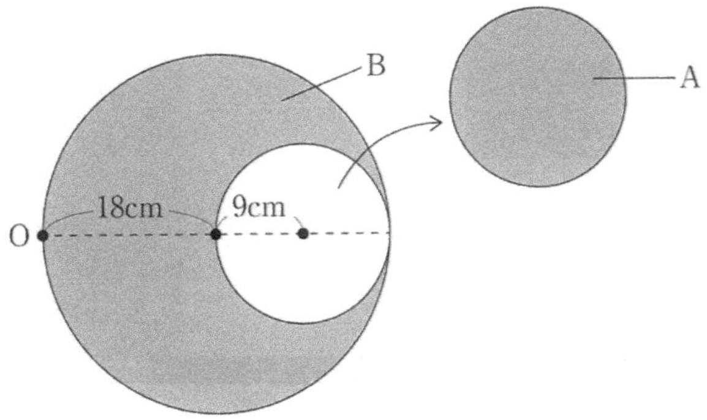

図８

同じ厚さで一辺の長さ100cm、重さ1000gの正方形の板から、一辺の長さが60cmの正方形の板を切り取って、残った部分を板Xとしました（図９）。板Xの重心の位置は、重心の位置がわかりやすい形に分けることに加えて、重心の位置を縦《たて》と横に分けて考えると求めることができます。

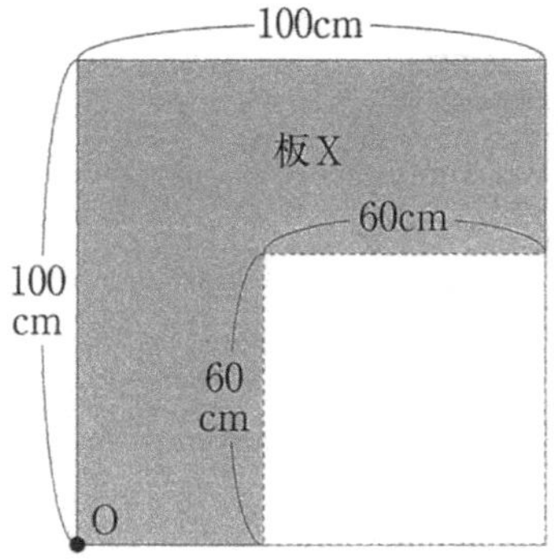

図９

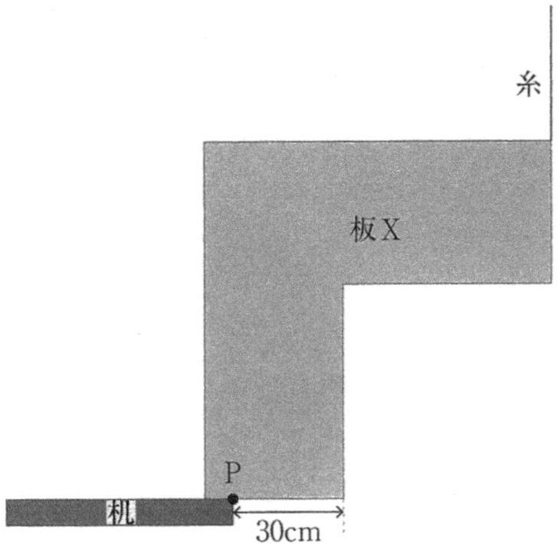

図10

問８　板Xは点Oから縦に何cm、横に何cmのところに糸をつるすと水平になりますか。

問９　図10のように板Xを机の上におくと、板Xは机の端Pを支点にして傾《かたむ》いてしまいます。そこで、糸を使って板Xを水平にして傾かないようにしました。このとき、糸には重さ何gのおもりをつるしたときと同じ大きさの力がかかっていますか。小数第一位を四捨五入して整数で答えなさい。

東京農業大学第一高等学校中等部　令和三年度入学試験(二月一日実施)国語　解答用紙

氏名

受験番号

↓ここにシールを貼《は》ってください↓

※100点満点
(配点非公表)

21020113

一

① グンセイ

② シュウトク

③ タバネル

④ キチョウ

⑤ 養蚕

⑥ 商　い

⑦ 机上

⑧ 権化

二

問一
a
b

問二

問三

問四

問五

(5)	(6)
本	円

5

(1)		(2)
A	B	
毎秒　　g	毎秒　　g	%

↓ここにシールを貼《は》ってください↓

※100点満点
(配点非公表)

受験番号	氏　　名

東京農業大学第一高等学校中等部

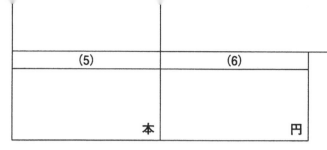

Ⅱ	オ	カ	キ	ク

4

問1	km	問2	

問3		問4	

問5	新月 ⇒ ⇒ ⇒ ⇒ ⇒ ⇒ 新月

問6	(1)	(2)	問7	

問8	(1)	(2)

問9	現象	月の位置	問10	

↓ここにシールを貼《は》ってください↓

21020112

※100点満点
（配点非公表）

受験番号	氏　　名

東京農業大学第一高等学校中等部

令和3年度　入学試験（2月1日実施）理科　解答用紙

1

問1		問2		問3	

問4		問5		問6		
		問7	(1)	(2) g		
			(3)			

問8		問9	

問10	

2

問1	g	問2	cm	問3	位置 cm	力 g	
問4	cm	問5	cm	問6	A：B= ：	問7	cm
問8	縦 cm	横 cm		問9	g		

3

I	問1		問2	

【解答

令和３年度　入学試験（２月１日実施）算数　解答用紙

1

(1)	(2)	(3)	(4)

2

(1)	(2)	(3)

3

(1)	(2)	(3)

4

(1)	(2)	(3)
倍	m	：

(4)

【解答

問六

問七

問八

問九

三

問一

問二

a

b

問三

問四

問五

問六

問七

問八

問九

X

Y

問十

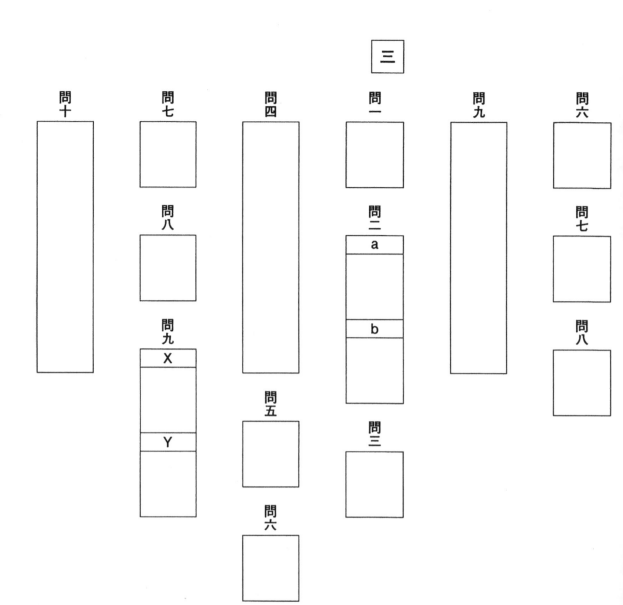

3 マメ科の植物について、以下の問いに答えなさい。

Ⅰ　エンドウはマメ科の植物です。クローバー(シロツメクサ)もマメ科の植物で、どちらも葉に切れ込みが入って、1枚の葉が複数の葉の集まりのように見える特徴《とくちょう》があります。クローバーの三つ葉と四つ葉は、葉の切れ込みの違いによるものです。

問1　マメ科の植物の葉を、次のア～エから選び、記号で答えなさい。

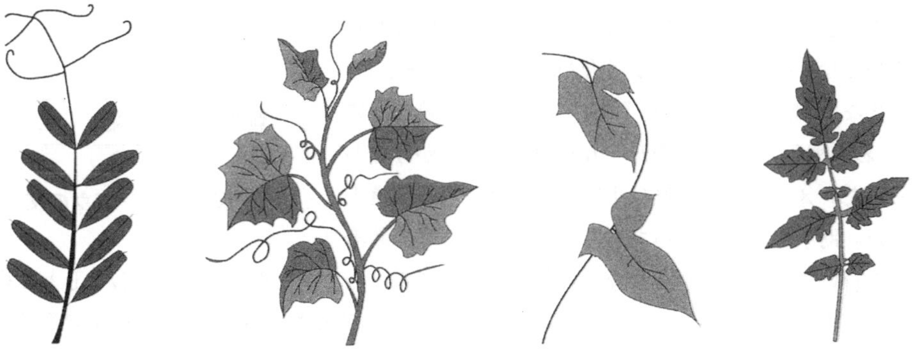

ア　イ　ウ　エ

問2　マメ科の植物のたねを、次のア～オから選び、記号で答えなさい。

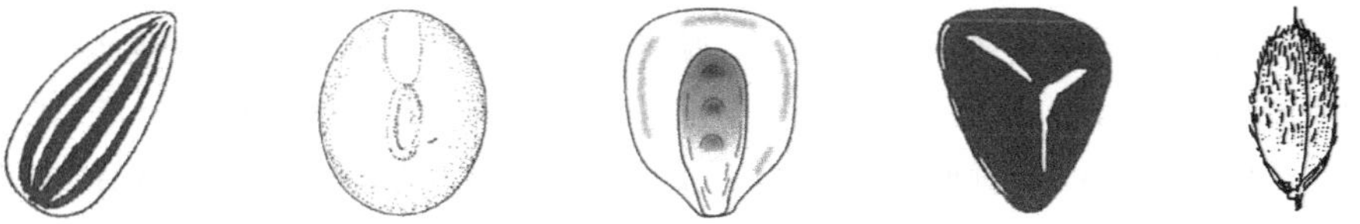

ア　イ　ウ　エ　オ

Ⅱ　次の文は、メンデルの遺伝のしくみの発見について述べたものです。

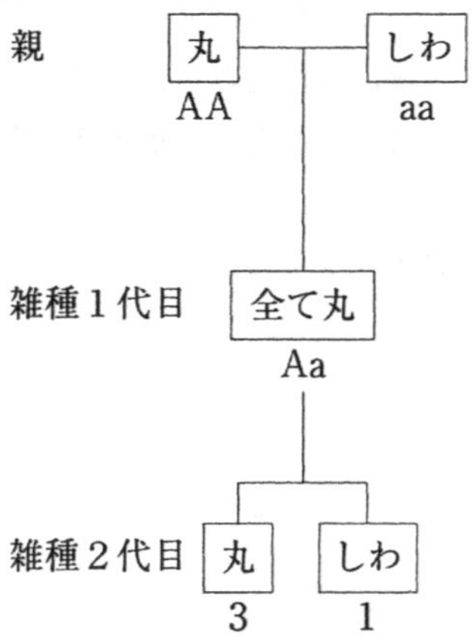

図１　エンドウの交配

オーストリアのメンデルは、マメ科のエンドウを材料に雑種の研究を行いました。雑種と言えばイヌやネコで異なった品種が混ざった個体を思い浮かべますが、メンデルはこの雑種がどのような割合で生まれるのかを調べる目的で実験を行い、その研究のなかから現在知られる「メンデルの遺伝の法則」が発見されました。

図１のようにメンデルの行ったエンドウのかけ合わせの実験では、はじめに何代かけ合わせても「丸い種子」しかできない純粋《じゅんすい》な性質の種子を作り、同じく純粋な性質の「しわの種子」を作ってそれぞれを「親」としてかけ合わせました。メンデルの職業は生物学者ではなく、修道士でした。助手の人に手伝ってもらい、修道院の庭で栽培実験を行いました。まず純粋な丸い種子を撒《ま》いて育ったエンドウの花に、純粋なしわの種子を撒いて咲いた花のおしべの花粉を受粉させました。実った「雑種１代目の種子の形は全て丸」でした。次にこの種子を撒いて育った花を自家受粉させた結果について、助手から受けた報告は、「雑種２代目の種子の形は、丸い種子としわの種子の割合が３：１」というものでした。

1866年に発表した雑種植物の研究のなかで、メンデルはこの実験結果について、次のような説明を行いました。

・親から子どもには因子(現在で言う遺伝子)によって性質が伝えられる。

・因子には現れ方に強い弱いがあり、雑種１代目では、強い方の性質が現れる。

メンデルはエンドウについて、丸としわだけでなく全部で７つの性質を調べました。このすべての性質について、雑種１代目ではどちらか一方の性質が現れ、雑種２代目では現れ方の強い方の性質と弱い方の性質が３：１の割合で現れました。

これをもとに行った、遺伝に関する授業について、以下の文章を読み、(ア)～(ク)に適する文字や数字を答えなさい。

それではこれから、遺伝のしくみについての授業を行います。エンドウの種子の形を例に、説明しますので、遺伝のルールにしたがったゲームとして考えて下さい。

① まず親から雑種１代目へ、それぞれ１つずつの因子(遺伝子)が渡されます。
丸い種子の親からは丸の因子、しわの種子の親からはしわの因子をもらい、雑種１代目は「形」についての２つの因子を持つことになります。

② 雑種１代目は、親からもらった丸の因子としわの因子を持っています。
この因子をアルファベットで表すことにします。このとき雑種１代目に現れる丸の性質は、現れ方が強いので大文字で示します。現れなかった性質は同じアルファベットの小文字で示します。雑種１代目のもつ因子の組み合わせはAaとなり、現れ方が強いAの性質が現れて種子の形は丸になります。

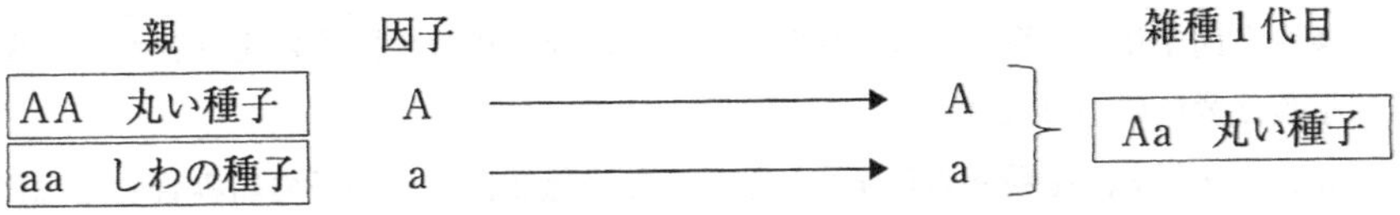

次に雑種１代目である Aa　丸い種子 を撒いて、咲いた花を自家受粉します。
Aaの花のおしべの花粉から雑種２代目に伝えられる因子はAかaの２種類です。
めしべの胚しゅから雑種２代目に伝えられる因子もAかaの２種類です。

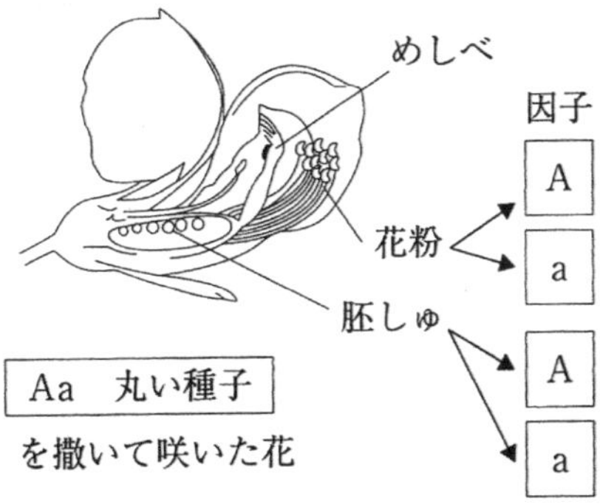

胚しゅの因子A、aと花粉の因子A、aの組み合わせによって、雑種２代目は次のようになります。

・胚しゅから因子A、花粉から因子Aをもらうと雑種2代目の因子の組み合わせはAAとなり、種子の形は丸になります。
・胚しゅから因子A、花粉から因子aをもらうと雑種2代目の因子の組み合わせはAaとなり、種子の形は丸になります。
・胚しゅから因子a、花粉から因子Aをもらうと雑種2代目の因子の組み合わせはaAとなり、種子の形は丸になります。
・胚しゅから因子a、花粉から因子aをもらうと雑種2代目の因子の組み合わせはaaとなり、種子の形はしわになります。

よって、雑種2代目の種子の形は　丸：しわ＝3：1となります。

次は、種子の中の子葉の色について、考えてみましょう。子葉の色が黄色の因子をB、緑色の因子をbとします。

子葉が黄色(BB)と緑色の親をかけ合わせて生まれた雑種1代目の持つ因子の組み合わせはBbで、現れる子葉は(**ア**)色になります。

胚しゅの因子B、bと、花粉の因子B、bの組み合わせでは、雑種2代目は次のようになります。

・胚しゅから因子B、花粉から因子Bをもらうと雑種2代目の因子の組み合わせはBBとなり、子葉は黄色になります。
・胚しゅから因子B、花粉から因子bをもらうと雑種2代目の因子の組み合わせはBbとなり、子葉は(**ア**)色になります。
・胚しゅから因子b、花粉から因子Bをもらうと雑種2代目の因子の組み合わせはbBとなり、子葉は黄色になります。
・胚しゅから因子b、花粉から因子bをもらうと雑種2代目の因子の組み合わせはbbとなり、子葉は(**イ**)色になります。

今度は、いままで別々に考えていた種子の形と子葉の色の両方に注目して、かけ合わせを行ってみましょう。この場合のルールも今までと同じです。

まず雑種１代目の種子はAaBbで、種子の形が丸で子葉の色が(**ア**)色です。
表１には雑種１代目のAaBbにできる４種類の花粉の因子を横軸に、４種類の胚しゅの因子を縦軸《たてじく》に示します。そして、因子の組み合わせで生まれる雑種２代目の因子の組み合わせと種子の形と子葉の色を示します。

表１

花粉 ／ 胚しゅ	AB	Ab	aB	ab
AB	例①AABB 丸 黄色	AABb	AaBB	例②AaBb 丸(**ア**)色
Ab		AAbb		
aB	AaBB			
ab	AaBb			

（１）　表のなかの雑種２代目は、次の例のように表せます。

例①のように胚しゅから因子AB、花粉から因子ABをもらうと雑種２代目の因子の組み合わせはAABBとなり、種子の形は丸、子葉は黄色となります。

例②のように胚しゅから因子AB、花粉から因子abをもらうと雑種２代目の因子の組み合わせはAaBbとなり、種子の形は丸、子葉は(**ア**)色となります。

（２）　これまでの結果を利用して、次のように考えることもできます。

> 表のなかの16個の種子のうち、雑種２代目に現れる丸い種子としわの種子の割合は３：１なので丸い種子は(**ウ**)個、しわの種子は(**エ**)個です。
>
> 雑種２代目に現れる子葉が黄色の種子と緑色の種子の割合は3：1なので、丸の種子(**ウ**)個のうち子葉が黄色の種子は(**オ**)個、緑色の種子は(**カ**)個です。
>
> また、雑種２代目のしわの種子(**エ**)個のうち子葉が黄色の種子は(**キ**)個、緑色の種子は(**ク**)個です。

4 農子さんはある日、月初めの一日はなぜ「ついたち」と読むのだろうと疑問をいだき、調べてみることにしました。

辞書には、「『ついたち』とは『つきたち（月立ち）』の音が変化したものとされる。」と記されていました。また、「月立ち」の「立ち」は、「出現する」「現れる」といった意味で、月の満ち欠けによって月日を数えていた時代に、新月が現れる日をその月の始めの日としていたことに由来するということがわかりました。

農子さんは、次に、月や月の満ち欠けについて調べてみることにしました。

辞典には、「月の直径は、地球の直径の約$\frac{1}{4}$倍で、地球から月までの距離は約38万kmであり、地球から見た月の大きさと太陽の大きさはほぼ同じである。また、太陽の直径は、地球の直径の約100倍である。」と記されていました。右の図1は、北極のはるか上空から見た月と地球の関係を模式的に表したものです。

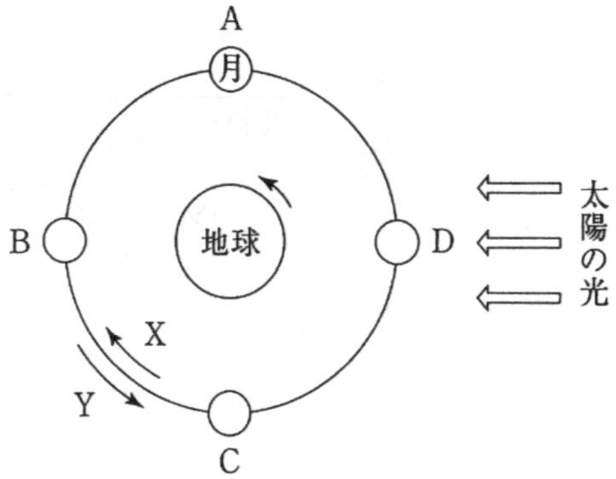

図1　月と地球の関係の模式図

問1　辞典を読み終えた農子さんは、月と太陽の見え方と実際の直径の関係から、地球と太陽の距離を求めてみることにしました。農子さんが求めた地球と太陽の距離は何kmですか。

問2　惑星《わくせい》のまわりを回る月のような星を何と言いますか。

問3　月の公転運動の向きは、図1のX、Yのどちらですか。

問4　新月となるときの月の位置を図1のA～Dから選び、記号で答えなさい。

問5　新月から次の新月までの月の満ち欠けする様子を、図2のア～オを用いて、正しい順に並び替えて答えなさい。

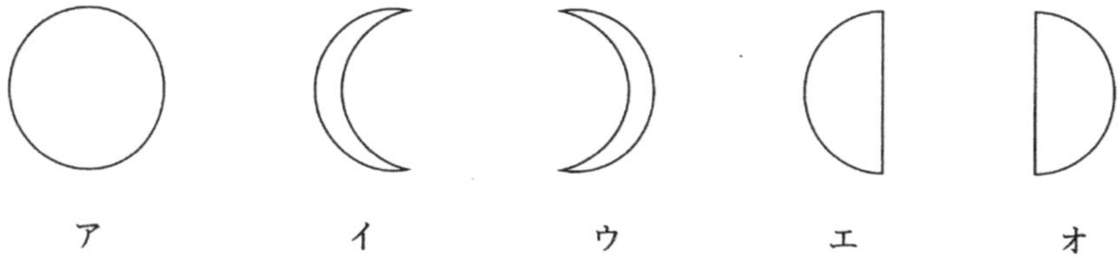

図2　地球からみた月の形

問6　図2のエの形の月について次の各問いに答えなさい。

（1）　南中する時刻として正しいものを、次のア～キから選び、記号で答えなさい。

ア．正午頃　　イ．午後3時頃　　ウ．午後6時頃　　エ．午後9時頃
オ．午前0時頃　　カ．午前3時頃　　キ．午前6時頃

（2）　3日後の（1）と同じ時刻には、月は(E)の空に見えました。(E)にあてはまるものを、次のア～オから選び、記号で答えなさい。

ア．東　　イ．南東　　ウ．南　　エ．南西　　オ．西

問7　図2のイの形の月が夜見える位置を、図3のa～gからすべて選び、記号で答えなさい。
ただし、夜は午後6時から次の日の午前6時までとします。

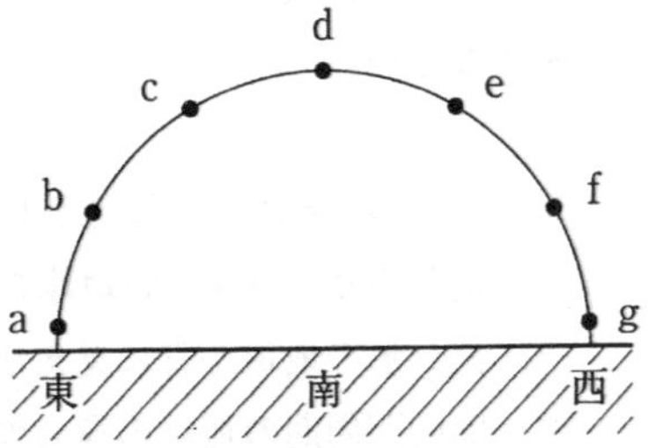

図3

問8　図4は、ある日の南の空に見えた月の様子です。この月について、次の各問いに答えなさい。

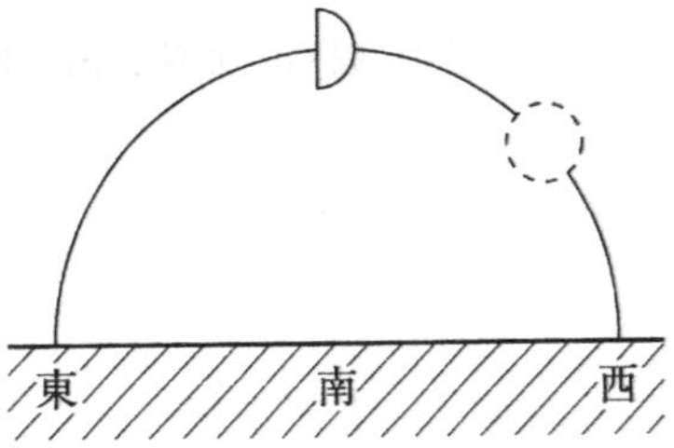

図4

（1）　この形の月を何と言いますか。
（2）　この月が西の空の点線の位置にあるときは、どのように見えますか。見えない部分を黒く塗りつぶし、見える部分をそのまま残すように、図の中に描きなさい。

問9　太陽の光が地球にあたり、地球の影の中を月が通過することによってみられる現象を何と言いますか。また、そのときに月はどの位置にあると考えられますか。図1のA～Dの中から選び、記号で答えなさい。

ある夜、農子さんは望遠鏡で夜空を観測して、右図のようなきれいな満月を観ることができました。観測を終えた農子さんは、あの月面の中央あたりに長期間滞在することができたら、地球はどのように観測できるのだろうかと疑問に思い、考えてみました。

引用：国立天文台より

問10　月面の中央から観測される地球の様子として適するものを、次のア～キからすべて選び、記号で答えなさい。

ア．満月のときは青い地球を見ることができない。
イ．満月のときのみ青い地球を見ることができる。
ウ．同じ形の地球が常に見え地球の満ち欠けは見られない。
エ．24時間周期の地球の満ち欠けが見られる。
オ．24時間周期の地球の出と地球の入りが見られる。
カ．約30日周期の地球の満ち欠けが見られる。
キ．約30日周期の地球の出と地球の入りが見られる。

令和２年度　入学試験（２月１日実施）

国　語

［40分］

［注意事項］

1. 試験開始の合図があるまで、この問題用紙は開かないでください。
2. 解答は、すべて解答用紙に記入してください。
3. 問題は１ページ～14ページの合計14ページあります。
ページが抜《ぬ》けていたら、すみやかに手を上げ、監督《かんとく》の先生に申し出てください。
4. 解答の際、句読点、括弧《かっこ》などの記号は字数に含《ふく》むものとします。

東京農業大学第一高等学校中等部

一　次の①～④の傍線部のカタカナを漢字に直し、⑤～⑧の傍線部の漢字の読みをひらがなで答えなさい。また、送り仮名が必要な場合は送り仮名を付しなさい。

① 目上の人の話をよく聞きレイセツを重んじるべきだ。
② 相手の気持ちを推しハカルことは難しい。
③ 村に昔からある古いカンシュウに従う。
④ 指摘した問題点についてゼンショを求める。
⑤ 海に面した海浜公園で遊ぶ。
⑥ 朗らかな笑い声が聞こえてくる。
⑦ 箱根マラソンを沿道で応援する。
⑧ 荒天の中の登山は危険だ。

二　次の文章を読んで、後の問に答えなさい。（設問の都合上、本文を一部省略してあります）

互いに納得するために必要なことは、1自分の意見が通ったという感覚をあなたと相手がともに持つことです。そのためには、意見・提案の内容への信頼が必要ですが、ここでは、その内容とともに、互いの相手への信頼、安心、すなわち大丈夫感といったものが重要です。そのためには、互いが理解しともに考えるプロセスが必須となります。

納得した、合意した、という感覚は、説得と納得の相互関係から成り立っています。

まず、説得とは、内容の整合性、相手への信用・信頼からなります。

説得では、自分の意見・提案内容に対して相手の信用・信頼を得ることが不可欠です。自分が意見や提案を述べる際に、その内容が理にかなったものであること（Ⅰ）、たしかな検証にもとづくものであること（Ⅱ）が相手を説得するための条件となります。

当然、その説得に理解を得るためには、知識や経験に基づく説明が必要になります。

［A］、知識や経験は万能ではありません。共通知識を持たない相手に対しても、自分の主張や提案に対してわかりやすい説明をていねいに行い、質問に対して的確に対応するという態度が肝要でしょう。そのような姿勢によって、自分の意見や提案の内容を相手に信用してもらえることになります。

これが、次の納得につながります。

納得とは、これで大丈夫という感覚です。

「この人は大丈夫」と確信してもらうためには、お互いの不信感や不安感を払拭《ふっしょく》することによって信頼関係を構築する以外にありません。

互いに納得できる状況を見出すためには、まず、互いの意見を十分に理解し、その背景にある互いのテーマを見つけ出します。そのテーマこそが各人が納得できるための要素となるのです。そして、これらの要素が共存できる方法を熟慮《じゅくりょ》し、それらの要素が結集されたものを見出します。この結集されたものこそが互いに納得できる状況といえるでしょう。このように、それぞれが自分に向き合っていることを示すことによって、[2]お互いの安心感は醸成《じょうせい》されるといえます。

[B]、何のための納得と合意かというと、それは、対話のプロセスを通して、お互いが自分を肯定するためであり、生活・仕事・人生を自分でつくっていくという実感を自ら持つためでもあります。

　このように考えると、自己と他者が協働して納得・合意するのは、参加者全員でつくっていく共同体としての社会のあり方そのものということができます。その意味で、自己と他者の納得と合意は、この社会で生きていくための基盤であるといえます。

　自己の外部にある権威《けんい》に従属するのではなく、[3]対話によって得られた成果をもとに、あなたと相手がともに新しい社会創造をめざすしかないのです。

　対話とは、広く自己と他者の人間関係を構築する行為であるといえるし、さらにこの関係構築によって、共通のコミュニティを形成していく活動でもあります。

[C]、それぞれの価値観の交流やそれに伴う自己の内省が重要な要素となるし、[4]そのような自己の内省はコミュニティにおける当事者自身のアイデンティティのとらえなおしの問題とも深く関与しています。

　このような立場からすると、対話を個人の能力という点だけに焦点を当てて考えることは、個人の生涯の達成の方向性を見失わせる恐れも生じることとなります。

　ここで重要なのは、対話の場を、自己と他者を取り包む環境としてとらえ、ことばの活動環境としての場をどのように設定するかという課題について考えていくことです。

　このことを考えるためには、まず対話の目的について検討しなければなりません。わたしたちは、対話によって、どのように生きるのか問われているといえます。つまり、対話という活動によって、自律的に考えていくことのできる自分をどのように形成できるかということです。すなわち、自らのテーマに気づき、自分の利害だけに収束させず、社会への参加というかたちで実現できる自己の形成です。

①

②

③

④

　こうした対話の方向性は、自らの問題意識のあり方をもう一度根本的にとらえなおす場となるでしょう。

　そうなったとき、対話の主たる目的は、断片的な知識や情報を効率的・効果的に交換したり取得したりすることではなく、対話の活動によって生じる諸問題を対象として自らのテーマについて徹底的に考えることとして浮上してくるに違いないのです。

ここで形成されるのは、個人の能力や技術ではなく、対話の活動のプロセスを通じて育まれる、相互の生きる目的の総体です。その生きる目的とは、自分のテーマの発見を通して、自らが帰属する社会とは何かを考えることです。自分のテーマの発見とはまず自分の過去・現在・未来を結ぶテーマの発見であり、このテーマは自らの生活・仕事・人生を貫くモデルとなるものです。それは必然的に生涯を通じて学び続ける人生の構築、すなわち私はなぜ生きるのか、何のために生きるのか、という「生きる目的」へとつながるものでしょう。

そこでは、個人の持つ、さまざまな特性を自らデザインできるような道筋をあなた自身の想像力によって創造することができます。このことこそ、[5]人間のアイデンティティ形成に立ち会う対話の、本来的なあり方なのです。

それでは、対話における納得と合意は、どのようにして生まれるのでしょうか。

納得と合意を生む対話について考えるためには、たとえば、現象学における本質観取という技法がとても参考になります。

（中略）

さて、[6]本質観取という活動では、まず問題提起にしたがって、この問題テーマに関するそれぞれの経験をキーワードのかたちで出し合い、そこで他者との比較・検討が行われます。個人一人ひとりの価値観・立場・背景はそれぞれ異なるため、ここで簡単に合意が得られるわけではないけれど、説得と納得のプロセスを経て、何らかの共通了解が生まれるまで、開かれた言語ゲームが果敢に展開されます。言語ゲームというのは、イギリスの哲学者・ウィトゲンシュタインのつかった用語で、わたしたちの生活はすべて言語によるゲームとして構成されているという理論です。本質観取というのは、このようなやりとりを経て、信念対立による共通不了解を何とか乗り越え、自由の相互承認によってルール成立をめざしていく活動といえるでしょう。

振り返って、この本質観取を対話の文脈の中に置き換えてみると、そのまま対話活動の原形として符合します。テーマ設定からさまざまな他者とのやりとりを経て、納得と合意に至るプロセスは、対話活動そのものであるといえます。

さらに、開かれた言語ゲームとはすなわち［Ⅲ］を持つことばの活動そのものであり、そうした活動によって、個人と社会の関係が少しずつ明らかになり、ここに個の市民性形成の姿が立ち現れます。こうした市民性形成は、命令者がいてそれに従う者がいるという絶対支配関係の世界では到底実現できないことを本質観取は如実に表しています。

課題は、問題設定が個人の外部にある一般論を対象とした場合、自己・他者・社会の循環が起こりにくいという点です。したがって、どんなに抽象的な概念であっても、その基本は、個人自身の欲望から出発すること、それを他者とどうつなぐか、さらにそのことが社会形成へとどのようにかかわるのか。こうしたことを考えるための環境設計、すなわちデザインこそわたしたちの対話に与えられた課題ではないでしょうか。

このような意味で、この哲学の実践は、対話そのものであるといえますし、哲学なくして対話はありえないということが明らかになります。

自分の中にある思い込み、知らずに身につけてきたビリーフ（信念）や権威的な物の見方を鵜呑《うの》みにした考え方、そういったことに気づくこと、それが自らの中にある絶対支配世界を乗り越えるということであるとすれば、ことばの活動によって、わたしたちはどのように個人と社会の自由を取り戻すことができるでしょうか。自らの中にある絶対支配世界を乗り越え、哲学の立ち向かう共通の課題の実践として対話活動があるのだと改めて気の引き締まる思いがします。

対話は、自己と他者が向き合い、その活動を通して、この社会で生きるための互いの共通基盤をつくるものだといえるでしょう。

（細川英雄『対話をデザインする』ちくま新書による）

問一 空欄 Ⅰ ～ Ⅲ にあてはまる語句を、次のア～キの中からそれぞれ選び、記号で答えなさい。

ア 道徳性　イ 信憑《しんぴょう》性　ウ 不変性　エ 公共性

オ 両義性　カ 相対性　キ 合理性

問二 空欄 A ～ C にあてはまる語句を、次のア～オの中からそれぞれ選び、記号で答えなさい。

ア なぜなら　イ では　ウ ですから　エ ただ　オ すなわち

問三 傍線部1「自分の意見が通ったという感覚」とありますが、どういう感覚ですか。最もふさわしいものを次のア～オの中から選び、記号で答えなさい。

ア 異なる意見を持つ相手に、相手の意見より自分の意見の方が正しいと認識させることができたと感じる感覚。

イ 異なる意見であっても、お互いの意見や提案を信頼し、自分の意見が相手に受け止められたと感じる感覚。

ウ 知識や経験に基づく説明をすることによって、自分の意見の方が論理性があることを相手に認めてもらえたと感じる感覚。

エ 共通知識を持たない相手に対し、自分の主張や提案をわかりやすく説明することができたと感じる感覚。

オ 内容の整合性を説明することにより、自分の意見を相手に一方的に認めさせることができた時に感じる感覚。

問四 傍線部２「お互いの安心感は醸成される」とありますが、どういう場合に醸成されるのですか。最もふさわしいものを次のア〜オの中から選び、記号で答えなさい。

ア 意見の背景にあるお互いのテーマの共存方法を熟慮し、互いに納得できる状況を見出す場合。

イ お互いの過去や未来について話し合うことにより、それぞれの人生を干渉しないことがわかった場合。

ウ 自分の意見や提案の内容について、知識や経験に基づく合理的な説明により、相手を説得できた場合。

エ お互いの意見や提案の内容について理解し、その背景にある双方共通のテーマを見出した場合。

オ 共通の知識を持っていないため、自分の意見や提案は理解されないものの、ていねいに対応してもらえた場合。

問五 傍線部３「対話によって得られた成果」とありますが、どのようなものですか。正しいものを次のア〜オの中から**すべて選び**、記号で答えなさい。

ア 納得と合意の上に成り立つ自己肯定感の形成

イ 双方が安心感を得ることができるコミュニティの形成

ウ 権威に従属する古い社会思想の獲得

エ 自分の過去・現在・未来を結ぶテーマの発見

オ 新しい共同体での地位の確立

問六 傍線部４「そのような自己の内省」とありますが、どういうことですか。最もふさわしいものを次のア〜オの中から選び、記号で答えなさい。

ア 新しいコミュニティを形成するために、自分の内面を見つめ、帰属意識をあらためること。

イ 新しい社会を創造していく中で、他者と協調するだけでなく自分の意見を主張すること。

ウ 新しい共同体での人間関係を円滑にするために、自己中心的な思考や感情を捨て去ること。

エ 他者の異なる価値観を受け入れるために、自分の考えや感情を自分自身で制御すること。

オ 他者と関係を構築していく中で、自分自身と向き合い、自分の考えや言動を振り返ること。

問七　本文中の空欄 ① ～ ④ には、次のⅰ～ⅳの文章が入ります。適切な順番に並べたものとして、最もふさわしいものを次のア～カの中から選び、記号で答えなさい。

ⅰ　その固有のテーマを他者に向けて提示するという行為によって、人は、自らの人生テーマを意識し、生活や仕事への道筋として形成していくのです。

ⅱ　対話によって提示されるテーマは、きわめて多岐にわたります。

ⅲ　さらに、このテーマは、ことばの活動を自律的に意識化し、他者・社会との関係を総合的にとらえていく個人となること、つまり、「ことばの市民」とでもいうべき個人の生き方・あり方とも連動しています。

ⅳ　それは、個人一人ひとりの過去・現在・未来の生涯ドラマの断面でもあるといえます。

ア　ⅰ → ⅳ → ⅱ → ⅲ
イ　ⅰ → ⅲ → ⅳ → ⅱ
ウ　ⅱ → ⅳ → ⅰ → ⅲ
エ　ⅱ → ⅰ → ⅲ → ⅳ
オ　ⅲ → ⅱ → ⅳ → ⅰ
カ　ⅲ → ⅰ → ⅱ → ⅳ

問八　傍線部５「人間のアイデンティティ形成に立ち会う対話の、本来的なあり方なのです」とありますが、「対話の、本来的なあり方」とは、どういうあり方ですか。最もふさわしいものを次のア～オの中から選び、記号で答えなさい。

ア　対話の活動を通じて、自分のテーマに気づき、社会への参加というかたちで実現できる自己を形成するというあり方。

イ　対話の活動を通じて、他者の人生を学び、他者を従わせることができるコミュニティを形成するというあり方。

ウ　対話の活動を通じて、お互いの信頼関係を築くために、他者からの不信感や不安感に耐えうる強い自己を形成するというあり方。

エ　対話の活動のプロセスを通じて、生きる目的を見出し、その目的を実現するために相手と異なるアイデンティティを形成するというあり方。

オ　対話の活動のプロセスを通して、知識や情報を効率的かつ効果的に交換し、自らのテーマについて徹底的に考えるというあり方。

問九　傍線部６「本質観取という活動」とありますが、どういう活動ですか。最もふさわしいものを次のア～オの中から選び、記号で答えなさい。

ア　知識と経験に基づく説得と納得のプロセスを経て、他者の信念に脅かされない社会の成立をめざす活動。

イ　個人一人ひとりの価値観や背景が異なるため、お互いに相手を説得し、相手に納得してもらうことを繰り返すことで、共通了解の成立をめざす活動。

ウ　個人と社会の関係を少しずつ明らかにし、絶対的支配関係ではなく、お互いを支配する世界を創り出すためのルール成立をめざす活動。

エ　他者の問題を比較検討することにより、抽象的な個人自身の欲望から発する問題の解決をめざす活動。

オ　イギリスの哲学者ウィトゲンシュタインが提唱している、開かれた言語ゲームを対話の中に取り入れていくためのルール成立をめざす活動。

問十　本文の内容に合致するものを次のア～オの中から**すべて選び**、記号で答えなさい。

ア　相手を説得するためには、知識や経験に基づく説明が必要であり、知識や経験さえあれば、相手からの信用・信頼を得ることができる。

イ　私たちは、対話という、自己と他者の人間関係を構築する行為を通して、新しい社会創造をめざすのである。

ウ　私はなぜ生きるのか、何のために生きるのかという「生きる目的」は、他者との対話活動を通して発見されるものである。

エ　現代は、自己・他者・社会の循環が起こりにくいため対話活動も行われにくく、よりよい社会が形成されない状況にある。

オ　対話活動の本質は、自分の中の思い込み、知らずに身につけてきた信念や権威的なものの見方を捨て去ることにある。

三　次の文章を読んで、後の問に答えなさい。（設問の都合上、本文を一部省略してあります）

大人が子どもに言葉を教える場面を考えてみよう。例えば、「犬」という語を教えようとしてみる。どうするだろうか。

語は部品にすぎない。そこで大人は、その部品（「犬」）を用いた道具＝文をさまざまに使ってみせるだろう。例えば、「犬がいるね」「ほら、犬が寝ている」「いま隣の犬が吠えた」「その犬はこわくないよ。なでてごらん」等々。ただし教育の初期の場面では、大人はあくまでも標準的使用を示さねばならない。ノコギリの使い方を教えるのに、いきなりそれを楽器として演奏してみせる大人はいないだろう。教育用の発話は、少なくとも最初のうちは嘘であってはならないし、［A］偽であってもならない。あるいは嫌味や比喩であってもならない。［B］、正直に、かつ適切に、描写し、命令し、問いかけるのでなければならない。

そうした[1]教育上の制約のひとつとして、私は、一見さして重要とも思えないかもしれないことを指摘したい。それはこうである。

いかにも犬らしい犬を話題にせよ。

子どもに「犬」という語を教えるとき、あまり犬らしくない犬でもって教えようとはしない。例えば、夏に暑さ負けしないように頭の毛だけを残して胴体の毛を刈ってしまったチャウチャウ。その情けないライオンのような姿にもかかわらず、それは確かに「犬」であり、「犬」以外の何ものでもない。しかし、「犬」という語を教えるときにはもっと個性的でない犬を話題にした方がよい。あるいは、何かのかげんで尻尾の先が二本に分かれているような犬。あるいはまた、ニャンと鳴く犬を話題にすることも避けた方がよい。さらには、警官を指差して「犬」という語を教えようなどはもってのほかである。

[2]「犬」という語を外延的に規定するならば、「……は犬である」を真にするような対象を指定することによって規定されると考えられるだろう。いわば、犬の集合である。だが、日常語の「犬」はたんなるのっぺりした集合ではない。そこには、「犬らしさ」という構造が導入されねばならないのである。

まず、順当に犬らしい犬、すなわち犬の※1プロトタイプから始め、しかるのちに、多少変わった犬について「あれも犬なのだ」と教えていく。そこにおいて子どもは、［C］何が「犬」と呼ばれうるのかを学ぶだけではなく、どういうのが「ふつうの犬」であり、どういうのが「変な犬」なのかも学ぶのでなければならない。ある概念の習得において、何がその概念のもとに落ちるのかを学ぶだけでなく、そこにおいて「ふつう」と「変」という評価軸を正しく設定することもまた要求されるのである。

（中略）

「ふつう」というのは、たんに統計的な事実ではない。すなわち、犬の集合において多数派と少数派をただ数において区別するようなことではない。[3]「ふつう—変」という評価は、それが「何として」捉えられているかに依存している。例えば、ある人物について「市民としては変な人だが、哲学者としてはふつうだ」のように言われるかもしれないように。つまり、「ふつう—変」という評価は、※2アスペクト依存的なのであり、たんに外延的な数量の評価ではなく、内包的性格を有しているのである。

そこで、外延的にはまったく同じ了解をしながら、「ふつう—変」の評価が異なるために、異なる概念を習得していると言わざるをえないようなケースも出てくることになる。実際、尻尾の先が二本に分かれている犬に対して、「どうだい、いかにも犬らしい犬じゃないか」と言う人がいたとしたら、その人は私と異なる「犬」概念をもっていると言うべきだろう。

あるとき私は、国語辞典で「クローバ」という語を引き、そこに、「まめ科の多年生植物。三枚の小葉が一つの柄につき、夏、白い花が球状に集まり、咲く」と出ていたのに対し、では「四つ葉のクローバ」というのは矛盾概念なのかと①苦言を呈《てい》したことがある。確かに、「クローバは三枚の葉をもつ」というのは「独身者は結婚していない」のような分析命題ではない。すなわち、「クローバ」の意味の内に「三枚の葉をもつ」ということが含意《がんい》されているわけではない。しかし、「ふつうのクローバは三枚の葉をもつ」であれば、それはたんに統計的事実を述べた事実命題ではなく、「クローバ」のプロトタイプに関する命題となる。それは、われわれの「クローバ」という概念のあり方を取り出してみせた命題なのである。そこで私は、「ふつうのクローバは三枚の葉をもつ」や「ふつうの犬は一本の尻尾をもつ」といった命題を「準分析的命題と呼ぶことにしたい。準分析的命題に同意しない人は、われわれと異なるプロトタイプ理解をもっているのであり、それゆえわれわれと[4]異なる概念把握をしているのである。

（中略）

もちろん、プロトタイプをもたぬ概念というものも存在する。物理学言語などはその典型だろう。例えば、「いかにも素粒子らしい素粒子」というのはどういう素粒子のことなのか、私には分からない。「素粒子」はプロトタイプによってではなく、厳格に外延的に規定された用語なのである。そしてこれまでの言語哲学の主たる流れを支配してきた外延的言語観は、「言語」の②パラダイムを物理学言語のようなものに置いていたことに根ざしていると思われる。だが、そのパラダイムは変更されるべきである。日常言語は外延によってではなく、プロトタイプによって規定されている。

このことは、言語学習が「常識」の学習を含まざるをえないことを意味している。「犬」という語の意味を学ぶことは、「ふつうの犬」がどのようなものであるかという、犬に関する常識を身につけることを含む。「犬は尻尾をもつ」「犬は吠える」「犬はリスより大きい」等々はそれ自体としては分析的ではない。だが、「犬」という語の意味を学ぶことにおいて、子どもは[5]犬に関するさまざまな準分析的な諸命題をも学ばねばならない。いわば、犬に関する準分析的な「物語」—「ふつうの犬」がどのような生活をするかという「ふつうの物語」—を学ぶのである。

同様に、「家」という語の意味を学ぶことは「ふつうの家」に関する常識を学ぶことであり、「愛」という語を学ぶことは準分析的な愛の物語を学ぶことであるだろう。あるいは、「歩く」のような語も同様に考えられる。その語の意味を学ぶことにおいて、子どもは「ふつうの歩き方」と「変な歩き方」との区別もまた学ぶのである。

（中略）

しばしば大人は子どもには子ども向けの「　X　」を語る。そこでは証券取引に関する常識はもちろん、恋愛についての常識も、ルネサンス美術に関する常識も語られない。あるいは、車輪をもって走るものすべて「ブーブー」としてくるような語彙を子どもに向けて大人自身も発するだろう。そこにお子様向けの常識的世界像が形成される。そして子どもは、いったんはそこの住人になることを強いられる。つまり、「子どもらしい子ども」になることを強いられるのである。そこでは語部《かたりべ》たる大人もまた、神話の神々として、すなわち※3能《あた》うかぎりの「凡人」として、その世界に住むだろう。そうして、子ども向けの常識的世界像の中で対等のパートナーシップをつかむことによって、子どもに言葉を教えていこうとする。言語教育はそのまま「凡人たれ」という人物教育ともなっているのである。

もし言葉を学ぶことがこの凡人教育の段階にとどまるものであるとすれば、6それはやりきれないものであるだろう。だが、ここで意味の自律性の弱い原理、すなわち使用の創造性が重要なものとなる。われわれは標準的言語使用にとどまっているわけではない。標準的言語使用の理解を利用し、そこから逸脱することによって、字義どおりでない発話の力を生み出し、比喩を用い、また皮肉を言ったり、冗談をとばすのである。それゆえ子どもはやがて神話から踏み出し、神話を逆手にとることを覚えねばならない。

ときに、子どもは卓抜《たくばつ》な比喩を用いる者であるかのように語られることがある。例えば、脚のしびれに対して「脚が炭酸になっちゃった」と言うように。私には子育ての経験がないので実感をもって語ることはできないのだが、私の偏見ではこれは実は比喩ではない。子どもはまだ大人の押しつける標準的言語使用をきちんと学びとっていないというだけのことにすぎない。その子はただ字義どおりの意味で「脚が炭酸になった」と言ったのである。そこには使用の創造性はない。それゆえ機知も芸も言葉の美しさもない。それゆえ大人たちはこの誤解された凡《ぼん》庸《よう》さをうかつに讃えてしまうのではなく、それをいまの大人たちが共有している伝統的な凡庸さへといったんは押し込めねばならない。子どもが自覚的にはばたけるようになるために、7無自覚にもっているその翼をまずはもぎとらねばならないのである。

（野矢茂樹『哲学・航海日誌Ⅱ』による）

※1　プロトタイプ……原型。ここでは、類似的な特徴による典型的な例。
※2　アスペクト依存的……局面や物事のなりゆきに応じて決められること。
※3　能うかぎり……できるかぎり

問一　空欄 A ～ C にあてはまる語句を、次のア～オの中からそれぞれ選び、記号で答えなさい。

ア　たんに　　イ　ついに　　ウ　あからさまに
エ　ごくすなおに　　オ　それなりに

問二　二重傍線部①「苦言を呈した」、②「パラダイム」の本文中での意味として、最もふさわしいものを次のア～オの中からそれぞれ一つずつ選び、記号で答えなさい。

①「苦言を呈した」
ア　忠告をした　　イ　批判をした　　ウ　悪口を言った
エ　余計なことを言った　　オ　嫌味を言った

②「パラダイム」
ア　価値の判断　　イ　抽象的な思考　　ウ　相対的な見方
エ　理想的な状態　　オ　考え方の枠組み

問三　傍線部1「教育上の制約」とありますが、なぜこのような「制約」が必要なのですか。最もふさわしいものを次のア～オの中から選び、記号で答えなさい。

ア　言語教育の唯一の目的は、子どもに言葉の持つさまざまな意味を学ばせることであり、一つの用例にこだわるべきではないから。
イ　子どもが言葉を習うときに重要なのは、通常の用例だけを正しく認識することであり、それ以外の用例は後から自然と身につけるべきだから。
ウ　子どもの言語習得においては、その語の持つさまざまな意味の中から、どの用例が一般的なのかを考えさせることが重要であるから。
エ　子どもが最初に言葉を習うときは、何が正しい用例なのかをまだ知らないため、特殊な意味や使い方を教えると、のちに混乱をきたすから。
オ　教育の場で子どもが言葉を習う際には、最初に一般的な用例を覚え、その語を本来的な意味で正しく使えなければいけないから。

問四　傍線部2「「犬」という語を外延的に規定する」とありますが、どうすることですか。最もふさわしいものを次のア～オの中から選び、記号で答えなさい。

ア　犬の犬らしい特徴をさまざまに並べていくことで、犬についての理解を築くこと。
イ　犬と実際にかかわることで、自らの犬についてのイメージを作り上げていくこと。
ウ　いかにも犬らしい犬について話題にすることで、犬らしくない犬を理解すること。
エ　犬の外見的な特徴について理解することで、犬という語の意味を知るということ。
オ　外見の個性的な犬を知ることで、普通の見た目の犬との違いを知るようになること。

問五 傍線部3「「ふつう―変」という評価は、それが「何として」捉えられているかに依存している」とありますが、どういうことですか。最もふさわしいものを次のア～オの中から選び、記号で答えなさい。

ア 世の中にはさまざまな価値基準があるが、「ふつう―変」という判断は人によって異なるため、教育によって統一しなければいけないということ。

イ 外延的に規定されたものは、「ふつう―変」という判断基準を作り出すが、「変」なものとは「ふつう」という基準に沿って決められるということ。

ウ 市民という基準や哲学者という基準など、どのアスペクトから見るかによって、「ふつう―変」という判断が異なってくるということ。

エ 何が「ふつう」で、何が「変」かという判断基準は、教育によって作り上げられるため、その基準に依存し物事を判断するようになるということ。

オ 市民として「変」でも、哲学者として「ふつう」の人もいるので、人を判断する際に、世の中の基準は参考にならないということ。

問六 傍線部4「異なる概念把握をしている」とありますが、「概念把握」に関する説明としてふさわしいものを次のア～オの中から**すべて選び**、記号で答えなさい。

ア 「素粒子」などの外延的にきちんと定義された専門用語は、人によって概念把握がぶれることはない。

イ 概念把握は、言葉の意味を知ることによって身の回りの事物に対する理解を深めていくことであり、他者とは共有できない。

ウ 日常的な身の回りのものに対する概念把握は、厳格な定義というよりはむしろ、プロトタイプに規定されている。

エ 自分と異なる概念把握をしている人は、プロトタイプの理解が異なるため、自分とは物事の捉え方がずれていることがある。

オ 同じものを見ていても、人は異なる概念把握をしている可能性があるため、言葉の意味を正確に知ることはあまり意味がない。

問七　傍線部5「犬に関するさまざまな準分析的な諸命題をも学ばねばならない」とありますが、どういうことですか。最もふさわしいものを次のア〜オの中から選び、記号で答えなさい。

ア　犬と触れ合うことで犬についての理解を重ねていき、犬の「ふつう―変」の違いに気づくということ。

イ　言葉の意味を深めて知ることで、その語が指す範囲を明らかにし、自己の判断の絶対化の根拠とすること。

ウ　言葉の指す意味の違いを明確にすることで、常識を身につけていき、「変な」ものを探し出すということ。

エ　その語に関する定義を覚えていくことにより、標準的なものと例外的なものとの違いを知るということ。

オ　最初は「変な」犬と感じたとしても、かかわりあいを深めることで当初の印象を改めていくということ。

問八　空欄 X に入る語句を本文中から二字で抜き出し、答えなさい。

問九　傍線部6「それはやりきれないものであるだろう」とありますが、なぜ「やりきれない」のですか。最もふさわしいものを次のア〜オの中から選び、記号で答えなさい。

ア　言葉の創造的な面を養うには、常識を身につけることが必須だが、変化の激しい現代では常識も容易に変化するから。

イ　言葉を学ぶことは、すなわち常識を身につけることであるため、教育の場で独創的な力を養うことは難しいから。

ウ　子どもと大人が協力することで創造的な力を発揮することが可能なはずだが、言葉の教育だけではそれが難しいから。

エ　子どもが言葉を学ぶ際には、教えてもらう教師の力を超えることはできず、凡人のままでとどまってしまうから。

オ　言葉を独創的に使うためには、標準的な使用から逸脱する必要があるが、学校教育ではそれが許されていないから。

問十　傍線部7「無自覚にもっているその翼をまずはもぎとらねばならない」とありますが、なぜですか。最もふさわしいものを次のア～オの中から選び、記号で答えなさい。

ア　子どもが創造的な言語使用ができるために大人がなすべきことは、自らの言葉遣いの真似をさせ、自覚を促すことだから。

イ　子どもが使う比喩表現は思い付きでしかないため、大人の言葉遣いに近づけるために、その都度訂正する必要があるから。

ウ　子どもは言葉の使い方を適切に正していき、言葉の知識を増やすことで、ゆくゆくは創造的な言語使用ができるようになるから。

エ　子どもが無自覚に使う言語表現は未熟な部分が多くあり、そうした言葉の使い方を決して許すべきではないから。

オ　子どもが使う比喩表現は、まだ創造的な使用の域に達していないため、さらに例外的な言葉の知識を増やしていく必要があるから。

問十一　本文の内容および筆者の主張としてふさわしいものを、次のア～オの中から**すべて選び**、記号で答えなさい。

ア　子どもの使う比喩表現は、単なる思い付きや偶然の産物であり、卓抜な比喩表現と考えてはならない。

イ　言語教育の目的とは、さまざまな概念を知ることによって、世界に対する常識を身につけていくことにある。

ウ　大人は子どもに言葉を教える際に、さまざまな神についての伝説を語ることによって、間接的な方法で言葉を身につけさせる。

エ　子どもは外延的に規定された概念を知ることで、言葉についての理解を深めていき、いずれ比喩表現を使えるようになる。

オ　子どもに言葉を教えるときはまず例外的な用法を教えていき、その次に一般的な使い方を教えるべきである。

問十二　この文章に小見出しをつけるとするならば、どのようなものが最適ですか。次のア～オの中から選び、記号で答えなさい。

ア　比喩表現の習得について

イ　常識という神話

ウ　「ふつうの犬」とは

エ　ことばの外延的性格

オ　子どもの言葉遣い

令和２年度　入学試験（２月１日実施）

算　数

［40分］

［注意事項］

1．試験開始の合図があるまで、この問題用紙は開かないこと。

2．解答は、すべて解答用紙に記入すること。

3．問題は[1]～[5]まであります。ページが抜《ぬ》けていたら、すみやかに手を上げ、監督《かんとく》の先生に申し出てください。

東京農業大学第一高等学校中等部

1　次の各問いに答えなさい。

（1）　$2020\times\frac{5}{101}+20.2\times\frac{4}{1010}-2.02\times\frac{2}{10.1}$ を計算しなさい。

（2）　$\left(2\frac{40}{51}\times\frac{\square}{52}-33\times\frac{7}{18}\right)\div\frac{13}{6}=5$ のとき、□にあてはまる数を求めなさい。

（3）　ラグビーの試合では、トライを１回決めると５点入ります。トライを決めるとゴールを１回狙《ねら》うことができ、ゴールを決めるとさらに２点入ります。Ｎチームは、１試合で123点入りました。Ｎチームのこの試合でのトライを決めた回数とゴールを決めた回数の組み合わせは、全部で何通りですか。

2　次の各問いに答えなさい。

（1）　a△bは、aから1ずつ減らした数をb個かけた値を表すものとします。
たとえば、

$5 \triangle 3 = 5 \times 4 \times 3 = 60$　　　　$6 \triangle 2 = 6 \times 5 = 30$

となります。

①　6△（3△2）の値を求めなさい。

②　$\dfrac{12 \triangle 8 - 10 \triangle 8}{8 \triangle 8}$ の値を求めなさい。

（2）　1949から2020までの整数のうち、2の倍数でも3の倍数でもなく、7の倍数になる数は何個ありますか。

（3）　下の数はある規則にしたがって並んでいます。□にあてはまる数を求めなさい。

2，12，30，□，90，132，…

3　次の各問いに答えなさい。

（１） 図１のように、円盤《えんばん》の上に①～⑨の数字が等間隔《とうかんかく》にかかれています。この数字の上に、高さが 10 cm，10 cm，15 cm，20 cm の４本の円柱をすべて置きます。この図１の円盤を図２の円の上にセットし、図２のように右から照明を当てて左の壁のスクリーンに影《かげ》を写します。

図２の円の ⇦ に図１の Ⓐ が来るように円盤を置くと、影が図３のようになりました。また、⇦ に Ⓑ が来るように置いたときの影も、図３のようになりました。⇦ にⒸ が来るように置くとき、写し出される影の図として考えられるものを次の(ア)～(カ)の中からすべて選び、記号で答えなさい。

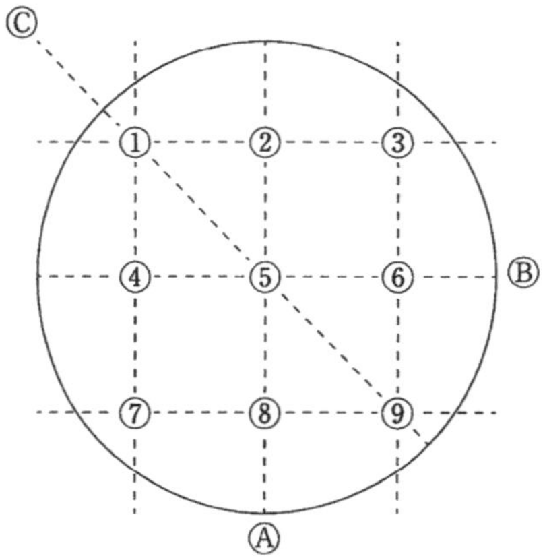

図１

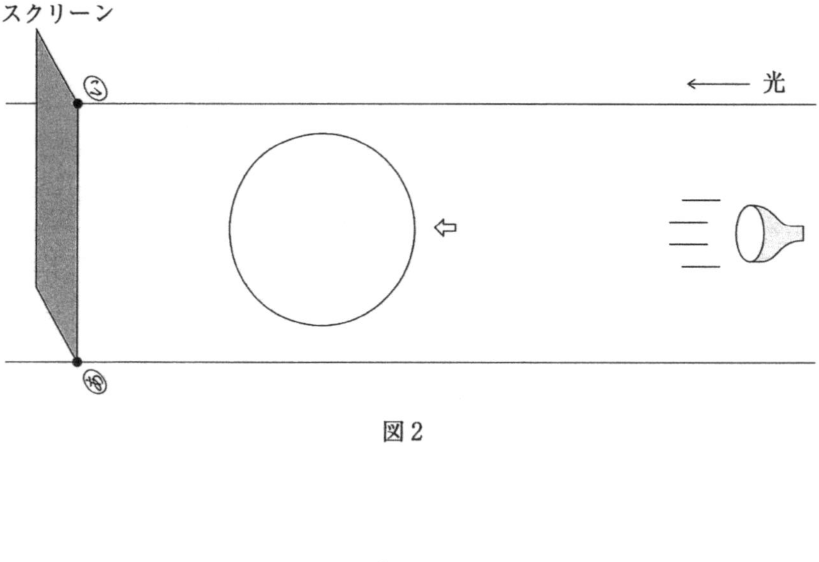

図２

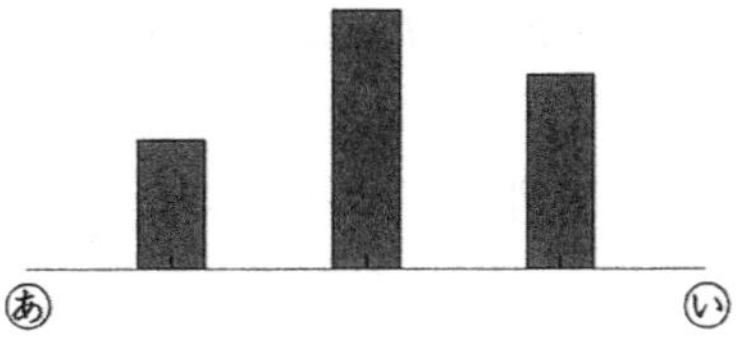

図3

(ア)

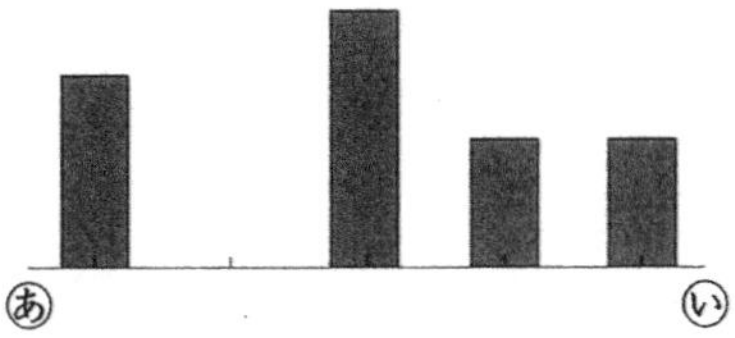

(イ)

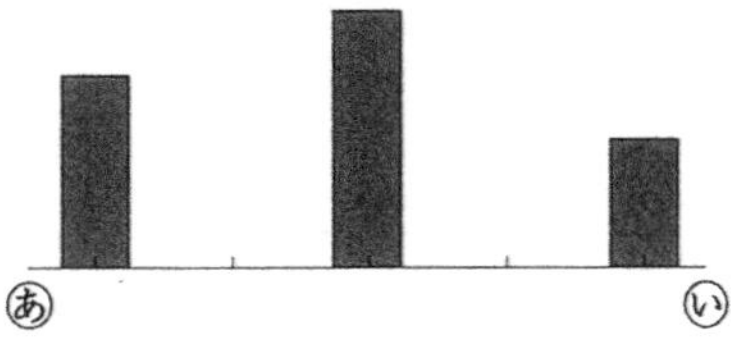

(ウ)

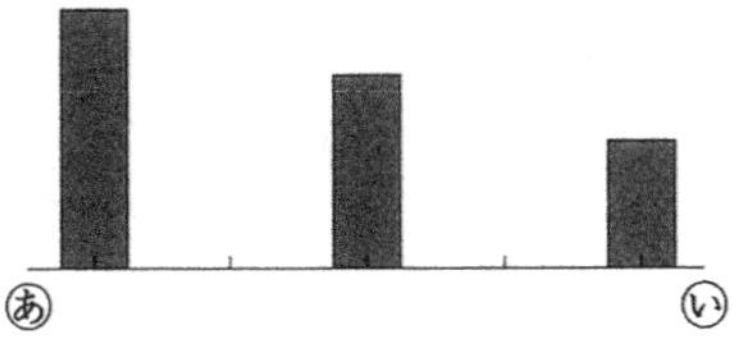

(エ)

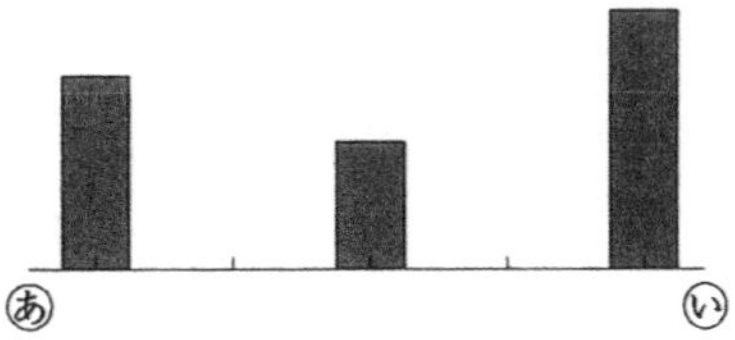

(オ)

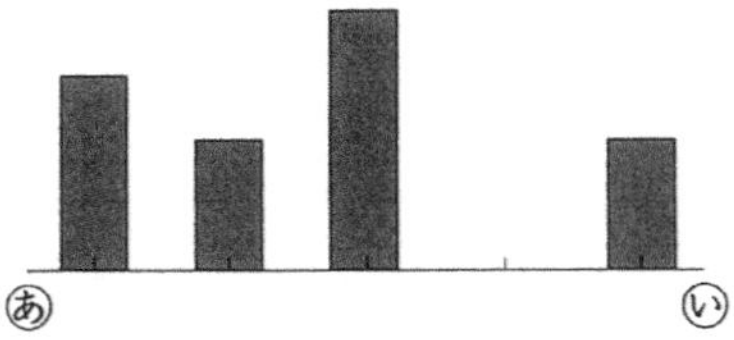

(カ)

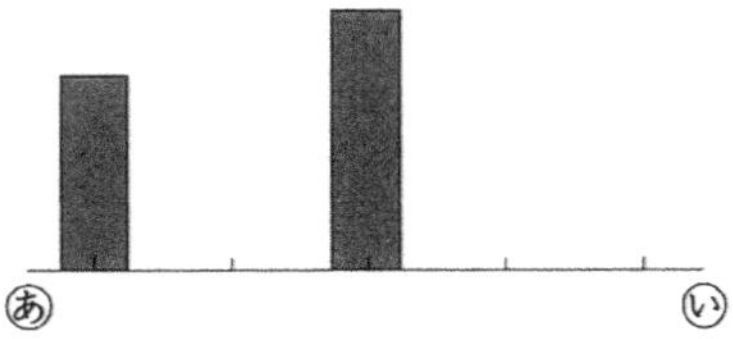

（2） 図1のように正方形の紙を四つ折りにし、図2のように四すみのうちの1つをおうぎ形状に切り取ります。

この紙を開いたときにできる図形として正しいものを、次の(ア)～(カ)の中からすべて選び、記号で答えなさい。

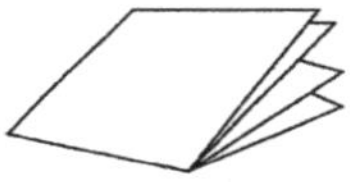

図1

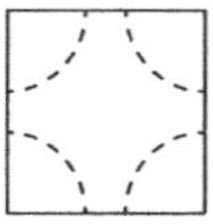

図2

(ア)

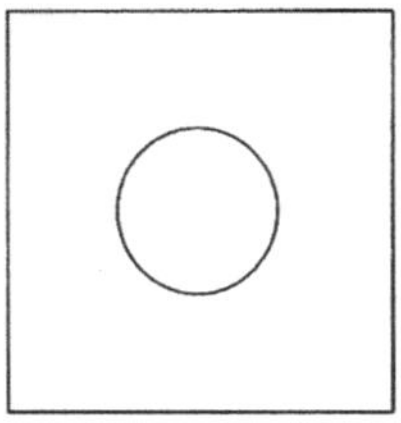

(イ)

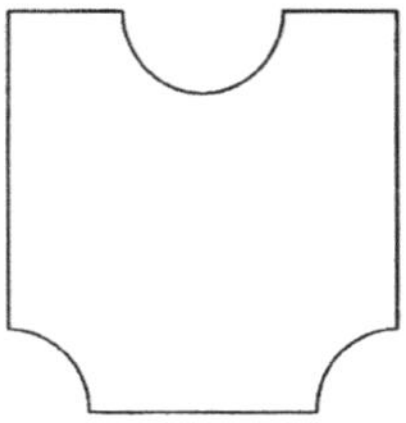

(ウ)

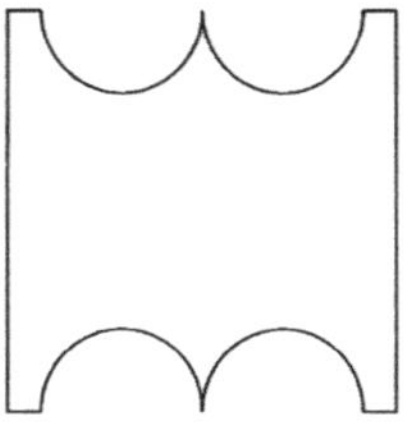

(エ)

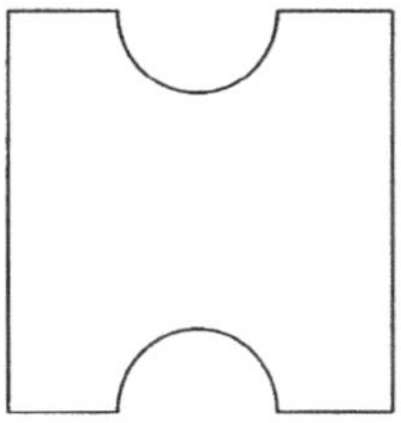

(オ)

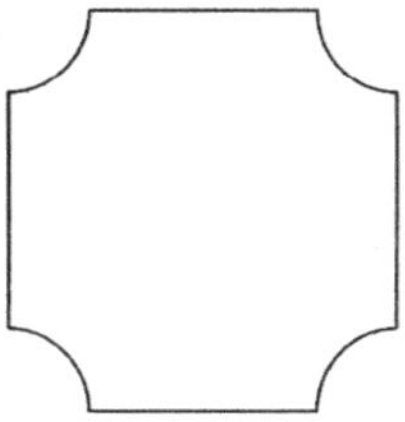

(カ)

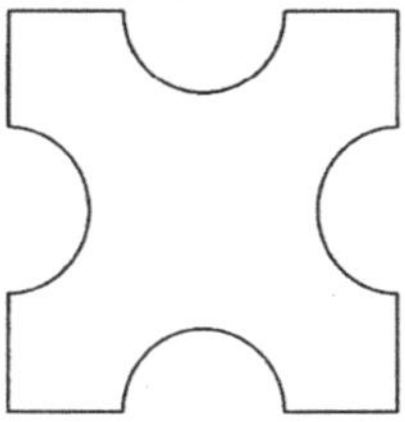

（3） 下の(ア)～(オ)の中からタイルを1種類選び、何枚か使って縦が40 cm，横が50 cmの長方形の板にすきまなく敷《し》きつめます。タイルは1辺が1 cmの正方形をいくつかつなげたものです。敷きつめることができるものを次の(ア)～(オ)の中からすべて選び、記号で答えなさい。

(ア)

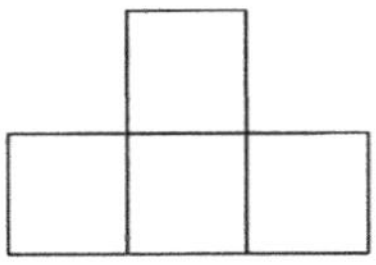

(イ)

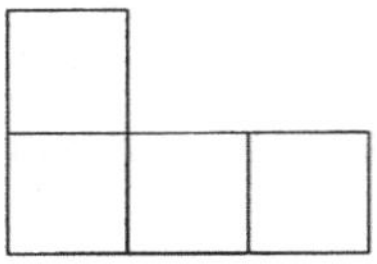

(ウ)

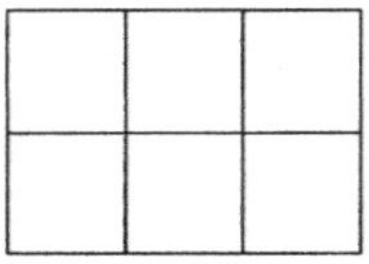

(エ)

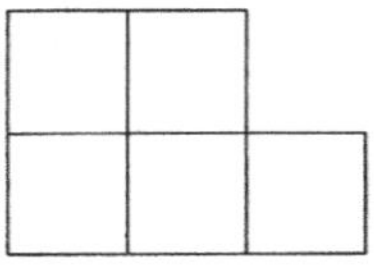

(オ)

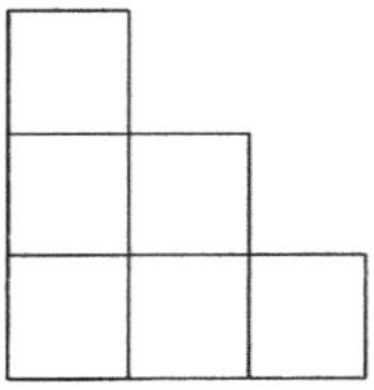

4　次の各問いに答えなさい。

（1）　縦 9 cm，横 12 cm の長方形があります。
斜線《しゃせん》部分の面積は何 cm^2 ですか。

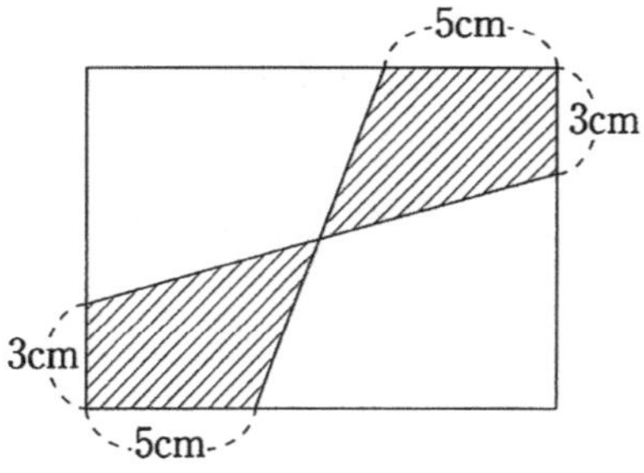

（2）　円柱を、図のように平面でななめに切り取ります。高さ AD を 3 等分する点を B，C とするとき、残った立体は元の円柱の体積の何倍ですか。

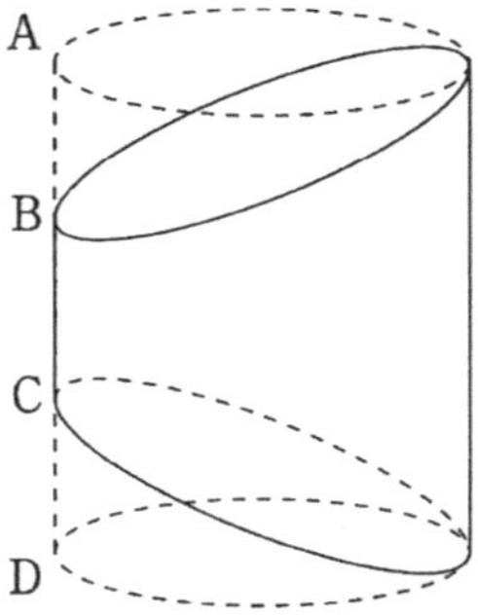

（3）　図のような道路があります。斜線部分は工事中のため、×印の道路が通行できません。A から B まで行く最も短い道順は、全部で何通りありますか。

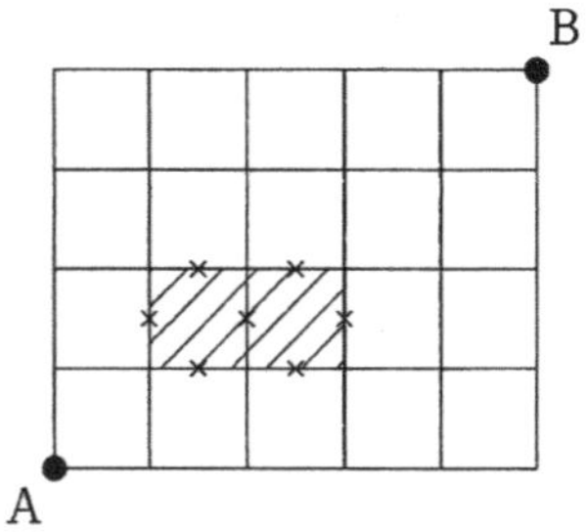

(4)　6％の食塩水 260 g から水を蒸発《じょうはつ》させて 13％の食塩水にするには、水を何 g 蒸発させればよいですか。

(5)　下の図は、隣《とな》り合うブロックの和がその上のブロックの数字となっています。A～C に当てはまる数字を答えなさい。

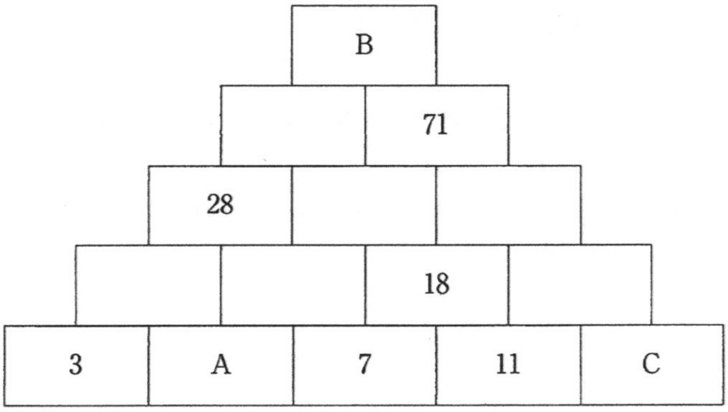

5　6 km 離《はな》れた2地点Ａ，Ｂを兄弟2人が往復します。兄はＡから自転車で、弟はＢから歩いて同時に出発します。兄は出発して20分後に弟に出会い、自転車を弟に渡します。弟は自転車で進み、兄は歩きます。兄が自転車で進む速さは、兄の歩く速さの3倍です。また、弟が自転車で進む速さは、兄の歩く速さの2倍です。さらに、兄が自転車で進む速さは、弟の歩く速さの4倍です。

(1)　兄が自転車で進む速さは、分速何 m ですか。

(2)　兄と弟が2回目に出会うのは、出発してから何分後ですか。

(3)　2人が出発してから2回目に出会うまでの時間と2人の間の距離の関係を、解答欄《かいとうらん》のグラフにかきこみなさい。

2020(R2) 東京農業大学第一高中等部　第１回
教英出版

令和2年度　入学試験（2月1日実施）

社　会
理　科

[40分]

[注意事項]

1．試験開始の合図があるまで、この問題用紙は開かないこと。
2．解答は、すべて解答用紙に記入すること。
3．問題は1ページ～31ページの合計31ページあります。ページが抜《ぬ》けていたら、すみやかに手を上げ、監督《かんとく》の先生に申し出ること。

東京農業大学第一高等学校中等部

1 次の年表(2019年１～７月の出来事)を見て、後の各問いに答えなさい。

月	日本	海外
1月		①北方領土問題に関して、日露外相が会談する
2月	②沖縄県民による辺野古埋め立てに対する住民投票が行われる	③日独首脳会談が行われる
3月	④景気動向指数が３ヶ月連続で悪化したと発表される	
4月	⑤紙幣(日本銀行券)のデザイン変更が決定される	⑥世界遺産のノートルダム大聖堂で火災が発生する
5月	⑦第126代となる天皇が即位する	
6月	野党５党派が⑧内閣不信任案を提出する	
7月	⑨日本の総人口が10年連続で減少したと発表される ⑩第25回参議院議員通常選挙が行われる	

問 1　下線部①に関連して、**A**・**B**の島の名称をそれぞれ**漢字**で答えなさい。

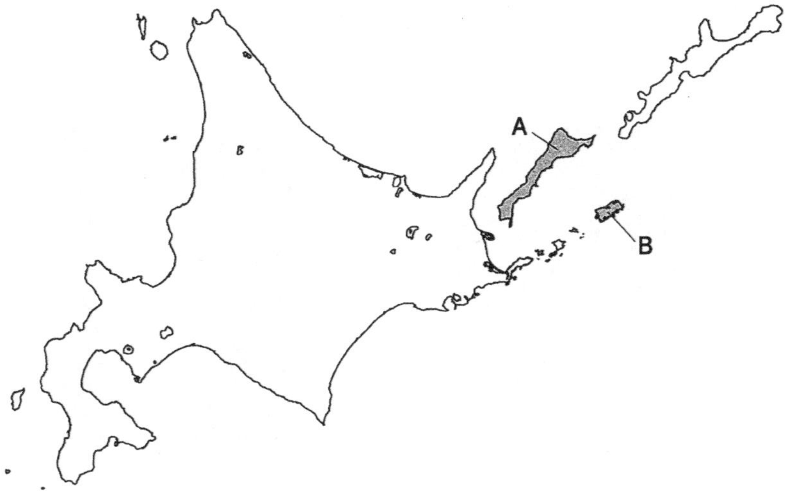

問 2　下線部②に関連して、地方公共団体の政治においては、住民の意思を反映させる直接請求権が認められています。直接請求権に関する記述として適切なものを、次のア～エから**2つ**選び、記号で答えなさい。

ア．条例の制定や改廃を請求するには、有権者の50分の１以上の署名が必要である。
イ．地方議会の解散を請求するには、有権者の50分の１以上の署名が必要である。
ウ．地方公共団体の首長、議員などの解職を請求するには、有権者の３分の１以上の署名が必要である。
エ．国会が、特定の地方公共団体のみに適用される法律を制定する場合は、その地域の住民投票で投票者の３分の２以上の同意が必要である。

問3　下線部③に関連して、各国の行政府のリーダーは、その政治体制によって大統領(国民の投票によって選ばれる)・首相(議会の投票によって選ばれる)と肩書きが異なります。次のア～エのうち、他の3人と異なる肩書きをもつ行政府のリーダーを選び、記号で答えなさい。なお、各国の行政府のリーダーは2019年7月末のものです。

ア.

アンゲラ＝メルケル

イ.

文在寅

ウ.

ボリス＝ジョンソン

エ.

安倍晋三

問 4　下線部④について、景気が好況と不況という２つの局面を決まった周期で循環すると考える説を景気循環論といいます。下のグラフ中の**A**～**D**は、４つの代表的な景気循環を示したものです。また、ア～エの文章は、その４つのうち、いずれかの景気循環が発生する要因を説明したものです。このうち、**A**の景気循環についての説明として適切なものを、次のア～エから１つ選び、記号で答えなさい。

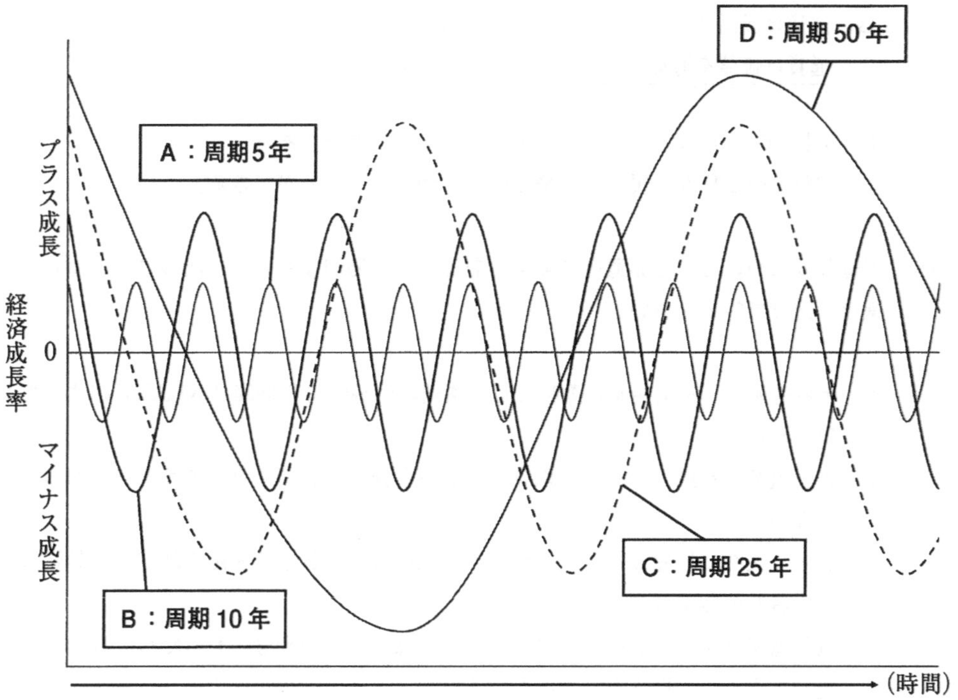

ア．住宅や商業施設などの建て替えにあたることで発生する。
イ．企業が設備を買いかえる時期にあたることで発生する。
ウ．鉄道や電気など、それまでになかった技術の登場の時期にあたることで発生する。
エ．企業が抱えている在庫の変動の時期にあたることで発生する。

問5　下線部⑤に関連して、通貨には大きく下の**A**～**C**の3つの機能があります。次のⅠ・Ⅱの文章は、通貨の機能**A**～**C**のいずれの機能について説明したものか、それぞれ記号で答えなさい。

＜通貨の機能＞
A　通貨は商品の価値をはかる物差しとなる。
B　通貨は商品と商品の交換の仲立ちをする。
C　通貨は価値を貯蔵しておくことができる。

Ⅰ　1貫500円のウニは、1貫250円のサーモン2つ分である。
Ⅱ　50年前の紙幣も、現在の紙幣と同様に使用することができる。

問6　下線部⑥について、世界遺産に関する記述として適切なものを、次のア～エから**2つ**選び、記号で答えなさい。

ア．世界遺産は、人類共通の遺産として国連教育科学文化機関(UNESCO)によって登録される。
イ．世界遺産に登録されると、以後その登録が抹消されて、世界遺産から外れることはない。
ウ．日本で最初に世界文化遺産に登録されたのは、奈良県の法隆寺地域の仏教建造物と兵庫県の姫路城である。
エ．世界遺産登録による観光客の増加から、環境悪化が懸念されるため、日本では環境税を導入し、保護を行なっている。

問7　下線部⑦に関連して、2019年4月30日に天皇が退位したことで「平成」の時代が終わり、翌5月1日に新たな天皇が即位したことで「令和」の時代が始まりました。第125代天皇の退位後の称号を何というか、**漢字2字**で答えなさい。

問8　下線部⑧について、内閣不信任案が衆議院で可決された場合の流れを示した次の表の空欄 X ・ Y に当てはまる適切な**算用数字**を、それぞれ答えなさい。

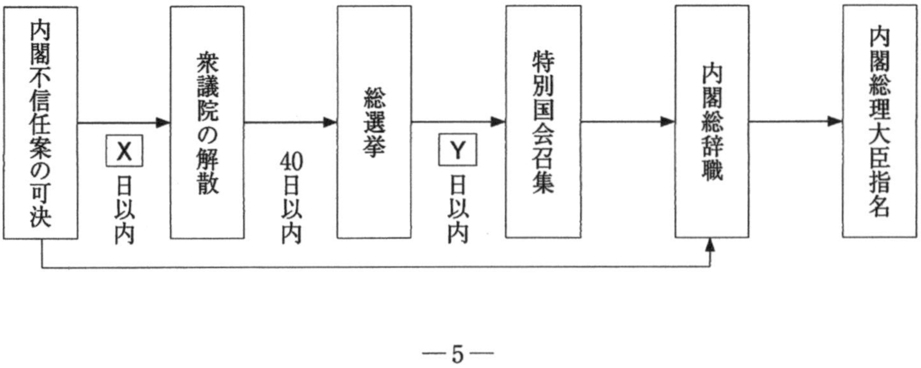

問９　下線部⑨に関連して、下の表は2005年～2018年にかけての日本の人口の推移を表したものです。下の表から読み取れる内容として**適切でないもの**を、次のア～エから**すべて**選び、記号で答えなさい。なお、自然増減とは出生と死亡による人口の増減を指し、社会増減とは他地域からの転入や他地域への転出による人口の増減を指します。

単位　千人

年次	総人口			社会増減			男				女			
	10月1日現在人口	増減数	自然増減	合計	日本人	外国人	10月1日現在人口	増減数	自然増減	社会増減	10月1日現在人口	増減数	自然増減	社会増減
2005	127,768	-19	9	-53	-103	50	62,349	-31	-25	-28	65,419	12	34	-25
2006	127,901	133	1	1	-60	61	62,387	38	-26	7	65,514	95	27	-6
2007	128,033	132	-2	4	-75	79	62,424	37	-25	6	65,608	95	23	-2
2008	128,084	51	-35	-45	-110	65	62,422	-2	-41	-18	65,662	53	6	-27
2009	128,032	-52	-59	-124	-77	-47	62,358	-64	-55	-67	65,674	12	-5	-57
2010	128,057	26	-105	0	4	-4	62,328	-30	-74	-13	65,730	56	-31	13
2011	127,834	-223	-183	-79	-28	-51	62,207	-120	-108	-37	65,627	-103	-75	-42
2012	127,593	-242	-201	-79	-23	-56	62,080	-128	-116	-37	65,513	-114	-85	-42
2013	127,414	-179	-232	14	-23	37	61,985	-95	-129	9	65,429	-84	-103	5
2014	127,237	-177	-252	36	-23	60	61,901	-84	-136	27	65,336	-93	-115	9
2015	127,095	-142	-275	94	-1	95	61,842	-59	-147	63	65,253	-83	-128	31
2016	126,933	-162	-296	134	-2	136	61,766	-76	-156	79	65,167	-86	-140	54
2017	126,706	-227	-377	151	4	147	61,655	-110	-197	87	65,051	-116	-180	64
2018	126,443	-263	-424	161	-3	165	61,532	-123	-220	97	64,911	-140	-205	65

※2015年までは純増減には補正が入っており、増減数と自然増減・社会増減の計は一致しない。

「総務省統計局 人口推計（2018年（平成30年）10月1日現在）結果の要約」より作成

ア．男女ともに、前年度に対する人口減少数は、2012年度が最も多い。

イ．2013年度から外国人の社会増減数は増加し続けている。

ウ．日本人、外国人ともに社会増減数が２年連続で減少したことはない。

エ．日本の総人口は2008年をピークに減少し続けている。

問10　下線部⑩に関連して、参議院議員通常選挙に関する説明として、**適切でないもの**を、次のア～エから１つ選び、記号で答えなさい。

ア．2018年の公職選挙法改正に伴い、2022年までに議員定数は６議席増加する。

イ．比例代表選挙では、非拘束名簿式が採用されており、議席はドント式で配分される。

ウ．選挙区と比例区で重複立候補していれば、比例区での当選も可能である。

エ．一票の格差を是正するため、選挙区において、島根県と鳥取県、高知県と徳島県は合区となった。

2　日本の地名には、その土地の歴史や文化、生活に由来して付けられたものが数多く存在します。次の地図中Ａ～Ｇの地名に関する後の各問いに答えなさい。なお、地名の由来には諸説あります。

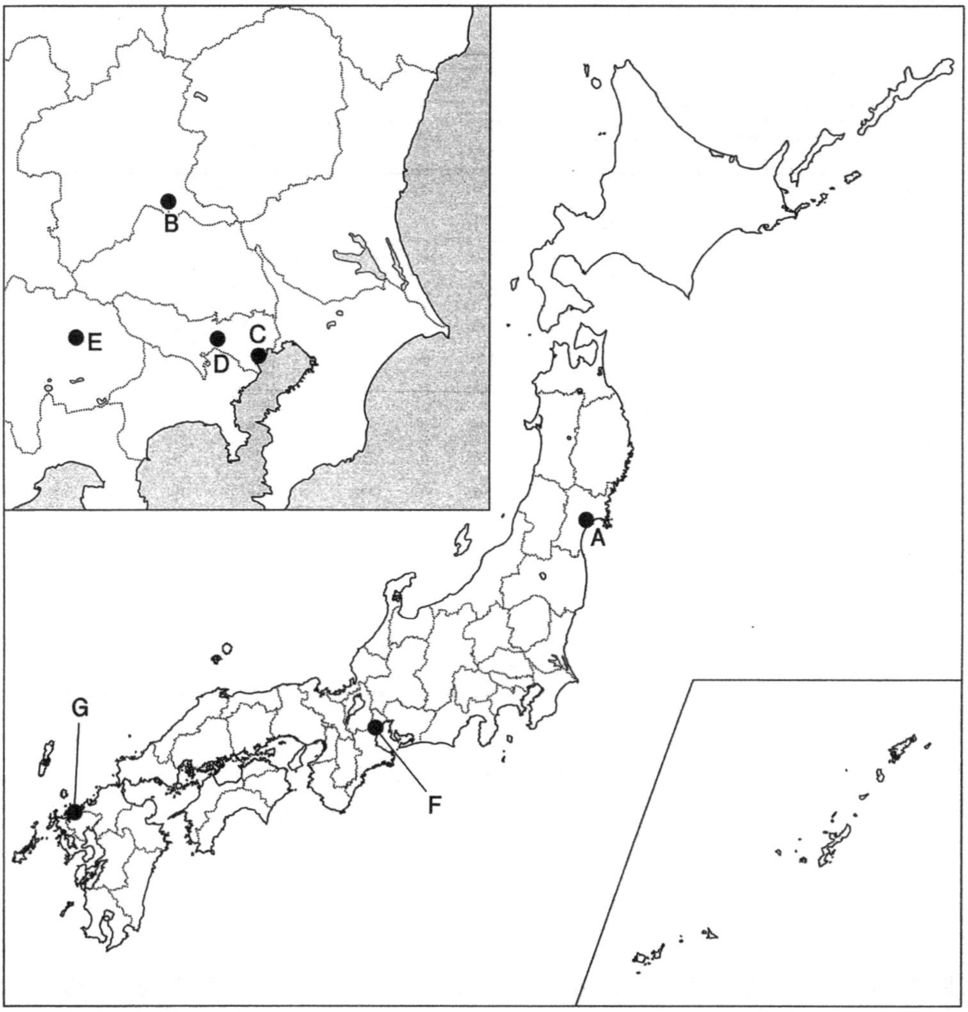

問１　地図上**Ａ**の宮城県多賀城市に関連する（１）（２）の問いに答えなさい。

（１）多賀城という市名の由来は、古代における蝦夷支配の拠点となった朝廷の出先機関とされています。2005年に多賀城市は、ある都市と友好都市盟約宣言を取り交わしています。その都市にも、かつて朝廷の出先機関があり、外交や周辺地域の統治を任されていました。その友好都市を、次のア～エから１つ選び、記号で答えなさい。

ア．京都市　　イ．出雲市　　ウ．太宰府市　　エ．堺市

（２）下の雨温図ア～エは、釧路・仙台・新潟・松本のいずれかを示したものです。多賀城市に隣接する仙台市の雨温図を、次のア～エから１つ選び、記号で答えなさい。

ア．

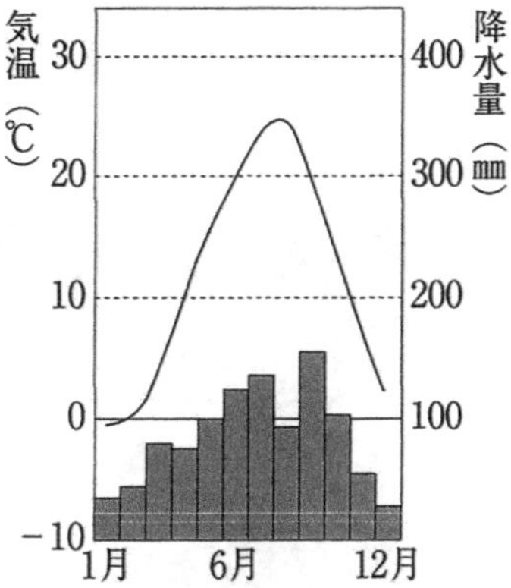

年平均気温：11.8℃
年間降水量：1031mm

イ．

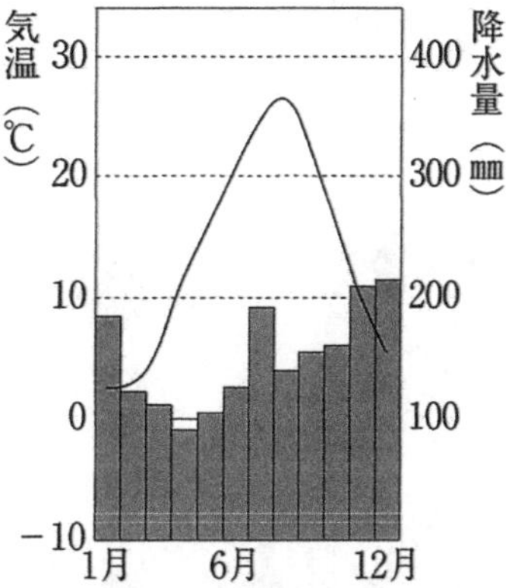

年平均気温：13.9℃
年間降水量：1821mm

ウ．

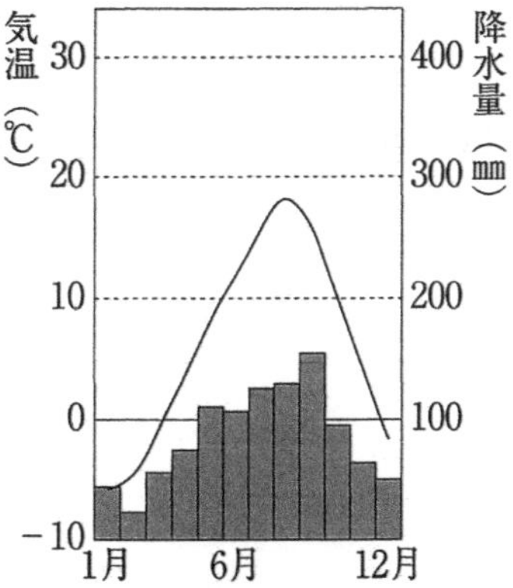

年平均気温：6.2℃
年間降水量：1042.9mm

エ．

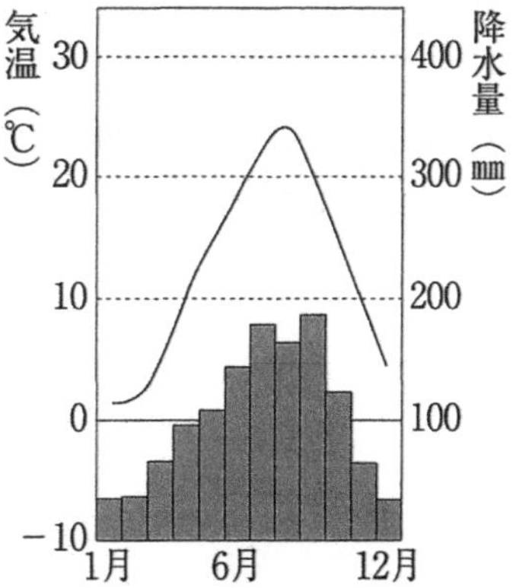

年平均気温：12.4℃
年間降水量：1254.1mm

（『理科年表』より作成）

問２　地図上**Ｂ**の群馬県みどり市に関連する（１）（２）の問いに答えなさい。

（１）みどり市を構成する笠懸町という地名は、鎌倉時代の武士たちの武芸に由来します。その武芸を示す絵を、次のア～エから１つ選び、記号で答えなさい。

ア．

イ．

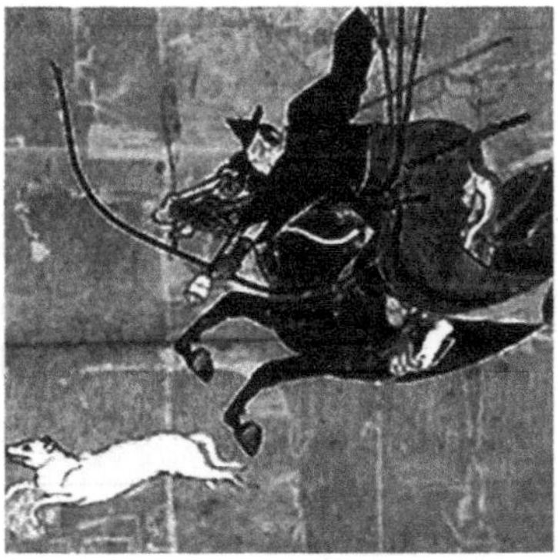

ウ．

エ．

（２）みどり市がある群馬県に水源をもち、群馬県と埼玉県との県境となっている河川の名称を**漢字**で答えなさい。

問3　地図上**C**の東京都港区台場に関連する（1）（2）の問いに答えなさい。

（1）台場という地名は、江戸幕府がペリー来航を機に江戸防衛のために海上に築いた「砲台」に由来します。この砲台が築かれる前後の状況として**適切でないもの**を、次のア～エから1つ選び、記号で答えなさい。

ア．ペリーは浦賀に来航し、幕府にアメリカ大統領の国書を渡した。
イ．幕府はアメリカ以外にもオランダ、イギリス、ロシアと和親条約を結んだ。
ウ．ロシア使節プチャーチンが、長崎に来航し、開国と国境の確定を要求した。
エ．反対派を厳しく処罰した井伊直弼は、坂下門外の変で暗殺された。

（2）江戸での剣術修行中にペリー来航に直面し、その後、中岡慎太郎と共に薩長連合の成立に貢献した土佐藩出身の人物を答えなさい。

問4　地図上**D**の東京都調布市に関連する（1）（2）の問いに答えなさい。

（1）調布という市名の由来は、律令制度における税の1つである「調」に由来するとされています。「調」の説明として適切なものを、次のア～エから1つ選び、記号で答えなさい。

ア．年間10日程度、都で労働に従事する税である。
イ．各国の特産物を納める税である。
ウ．年間60日を限度として、国司の下で労働する税である。
エ．収穫の3％程度を稲（米）で納める税である。

（2）律令の時代には、「調」のほかにも税の1つとして、九州沿岸の辺境防備の兵が関東地方から集められました。この兵役の名称を**漢字2字**で答えなさい。

問５　地図上**Ｅ**の山梨県甲州市に関連する（１）（２）の問いに答えなさい。

（１）甲州という市名の由来は、山梨県の旧国名である甲斐国の別称に由来します。戦国時代に甲斐国を治め、上杉謙信と川中島をめぐって何度も争った戦国大名を答えなさい。

（２）甲州市とそれに隣接する笛吹市周辺を示した下の地形図に関連する説明として**適切でないもの**を、次のア～エから１つ選び、記号で答えなさい。

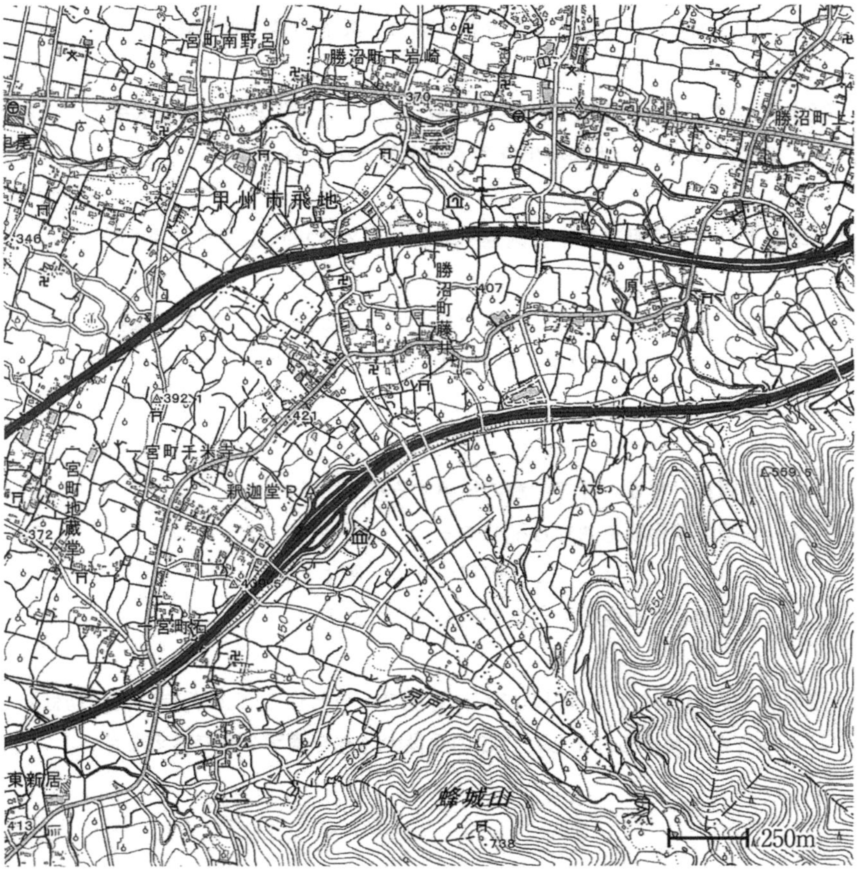

（国土地理院２万５千分の１地形図「石和」を拡大しています）

ア．地図の南部に位置する蜂城山では針葉樹林が多くみられる。

イ．なだらかな傾斜が広がる扇央部では果樹園が多くみられる。

ウ．高速道路の釈迦堂PA（パーキングエリア）のそばには博物館がある。

エ．地図の北部を東西に走る県道は、東から西に向かってゆるやかに上り坂になっている。

問6　地図上Ｆの三重県四日市市に関連する（1）（2）の問いに答えなさい。

（1）四日市という市名の由来に関する説明として最も適切なものを、次のア～エから1つ選び、記号で答えなさい。

ア．定期市が毎月４の付く日に開かれていたのが由来である。
イ．徳政令がこの地域で初めて出された日が由来である。
ウ．この地域一帯を治めていた豪族の名前が由来である。
エ．この地域においてはじめて百姓一揆が起きた日が由来である。

（2）下の製造品出荷額の構成を示すア～エのグラフは、京浜工業地帯、中京工業地帯、阪神工業地帯、北九州工業地帯のいずれかのものです。この市を含む工業地帯のグラフを、次のア～エから１つ選び、記号で答えなさい。

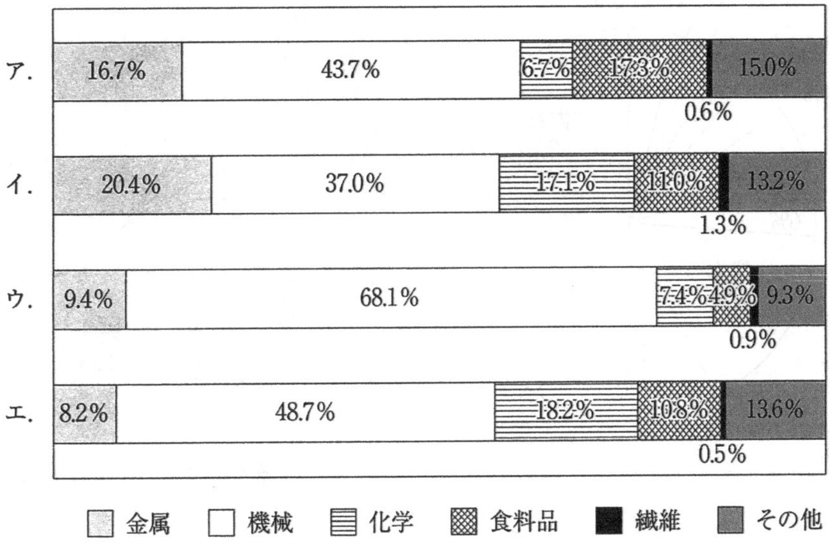

（「日本国勢図会2018/19」より作成）

問7　地図上**G**の佐賀県唐津市に関連する（1）（2）の問いに答えなさい。

（1）唐津という市名の由来は、中国人居留地並びに中国・朝鮮に渡るための重要拠点としての「唐人津（とうじんのつ）」であるとされています。1592年、この地に名護屋城を築かせて朝鮮出兵を実行した人物を答えなさい。

（2）下のグラフは、唐津市を含む佐賀県が平成30年度に全国で1位となっている品目の都道府県別割合を示しています。**グラフA・B**は陶磁器製置物の出荷額、のり類（養殖）の産出額、ハウスみかんの出荷額のいずれかのものです。このグラフに該当する組み合わせとして適切なものを、次のア～カから1つ選び、記号で答えなさい。

グラフA

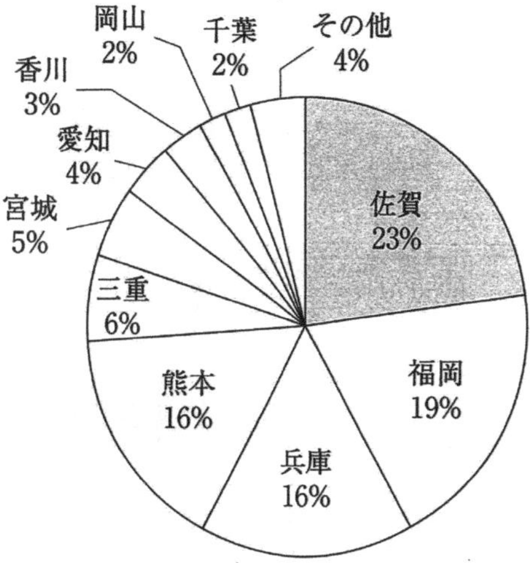

グラフB

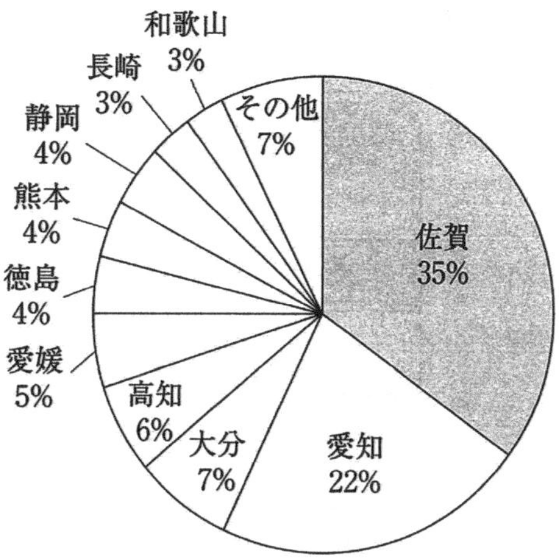

（問題の都合上、出典は表記しない）

ア．**A**—ハウスみかん　　**B**—陶磁器製置物
イ．**A**—ハウスみかん　　**B**—のり類（養殖）
ウ．**A**—のり類（養殖）　**B**—陶磁器製置物
エ．**A**—のり類（養殖）　**B**—ハウスみかん
オ．**A**—陶磁器製置物　　**B**—のり類（養殖）
カ．**A**—陶磁器製置物　　**B**—ハウスみかん

(次のページにも問題が続きます)

3　物質は、どのようなものでもそれぞれ固有のエネルギーをもっています。化学反応が起こって他の物質に変化するときや、物質の状態が変化するときには、その変化に伴《ともな》ってもっているエネルギーの大きさが変化し、熱が発生したり、熱を吸収したり、光を出したりします。たとえば、冬に利用するカイロは、鉄が酸素と反応したときの化学反応によって発生する熱を利用しています。

水素、メタン、プロパンの３種類の気体を使って以下のような実験をしました。

実験１　３種類の気体を112cm³ずつ用意して重さをはかると、水素0.01g、メタン0.08g、プロパン0.22gでした。

実験２　３種類の気体を112cm³ずつ用意して燃やすと、水素からは340カロリー、メタンからは1060カロリー、プロパンからは2640カロリーの熱が発生しました。

実験３　水素が燃えるときには、水素100cm³と酸素50cm³がちょうど反応して、水ができました。

実験４　メタンが燃えるときには、メタン100cm³と酸素200cm³がちょうど反応して、二酸化炭素100cm³と水ができました。

実験５　プロパンが燃えるときには、プロパン100cm³と酸素500cm³がちょうど反応して、二酸化炭素300cm³と水ができました。

問１　水素を発生させることができる物質の組み合わせを、次のア～クから２通り選び、記号で答えなさい。ただし、同じ記号を２度用いることはできません。

ア．石灰石　　イ．アルミニウム　　ウ．過酸化水素水
エ．塩酸　　オ．銅　　カ．二酸化マンガン
キ．水酸化ナトリウム水溶液《すいようえき》　　ク．鉄

問２　水素を発生させる器具として、右図のような器具を用いました。点線で囲まれた部分を正しく表しているものを、次のア～オから１つ選び、記号で答えなさい。

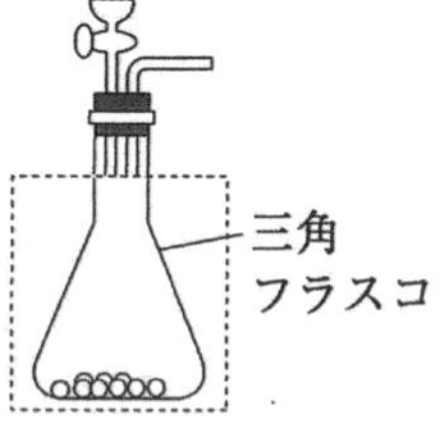

東京農業大学第一高等学校中等部
令和二年度入学試験（二月一日実施）国語　解答用紙

氏名

受験番号

得点

※100点満点
(配点非公表)

一

① レイセツ
② ハカル
③ カンシュウ
④ ゼンショ
⑤ 海浜
⑥ 朗らか
⑦ 沿道
⑧ 荒天

※

二

問一 Ⅰ Ⅱ Ⅲ

問二 A B C

※

問三

問四

問五

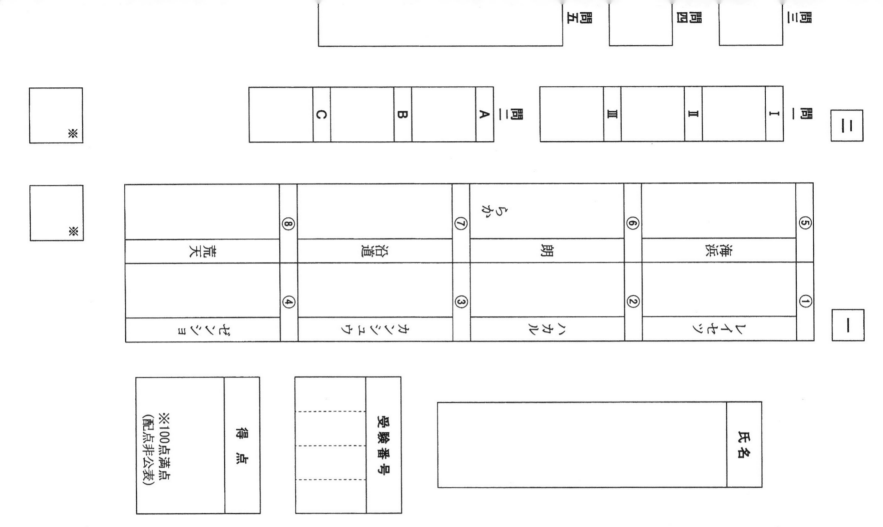

5

(1)	(2)
分速　　　　　m	分後

(3)

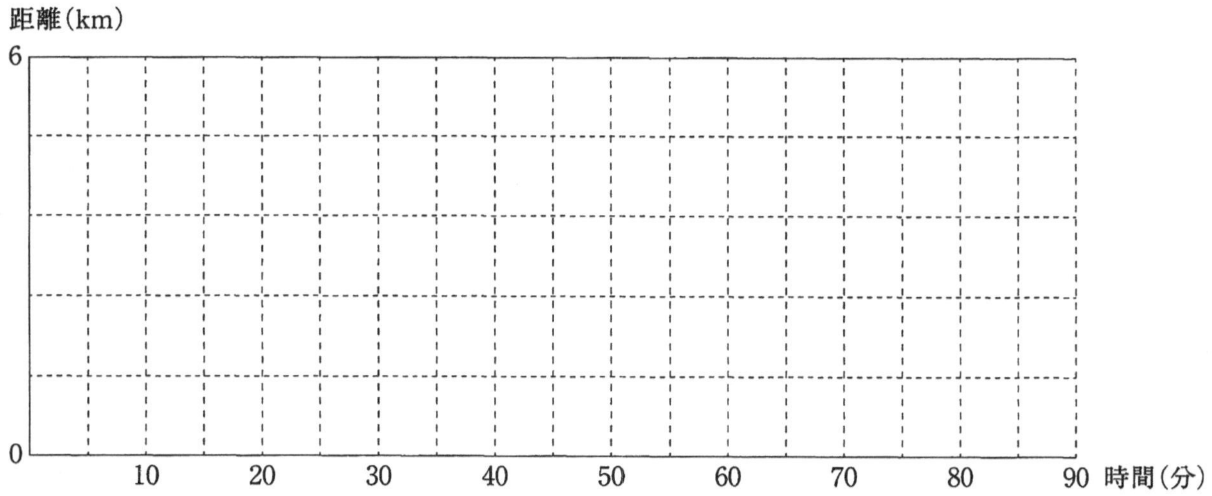

受験番号	氏　　名

得　点
※100点満点 (配点非公表)

東京農業大学第一高等学校中等部

K 教英出版

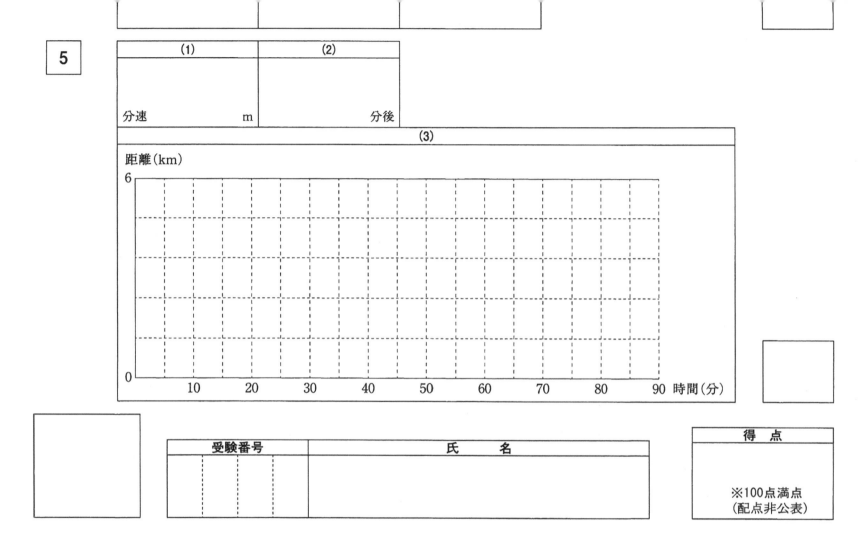

4

問1	(1)		(2)	問2	
問3		問4		問5	度
問6		問7			

5

問1		問2					
問3	(1)	(2)	(3)				
問4							
問5	A	B	C	D	問6		

受験番号	氏　　名

得　点
※100点満点 (配点非公表)

東京農業大学第一高等学校中等部

令和２年度　入学試験（２月１日実施）社会・理科　解答用紙

1

問1	A	B	問2			問3	問4	

問5	Ⅰ	Ⅱ	問6			問7		問8	X	Y

問9		問10	

2

問1	(1)	(2)	問2	(1)	(2)
問3	(1)	(2)	問4	(1)	(2)
問5	(1)	(2)	問6	(1)	(2)
問7	(1)	(2)			

3

問1	と	と	問2	

問3		問4		問5	cm^3

問6	cm^3	カロリー

【解答用

令和２年度　入学試験（２月１日実施）算数　解答用紙

1

(1)	(2)	(3)
		通り

2

(1)		(2)	(3)
①	②		
		個	

3

(1)	(2)

(3)

4

(1)	(2)	(3)	(4)
cm^2	倍	通り	g

(5)		
A	B	C

【解答用

問六

問七

問八

問九

問十

三

問一
A
B
C

問二
①
②

問三

問四

問五

問六

問七

問八

問九

問十

問十一

問十二

※

※

※

※

※

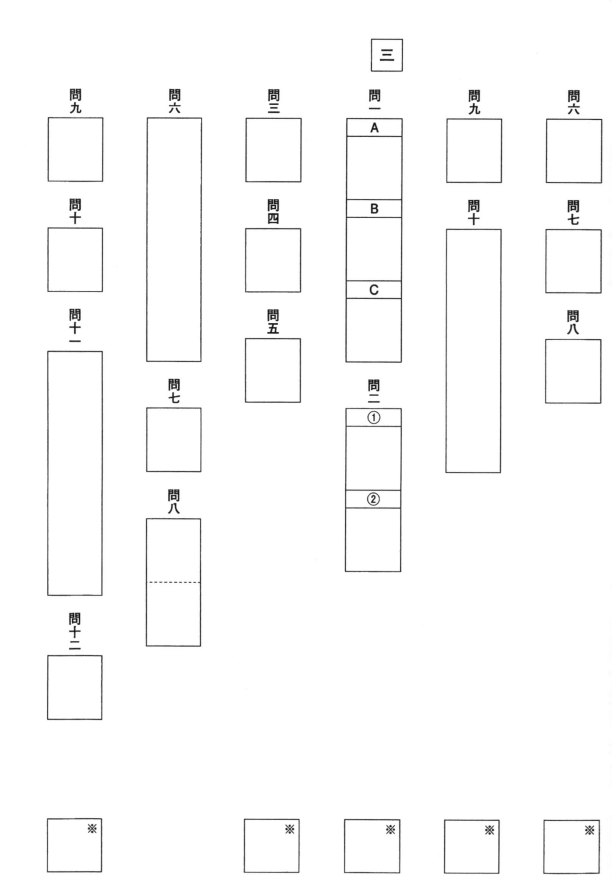

問3　同じ重さの水素、メタン、プロパンを用意して燃やしたときに、発生する熱が最も大きい気体を答えなさい。

問4　実験4において、表1のように気体の量を変えて、5回の実験をしました。発生した二酸化炭素の体積[cm^3]を表すグラフとして最も適当なものを、次のア～カから選び、記号で答えなさい。

表1

試験管番号	メタンの体積[cm^3]	酸素の体積[cm^3]
1	20	100
2	40	80
3	60	60
4	80	40
5	100	20

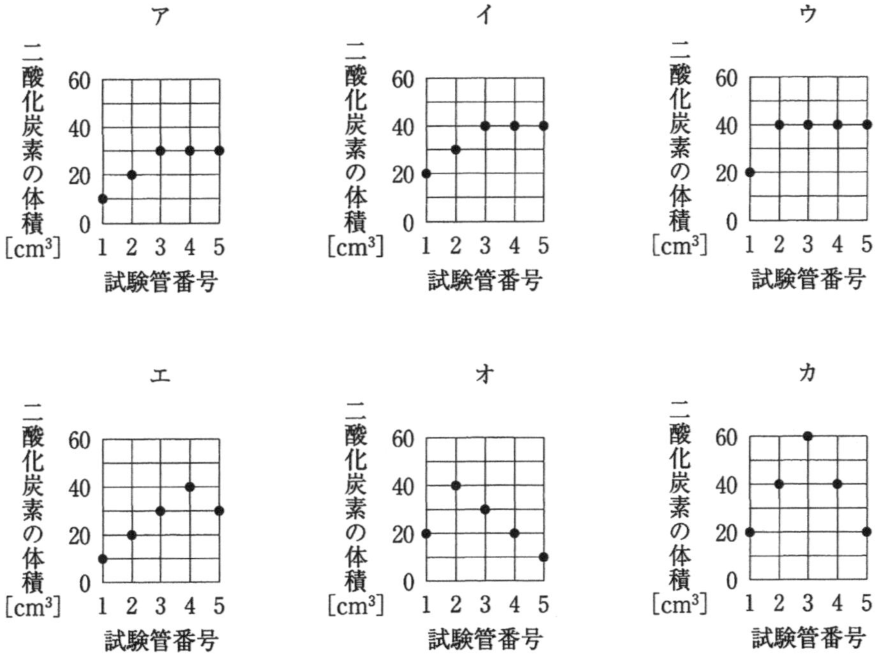

問５　1000cm^3の水素を完全に燃やすには、何cm^3の空気が必要ですか。ただし、空気中には、酸素が20％含《ふく》まれているものとします。

問６　体積比で水素20％、メタン50％、プロパン30％の割合で混ざりあった気体(混合気体)が112cm^3あります。この混合気体をすべて燃やすために必要な酸素は何cm^3ですか。また、このときに発生する熱は何カロリーですか。

問７　水素とメタンがある割合で混ざりあった気体(混合気体)が500cm^3あります。この混合気体を燃やしたところ、二酸化炭素が150cm^3できました。混合気体中の水素は何cm^3ですか。また、このときに反応した酸素は何cm^3ですか。

（次のページにも問題が続きます）

4 鳥のなかには、地球上の離《はな》れた地域を季節ごとに行き来するものがいて、この行動を渡《わた》りと言います。渡り鳥は一体、何を基準に渡りの方角を決めているのでしょうか。

この問題には、昔から多くの研究者たちが解明に取り組んできました。その手がかりの1つとして考えられたのが太陽の位置です。例えば、①春から夏を日本で過ごした渡り鳥は、日本から南半球に渡るとき、太陽の昇《のぼ》る位置から時計回りに90°の方角がおよその南の方角であることを知ることができます。このように、渡り鳥が太陽の位置を基準に渡りの方角を決定しているのではないかという仮説をもった昔の鳥類学者は、さらに実験を進め研究を行いました。

問1 渡り鳥の地球上の離れた地域での移動は、越冬地《えっとうち》と繁殖地《はんしょくち》の間で行われます。鳥類の体温調節と繁殖について説明した次の文の、[　　] に入る語句の組み合わせとして適当なものを、ア～エ、カ～ケからそれぞれ1つずつ選び、記号で答えなさい。

(1)鳥は [A] 動物で、[B] で体温が逃《に》げるのを防ぐ。

	A	B
ア.	変温	毛
イ.	変温	羽毛
ウ.	恒温	毛
エ.	恒温	羽毛

(2)鳥は [C] 受精で、[D] である。

	C	D
カ.	体外	卵生
キ.	体外	胎生
ク.	体内	卵生
ケ.	体内	胎生

問2 下線部①にあてはまる鳥を、次のア～エから1つ選び、記号で答えなさい。

ア. カモ　　イ. スズメ　　ウ. ツバメ　　エ. ハト

問3　日本で秋から冬を過ごした渡り鳥が、北に渡るときには、太陽の昇る位置からどちらの方角に向かいますか。次のア～エから１つ選び、記号で答えなさい。

ア．時計回りに45°　　イ．時計回りに90°
ウ．反時計回りに45°　　エ．反時計回りに90°

問4　次にあげる動物の行動のうち、太陽の位置から方角を特定しているものはどれですか。次のア～エから１つ選び、記号で答えなさい。

ア．サケが生まれた川にもどる。
イ．ネズミが迷路実験を繰《く》り返すとゴールにたどりつくまでの時間が短縮される。
ウ．ミツバチが８の字ダンスで餌《えさ》の位置を仲間のハチに知らせる。
エ．アリが道しるべの上に行列をつくる。

太陽の位置を基準にした渡りのしくみを詳《くわ》しく調べるための実験を鳥類学者が行いました。実験１、２は同じ日の日の出の時刻に北半球で行ったものとして、以下の問いに答えなさい。

【実験１】

図１のように太陽の位置が分かるように一部だけ窓を開けたカゴを、日の出の時刻に野外に置いた。なお、渡りの時期の鳥は、カゴのなかで渡りの方角を向く。

【結果】

図１のように渡り鳥は南東の方角を向いた。

【実験２】

図２のように南に開いた窓に鏡を付け、日の出の時刻にカゴの中心にいる渡り鳥に直接光が当たるようにした。

【結果】

図２のように渡り鳥は南西の方角を向いた。

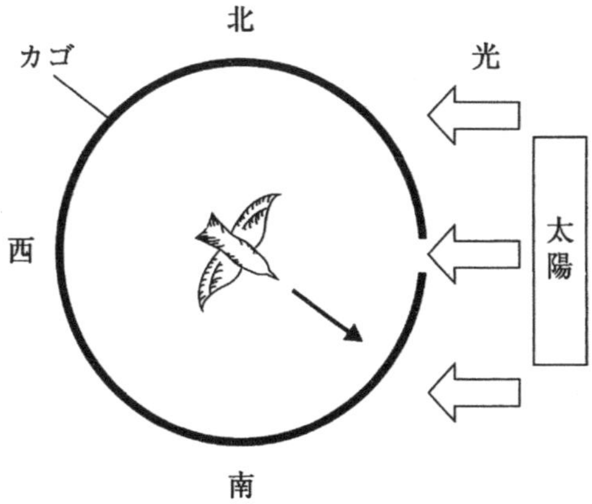

図１

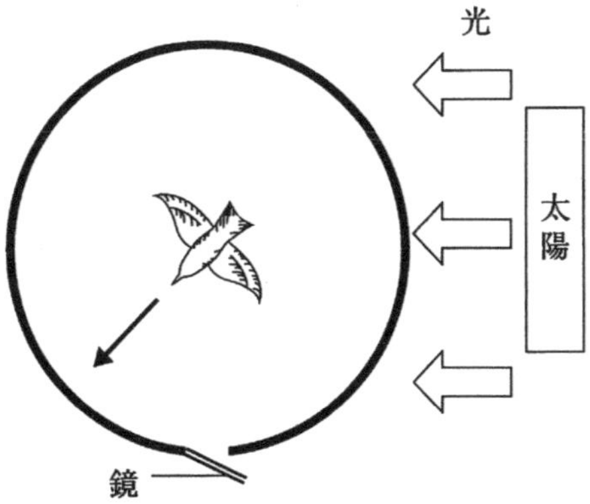

図２

問5　図２の実験で、窓に付けた鏡の角度Ｘは何度ですか。

問6　図２の鏡をとって正午に同様の実験を行うと、渡り鳥は南東を向きました。次に、西に窓を開けたカゴの中心にいる渡り鳥に、日没の時刻に直接光が当たるようにしました。渡り鳥が渡りの方角を判断する方法と、このときに向いた方角を説明した次のア～クのうち、適当なものを１つ選び、記号で答えなさい。

ア．常に太陽の位置だけから渡りの方角を判断するので、日没の時刻には、太陽の位置から時計回りに45°の方向を向く。

イ．常に太陽の位置だけから渡りの方角を判断するので、日没の時刻には、太陽の位置から反時計回りに45°の方向を向く。

ウ．常に太陽の位置だけから渡りの方角を判断するので、日没の時刻には、太陽の位置から時計回りに135°の方向を向く。

エ．常に太陽の位置だけから渡りの方角を判断するので、日没の時刻には、太陽の位置から反時計回りに135°の方向を向く。

オ．常に太陽の位置と時刻から渡りの方角を判断するので、日没の時刻には、太陽の位置から時計回りに45°の方向を向く。

カ．常に太陽の位置と時刻から渡りの方角を判断するので、日没の時刻には、太陽の位置から反時計回りに45°の方向を向く。

キ．常に太陽の位置と時刻から渡りの方角を判断するので、日没の時刻には、太陽の位置から時計回りに135°の方向を向く。

ク．常に太陽の位置と時刻から渡りの方角を判断するので、日没の時刻には、太陽の位置から反時計回りに135°の方向を向く。

次に、渡り鳥が太陽の位置と、体内時計の時刻によって渡りの方角を決定することを調べるために、実験1と2とは異なる種類の渡り鳥を用いて次のような実験3を行いました。これについて以下の問いに答えなさい。

【実験3】

① 渡り鳥をカゴに入れて、数日間、太陽が見えない部屋のなかで、実際の日の出の時刻からずらして照明をつけ、また日没の時刻からずらして照明を消した。このようにして、自然の生活リズムと合った体内時計を持つグループAの渡り鳥と比べて、体内時計を進めたり遅らせたりした渡り鳥のグループB、Cを作った(図3)。

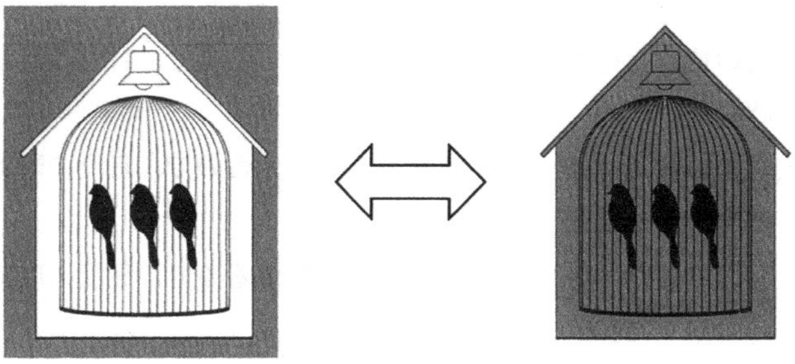

図3

グループA：体内時計が実際の日の出と日没に合った渡り鳥。この渡り鳥には、体内時計を前後させた渡り鳥と区別するために白い印を付けた。

グループB：自然の生活リズムに対して、体内時計を6時間進めた渡り鳥

グループC：自然の生活リズムに対して、体内時計を6時間遅らせた渡り鳥

② 渡りの時期の晴天の正午にグループＡとＢの渡り鳥、グループＡとＣの渡り鳥を一緒に入れた２つのカゴを、野外の同じ場所に置いた（図４）。このとき、それぞれのカゴの中の渡り鳥は、体内時計の進み、または遅れに応じた渡りの方角を向いて飛び立つ姿勢をとるので、その方角を観察し記録を行った。ただし、この時期の日の出は午前６時より前、日没は午後６時より後であったとする。

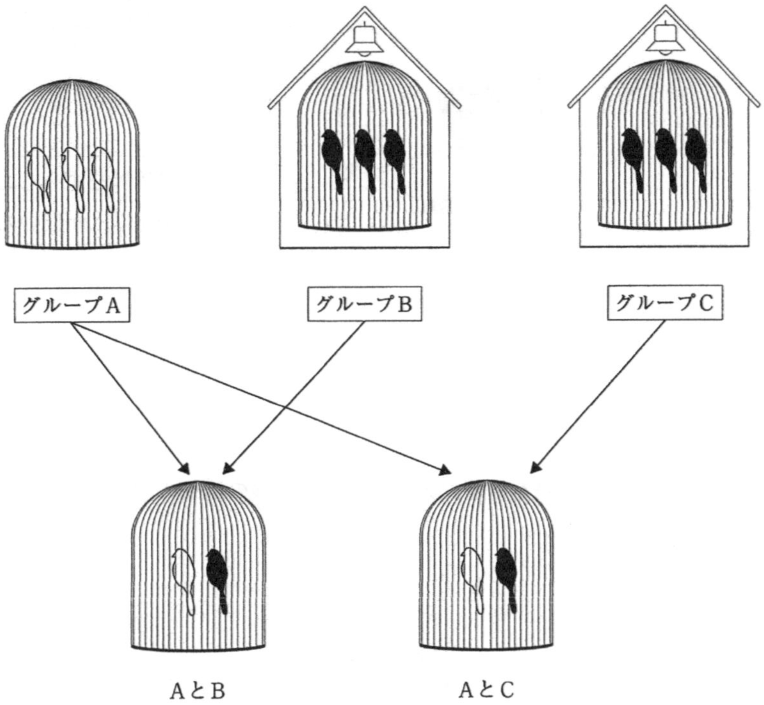

図４

【結果】図５は、それぞれのグループの渡り鳥の向く方向とその数を表したものである（図はカゴを真上から観察したものです）。

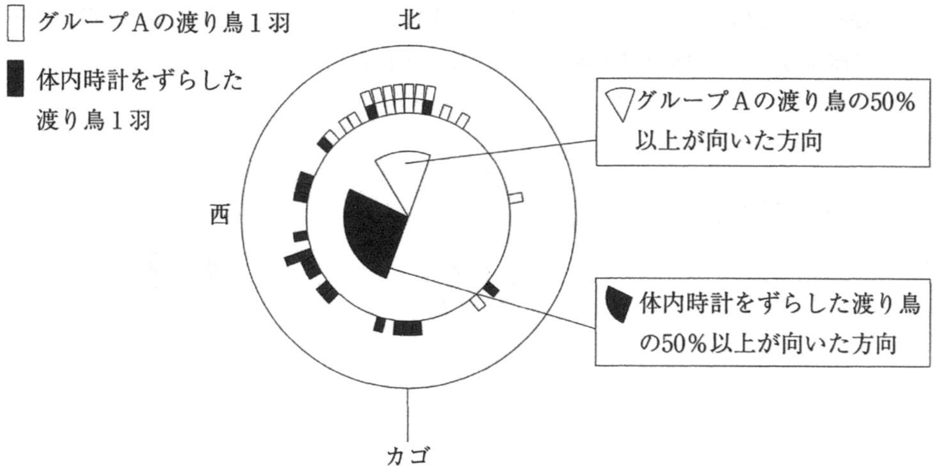

図５

問７　グループＡとＣの渡り鳥を一緒に入れたカゴの実験の結果の図を、次のア～ウから１つ選び記号で答えなさい。

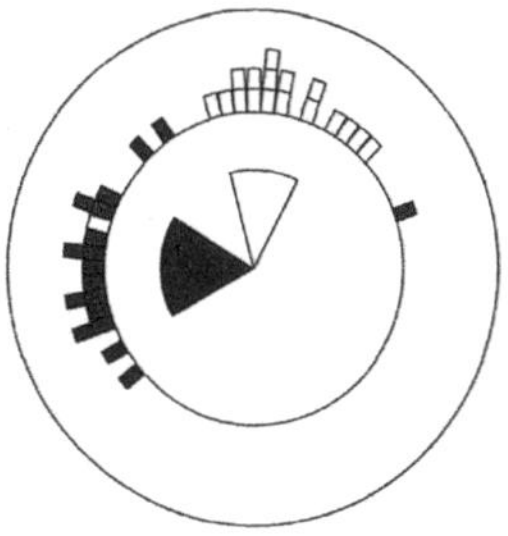

ア

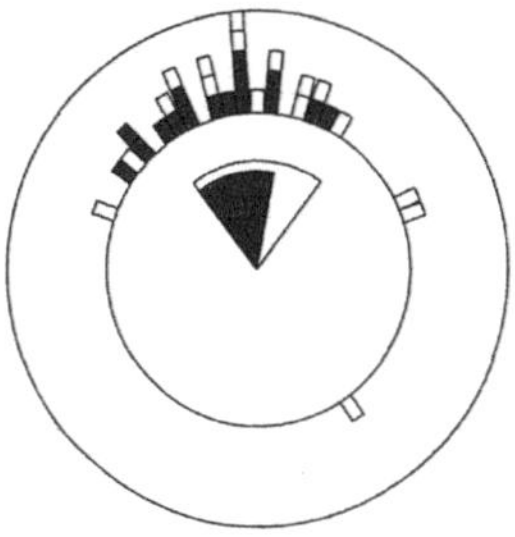

イ

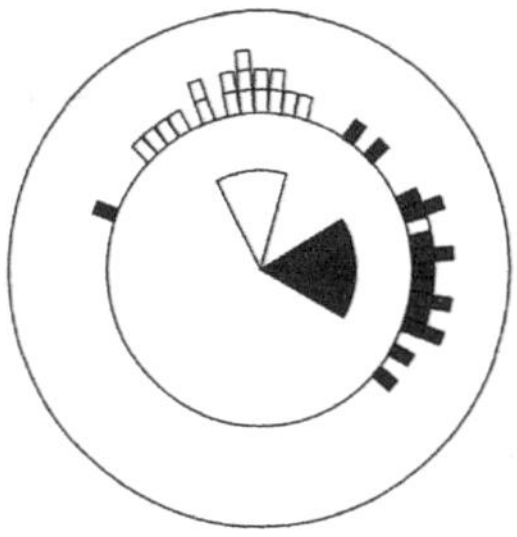

ウ

5 イギリス(正式にはグレートブリテン及び北アイルランド連合王国、以下イギリスと呼びます)は、政治・経済の仕組みや科学技術において世界をリードしてきました。また、その影《えい》響《きょう》は現在の世界に色濃《こ》く残されています。次の文章を読み、後の各問いに答えなさい。

18世紀に入ると、イギリスなどのヨーロッパにおいて科学技術は格段に発展しました。なかでも大きな出来事は①蒸気機関の発明です。それまでにも、いろいろな機械がつくられましたが、それらを動かす原動力は人力や馬力、水力や風力に頼るしかありませんでした。そうした中、蒸気機関は新たに蒸気力という[あ]の利用を可能にしたのです。そして、それは人間の手に入るエネルギー源が飛《ひ》躍《やく》的《てき》に拡大していったことを意味します。

問1　下線部①の蒸気機関に最も関係の深い科学者を、次のア～エから選び、記号で答えなさい。

ア．ガリレオ　　イ．ニュートン　　ウ．ワット　　エ．アインシュタイン

問2　文章中の空欄《くうらん》[あ]に入る語句として適当なものを、次のア～エから1つ選び、記号で答えなさい。

ア．運動エネルギー　イ．電気エネルギー　ウ．核エネルギー　エ．熱エネルギー

蒸気機関を利用したものの１つに、SL(蒸気機関車)があります。蒸気機関車は、蒸気の力を利用して、ピストンを往復運動させて、その往復運動を動輪の回転運動にかえて車輪を動かしています。

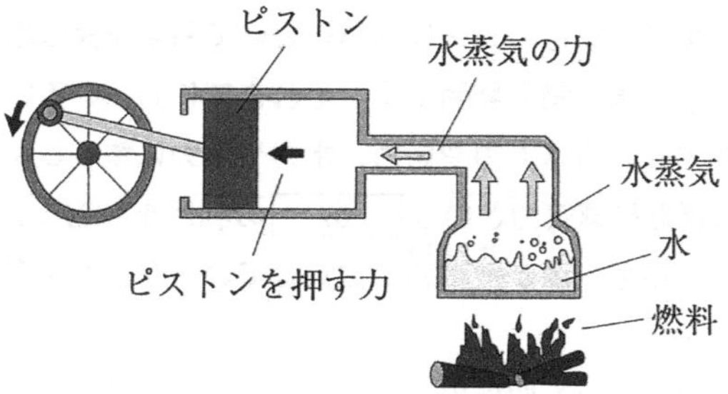

水が水蒸気に変わるとき、体積が[い]なり、ピストンを押します。この水蒸気が冷やされると、体積が一気に[う]なります。すると、ピストンを押す力が[え]なり、ピストンがもとに戻ります。初期の蒸気機関は生じた蒸気がもとに戻った時に生じる気圧の差を利用してつくられました。

問３　蒸気機関の仕組みについて、以下の問いに答えなさい。

（１）上図のように水が水蒸気になるときの現象を何といいますか。

（２）文章中の空欄[い]～[え]に入る語句の組み合わせとして適当なものを、次のア～カから１つ選び、記号で答えなさい。

	い	う	え
ア．	大きく	大きく	小さく
イ．	大きく	小さく	大きく
ウ．	大きく	小さく	小さく
エ．	小さく	大きく	大きく
オ．	小さく	大きく	小さく
カ．	小さく	小さく	大きく

（３）ピストンが戻るときに水蒸気に起こる状態変化と同じ変化を表しているものを、次のア～オから１つ選び、記号で答えなさい。

ア．ドライアイスを置いておくとなくなった。
イ．冬の寒い日に吐《は》く息が白くなった。
ウ．池にはった氷が昼にはなくなっていた。
エ．外に干しておいた洗濯物《せんたくもの》がかわいた。
オ．ぬれた指で氷に触れると指がくっついた。

イギリスは、世界で最初に産業革命を経験し、その産業革命を通じてイギリスの経済力は大きく発展しました。一方、イギリスは原料を手に入れ、製品を販売する場所としてエジプトや南アフリカ、②インドなどの植民地を獲得していきました。

問4　文章中の下線部②について、アメリカ合衆国のコンピューターソフト開発などの情報通信(ICT)産業は、インドとの協力関係によって発展してきました。その理由を、アメリカ合衆国とインドとの地理的な関係に着目して説明しなさい。その際、下の地図を参考にすること。

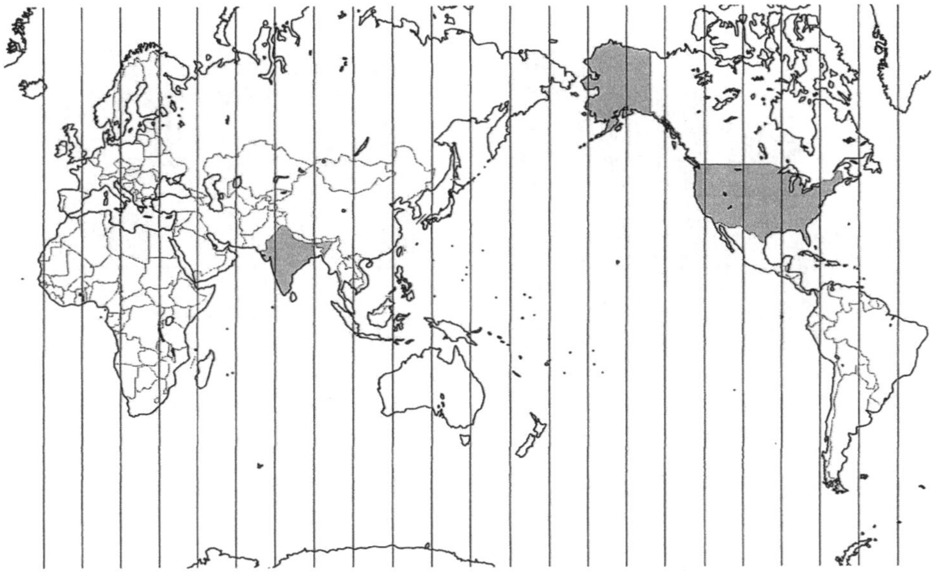

※経線は15度ごとに引かれています。

イギリスで成立した政治や経済の仕組みは、ヨーロッパ各地に伝わりました。日本も欧米が採用している政治や経済の仕組みを取り入れようとしました。1871年に明治政府は、③岩倉具視らを欧米に派遣し、各国の視察を行いました。この欧米視察は、その後の明治政府の政策に大きな影響を与えました。

問５　文章中の下線部③について、次のＡ～Ｄは使節団が訪れた都市に関する版画とその国についての説明です。Ａ～Ｄの都市を含む国を、次のページの２つの地図中ア～クから１つ選び、それぞれ記号で答えなさい。ただし、国名や国境は現在のものです。

A.

この絵は当時の商業都市を描いたものです。この国は現在、GDP(国内総生産)で世界１位の経済大国となりました。

B.

この絵は王宮の内部を描いたものです。当時の国王ルイ16世は革命によって処刑されました。

C.

この絵はこの国最大の港町を描いたものです。この国は鎖国中においても、日本と交易を行っていました。

D.

この絵はこの国の首都を描いたものです。明治政府はこの国の憲法を模範にしました。

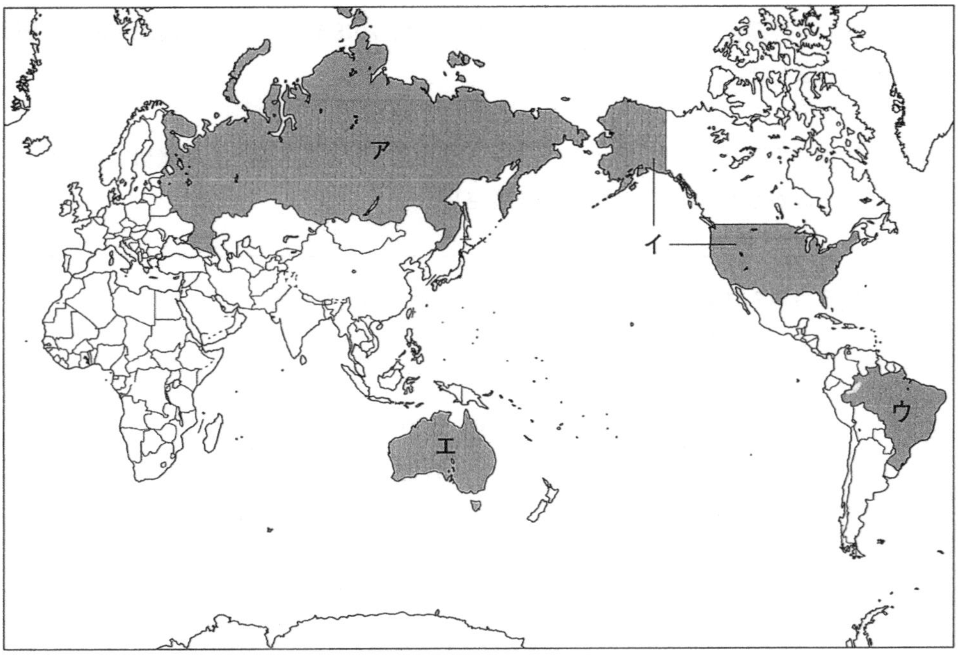

【ヨーロッパの拡大図】

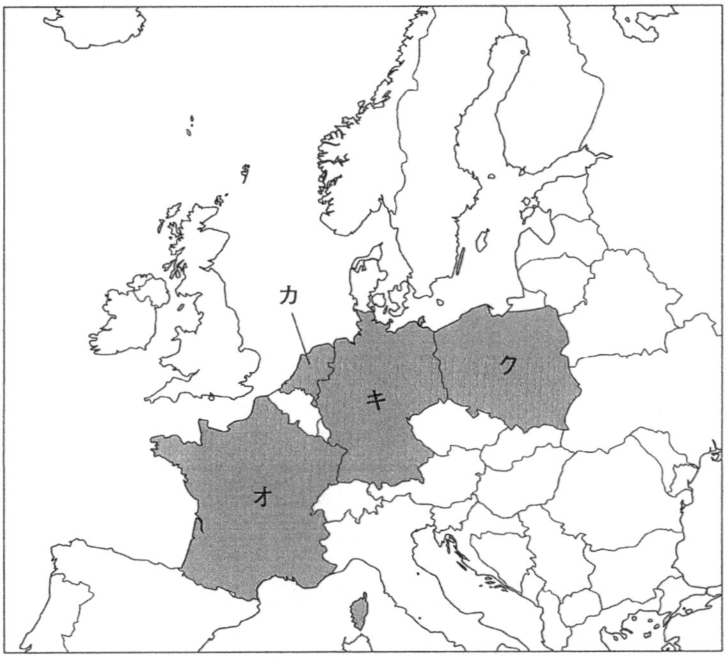

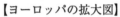

EU(ヨーロッパ連合)に加盟しているイギリスでは、2016年にEUからの離脱をめぐる国民投票が行われました。

問6　この国民投票について、次の資料１～５から読み取れる内容として適切なものを、次のア～エから１つ選び、記号で答えなさい。

資料１．国民投票の結果

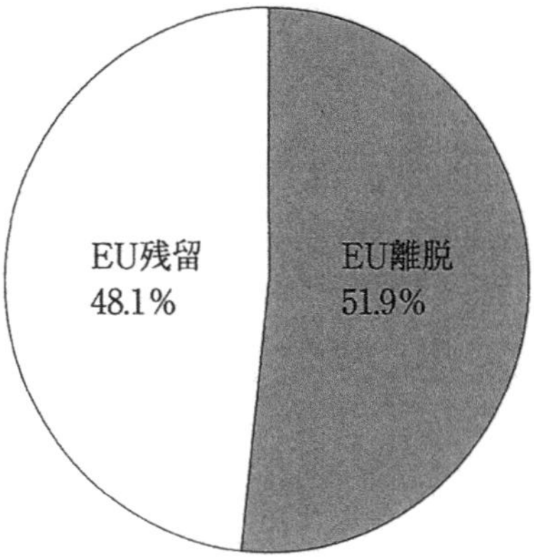

資料２．地域別投票結果

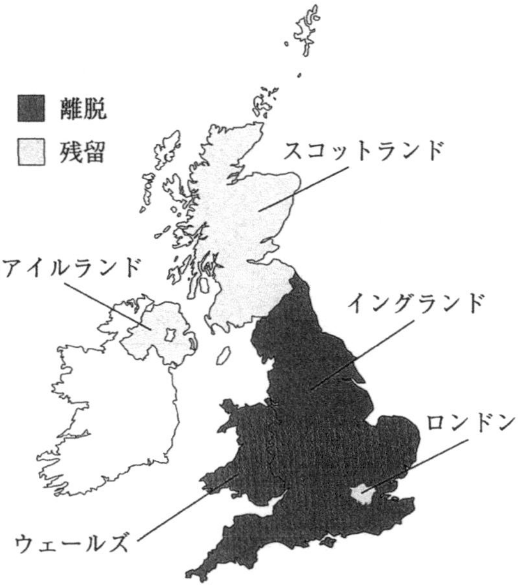

資料３．年齢別投票割合

年齢	離脱	残留	棄権
18～24歳	23%	66%	10%
25～49歳	40%	52%	7%
50～64歳	53%	42%	5%
65歳以上	59%	38%	2%

資料４．教育水準別投票割合

教育水準	離脱	残留	棄権
中卒相当	61%	32%	7%
高卒相当	42%	50%	7%
大卒以上	28%	68%	4%

資料５．最も重視した論点

論点	離脱支持	残留支持
英国の独立性・他国との協調	45%	21%
雇用・投資・経済	5%	40%
移民	26%	1%
自分や家族への影響	5%	13%
その他	19%	25%

(朝日新聞2016年６月25日朝刊をもとに作成)

ア．EU残留を支持する人々の割合は、若年層になるほど高い。

イ．特に都市部の住民ほどEUからの離脱を希望しているといえる。

ウ．「中卒、高卒相当」と「大卒以上」とで、離脱に対する賛否が分かれている。

エ．離脱支持派は移民を、残留支持派は雇用・投資・経済を、論点として最も重視した。